für Irmgard

Klaus Eberl

aufgehoben

Vorträge – Predigten - Texte

Klaus Eberl:
aufgehoben
Vorträge – Predigten - Texte

© 2017 Klaus Eberl
Foto Umschlag vorne: Berta Müller,
Foto Rückseite: Roland Baege,
Foto S.7 u. 126: Klaus Eberl
Herstellung und Verlag: BoD – Books on Demand, Norderstedt.
ISBN: 9783746011967

Inhaltsverzeichnis

Vorwort 7

I. Bildung
... auf Gott vertrauen – das Leben lernen
    450 Jahre und ein Tag – Paul Schneider Gymnasium 10
    Elementarbildung in evangelischer Perspektive 21
    Bildung im Horizont der Generalsynode Duisburg 1610 25
    Schulentwicklung als Gestaltungsaufgabe 33
    Flüchtlinge in der Schule 43

II. Inklusion
... die Kunst des Zusammenlebens sehr verschiedener Menschen
    Von der Überwindung der Mauern 58
    Betriebsintegrierte Arbeitsplätze 63
    Da kann ja jede(r) kommen 66
    Aus theologischer Perspektive:
    Inklusion im kirchlich-diakonischen Selbstverständnis 68

III. Kirchentag
... Leichte Sprache
    Soviel du brauchst (Dtn 15,1-11) 90
    ... damit wir klug werden (Lk 16,1-13) 105

IV. Geistliches Wort
... auf Sendung
    Krimi 124
    Ein Grab und eine Liebesgeschichte 129
    Conny zieht aus 134
    Offen ist gut 138
    Betty Reis 143
    Der Mond ist aufgegangen 149
    Erinnern – gedenken 154
    Johannes Löh – Bildung an Geist und Herz 159
    3000 Engel im Koffer 164
    Himmelfahrt ist Vatertag 169
    ... und nun das Wetter 174

V. Predigten
... von der Menschenfreundlicheit Gottes
    An der Grenze (Joh 8,21-30) 180
    Eine Kultur, in der jeder Mensch Platz hat (2.Kor 4,6) 187
    Meine Bibel (Am 8,11) 194
    Top Ten (Ex 20) 199
    Ach, das Paradies (Gen 3) 205

VI. Aufsätze, Vorträge, Texte
... ein weites Feld
    Familien stärken – Zusammenleben gestalten 214
    Die Liebe 224
    Ehrenamt 227
    Russische Notizen 231

Vorwort

Angesichts des nahenden Ruhestands ist die Durchsicht der Verzeichnisse und Ordner auf meiner Computer-Festplatte eine Reise zu den Herausforderungen, Aufgaben und Begegnungen der letzten elf Jahre geworden. Gesichter, Namen und Themen werden in meinem Gedächtnis und Herzen bleiben. Eine schmale Auswahl der Texte soll hiermit *aufgehoben* werden als Dank für Weggefährten, Mitarbeiter, Freunde und Gesprächspartner. Die meisten Vorträge und Predigten liegen allerdings nur in Stichworten vor – Folge meiner Vorliebe für „freie Rede" – und kommen für eine Veröffentlichung nicht in Frage.

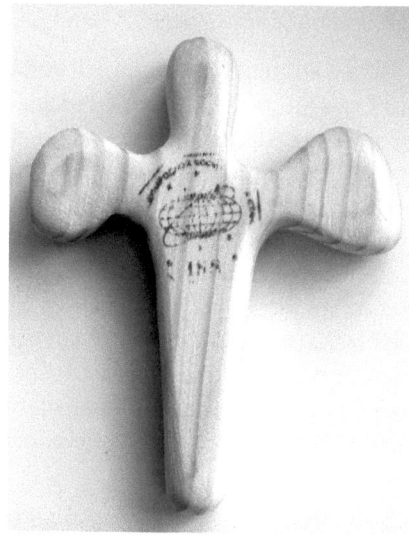

In den letzten Jahren meiner Arbeit als Oberkirchenrat im Rheinland war Inklusion ein Schwerpunktthema. Auch im vorliegenden Band taucht es immer wieder auf. Bildungspolitisch ging es darum, Inklusion in unseren Einrichtungen zu verankern und darauf zu bauen, dass gute Beispiele Schule machen. Theologisch hat sich für mich gezeigt, dass der Inklusionsansatz wichtige Hinweise für die Alltagstauglichkeit der Glaubensfrage gibt. Mit weitreichenden Konsequenzen für die Sprache, mit der wir von Gott reden. Für unser Bild vom Menschen mit seinen Begrenzungen und Möglichkeiten. Und für die Zukunft der Kirche, die den Anspruch einzulösen hat, offen für alle Menschen zu sein. „Da kann ja jede(r) kommen!"[1] heißt es konsequent und provozierend in der rheinischen Orientierungshilfe.

---

[1] Da kann ja jede(r) kommen. Orientierungshilfe Inklusion der Ev. Kirche im Rheinland, Düsseldorf 2013.

Das Thema ist mir auch persönlich auf den Leib gerückt. Seit drei Jahren weiß ich, dass ich an Morbus Parkinson erkrankt bin. Menschen mit Behinderungen haben mich gelehrt, meine Grenzen zu akzeptieren und darauf zu vertrauen: Ich bin *aufgehoben*, so wie ich bin. Vielleicht bin ich deshalb ein fröhlicher Christenmensch geblieben. Ohnehin liegt mir Perfektionismus fern. Der Tanz auf vielen kirchlichen „Hochzeiten" erfordert regelmäßig ein gewisses Improvisationstalent.

Bei Begegnungen habe ich oft den „Pskower Engel" verschenkt. Er handelt von den Grenzen und Gaben, die unser Leben bestimmen. Nur ein kleines Stück Holz. Die Flügel ausgebreitet – aber ein Flügel größer als der andere. Fast ein Kreuz. Jochen Leyendecker, der ihn für die Initiative Pskow entworfen hat, wollte einen Engel mit Behinderung schaffen. Er wollte sagen: niemand muss perfekt sein.

Der Engel fühlt sich gut an. Die Finger spüren: Hier kann ich mich festhalten. Halten und gehalten werden. Darum geht es im Glauben - in der Kirche, die sich neu verorten muß im Alltag der Menschen - in der Welt, die von einer Krise zur anderen taumelt. Kurz gesagt: Es geht darum, bedingungslos *aufgehoben* zu sein. Die Sehnsucht nach Geborgenheit jenseits dessen, was man machen, schaffen und leisten kann, zieht heimliche Kreise. Das zeigen im Jubiläumsjahr der Reformation die vielen Versuche, die Rechtfertigungsbotschaft neu zu buchstabieren. Auch der kleine Holzengel hat diese Botschaft im Gepäck, wenn er bei Taufen und Konfirmationen, in Krankenhäusern und Hospizen überreicht wird. Zuletzt war er sogar in der Raumstation ISS und hat mit dem nötigen kritischen Abstand das Treiben der Welt betrachtet ...

Ich halte ihn fest in meiner Hand. Ich weiß um das große Glück, dass ich *aufgehoben* bin in der Liebe meiner Familie! Deshalb blicke ich dankbar zurück und erwartungsvoll nach vorne.

Klaus Eberl

Wassenberg/Düsseldorf, Reformationstag 2017

I. Bildung
... auf Gott vertrauen – das Leben lernen

450 Jahre und ein Tag -
von der Lateinschule zum Paul-Schneider-Gymnasium[2]

450 Jahre Lateinschule Meisenheim, 60 Jahre Paul-Schneider-Gymnasium: ein großes Jubiläum, an dem ich Sie einladen möchte, einen Schultag an unserem Gymnasium zu verbringen. Die Anreise haben alle hier schon hinter sich gebracht, wie auch die Schülerinnen und Schüler morgens aus den Bussen strömen oder von den Eltern gebracht werden. Weitere kommen mit dem Fahrrad und müssen die sanften Hügel des Hunsrücks überwinden. Den kürzesten Weg haben die Internatsschüler, die sich nur ein wenig auf dem Gelände bewegen müssen, um ihre Klasse zu erreichen.

1. Stunde: Geschichte

Es klingelt. In der ersten Stunde steht Geschichte auf dem Stundenplan. Woher kommen wir? Warum gibt es uns eigentlich so, wie wir sind? So fragt das Geschichtsbewusstsein. Schüler stellen W-Fragen, Lehrer sollten sich davor hüten, Antworten zu geben. Sie sind dazu da, dass die Lernenden selbst Antworten finden. Also gehen wir in die Bibliothek, suchen im Katalog und finden eine Festschrift zum 400jährigen Jubiläum der Lateinschule. Das ist - wie man ohne große mathematische Kenntnisse feststellen kann, 50 Jahre her - aus der Schülerperspektive eine Ewigkeit. Ein damaliger Lehrer des PSG, Karl-Heinz Drescher, hat in einem Beiheft die Geschichte der Lateinschule aufgeschrieben. Ein schwieriger Text, voller lateinischer Zitate. Hier müssen wir uns durchkämpfen.

Der 18. August 1558 kann als Geburtstag der Lateinschule gelten. Meisenheim gehörte zum Fürstentum Zweibrücken. Ein kluger Regent, Herzog Wolfgang, erkannte, dass nur durch Bildung weiter Kreise der Bevölkerung sein kleiner Staat vor den Anforderungen der Zukunft bestehen könne. Einflüsse des Humanismus und der Reformation leiteten den Herzog, als er seinen Kanzler beauftragte, dazu eine Kirchenordnung zu entwerfen, die ein klares Schulprogramm beinhaltete:

---

[2] Vortrag zum Schuljubiläum 2008

- Grundlage der Schulen ist die Offenbarung Gottes. Mit dem Lesen der Bibel im Urtext fängt alle Bildung an.
- Ziel der Schule ist die Vorbereitung auf das Universitätsstudium und damit auf den Dienst in der Kirche oder im weltlichen Regiment des Landesherrn.
- Geld und Herkunft soll keine Rolle spielen, sondern Begabung
- Wo Eltern kein Geld haben, sorgt der Landesherr selbst für den Unterhalt durch Stipendien.

Damit wollte der Herzog seine Untertanen immun machen gegen die Rekatholisierung durch den Kaiser. Die Schule des 16. Jahrhunderts unterschied sich natürlich von der heutigen. Es wurde nicht Deutsch gesprochen, sondern Latein. Zuweilen spielen Griechisch und Hebräisch eine Rolle. Auch der Fächerkanon wird bei den heutigen Klassen Kopfschütteln hervorrufen: Grammatik, Dialektik, Rhetorik - das alles, um hochschulreif zu werden in den Hauptstücken christlicher Lehre.

Die Pädagogik der Zeit war derb. Körperliche Züchtigung war an der Tagesordnung. Die Kirchenordnung mahnt zur Mäßigung, denn man solle „mit der Rute züchtigen ohne Verwundung oder Beschädigung des Leibes und der Gesundheit." Den Lehrern ging es offenbar nicht besser. Auch die Eltern wurden verpflichtet, die Schulmeister nicht zu „schmähen, an(zu)tasten oder zu schlagen".

Nun hat die Meisenheimer Lateinschule nur unzureichend die hohen Erwartungen des Herzogs erfüllt. Von Elternseite wurde die Monopolstellung des Lateinischen beklagt. Allmählich durfte auch die deutsche Sprache benutzt werden. Und politische Entwicklungen führten dazu, dass die Landeshauptstadt Zweibrücken den Vorzug des Gymnasiums beanspruchte und Meisenheim nur zu einer Art Zubringerschule wurde.

Im 18. Jahrhundert wird die Geschichte der Lateinschule durch die aufgeklärt absolutistische Politik Herzog Christians IV geprägt. In der zur Stadtschule herabgestuften Lehranstalt hielten nun praktische Fächer Einzug. Mit der Schule selbst ging es leider bergab. Die französische Revolution hielt schließlich nichts von evangelischen Schulen. Der Präfekt des Departements erklärte kurz und knapp, die

Kenntnis toter Sprachen, der Geschichte und dergleichen Wissenschaften sei unnütz; denn Frankreich habe bei all seinen Eroberungen ihrer nicht bedurft … Am Ende des Jahrhunderts hatte die Schule noch sieben Schüler und einen halbblinden Schulleiter, der auf mildtätige Spenden angewiesen war.

Unter der Herrschaft der Landgrafschaft Hessen-Homburg im 19. Jahrhundert erhob sich der Phönix wieder aus der Asche. Neue Gebäude wurden errichtet, der Lehrplan restauriert, Lehrer eingestellt. Neben dem Landgrafen gewährte der Gemeinderat einen großzügigen Zuschuss. So können Blütezeiten entstehen. Gute Bildung bedarf der Anstrengung aller!

Die preußische Verwaltung öffnete die Schule für die Moderne. Bald konnte man zwischen Griechisch und Englisch wählen. Und unter dem Druck vieler Eltern entstand neben der Gymnasial- eine Realschulabteilung. Der beständige Wechsel der Schulformen und -konzepte im Laufe der Zeiten erinnert fatal an die Hektik heutiger Schulpolitik. Unter dem Eindruck der Weltwirtschaftskrise ließ man in der Weimarer Republik aus Ersparnisgründen den humanistischen Zweig ruhen. Der Nationalsozialismus machte schließlich aus der Lateinschule eine Volksschule.

Nach dem Krieg wurde die Lateinschule als städtisches Realgymnasium weitergeführt. Wegen nicht mehr zu bewältigender finanzieller Belastungen bemühte man sich um die Übernahme durch die Evangelische Kirche. Der Abgabebeschluss durch die Stadt und der Übernahmebeschluss durch die Kirchenleitung wurden im März 1947 gefasst. Landesregierung und französische Militärregierung genehmigten die Übernahme und Umwandlung in ein evangelisch-humanistisches Gymnasium mit realgymnasialer Abteilung. Am 21.7.1948 beschloss das Kuratorium den Namen „Paul-Schneider-Gymnasium".

Fast vier Jahrhunderte im Zeitraffer. Die alte Festschrift wird wieder ins Regal gestellt. Eine neue Frage steht im Raum. Wer ist eigentlich Paul Schneider? Ein ehemaliger Schüler? Der Vater des heutigen Rheinischen Präses? Erneute Suche in der Bibliothek. Es findet sich ein schmales Bändchen mit Predigten - also ein Pfarrer. Und ein gewichtiges Buch des Vereins für rheinische Kirchengeschichte.

„Scharfe Gegner" - die Disziplinierung kirchlicher Mitarbeiter durch das evangelische Konsistorium von 1933 bis 1945. Kirche und Pfarrer Gegner? Das scheint ein schwieriger Fall zu sein. Zum Glück kann man sich ja bei Wikipedia informieren.

Der Name Paul Schneider ist ein hoher Anspruch für eine Schule. Der Theologe war eine sperrige Persönlichkeit. Feste Prinzipien und ein unbeirrbarer Glaube machten ihn immun gegen die Versuchungen des Nationalsozialismus. So klar und unzweideutig, wie Paul Schneider christliche Existenz in seiner bedrängenden und bedrohlichen Situation gelebt hat, so möchte christlicher Glaube auch heute gelebt werden. Ihm war von Anfang an klar, dass Hitler und seine Bewegung den Zumutungen des Evangeliums entgegen standen. 1933 schloss er sich dem Pfarrernotbund an, um den Einfluss der Nationalsozialisten auf die Kirche zurückzudrängen. Im Konflikt mit den Deutschen Christen und der NSDAP versagte ihm das Konsistorium die Unterstützung und ließ ihn allein. 1934 wurde er nach Dickenschied und Womrath versetzt. Der engagierte Vertreter der Bekennenden Kirche blieb bei seiner konsequenten Haltung gegen den nationalsozialistischen Staat und wurde mehrmals wegen seiner tapferen Predigten und Schriften verhaftet. 1937 erhielt er ein Aufenthaltsverbot für die Rheinprovinz, dem er sich nicht fügen wollte und konnte, weil er sich seinen Gemeinden verpflichtet fühlte. Das brachte ihn ins KZ Buchenwald, wo zu jener Zeit politisch, religiös oder rassisch Verfolgte wie Kriminelle einsaßen. Für seine Mitgefangenen wurde er zum „Prediger von Buchenwald", der ihnen Mut zusprach, der vom Licht in der Finsternis zeugte. Als der unbeugsame Theologe beim Appell den geforderten Hitlergruß verweigerte, wurde er misshandelt und gequält. Im Juli 1939 ermordeten ihn die Nazi-Schergen mit der Überdosis eines Herzmedikaments.

Paul Schneider gilt vielen neben Bonhoeffer als evangelischer Märtyrer im NS-Staat. Sein Eintreten gegen politische Barbarei und für die Freiheit des Glaubens ist bis heute das evangelische Maß - für die Kirche, für die Schule. Zu begrübeln, worin denn nun das Vermächtnis an uns bestehe, hätte er sich wohl verbeten. Das Vermächtnis, woran er gebunden blieb, ist das Wort Gottes und mutiges Bekennen. Diese Botschaft bleibt vernehmlich.

2. Stunde: Religion

Es klingelt zur zweiten Stunde. Religion. Wieder eine W-Frage: Wie reimt sich eigentlich Kirche auf Schule? Warum hat die Kirche Schulen? Und welchen Einfluss haben Schulen auf die Kirche? Daran haben sich schon Synoden abgearbeitet. Fest steht: In einigen Gebieten unserer Landeskirche wurden in Folge der Reformation erst Schulen gebaut, bevor man Kirchen errichtete. Denn Bildung, die Fähigkeit sich seines Verstandes zu bedienen, ist eine zentrale Funktion christlicher Existenz sowie der Würde und Mündigkeit des Menschen.

Das deutsche Wort „Bildung" hat seinen Ursprung in der alttestamentlichen Rede vom Menschen als Gottes Ebenbild (Gen 1,26f), als Gottes Gegenüber.

Wenn wir uns in der Welt umschauen, scheinen gegenwärtig nicht religiöse, sondern ökonomische Leitbilder im Vordergrund zu stehen. Die Menschen sind offenbar so mit sich selbst und dem Überleben in Zeiten der Globalisierung und des Kampfes jeder gegen jeden beschäftigt, dass für christliche Menschenbilder kein Platz zu sein scheint. Die Kirchen haben mit Relevanzverlust zu kämpfen. Ihre Fähigkeit zur Beheimatung nimmt ab. Aber das ist nur eine Seite der Medaille. Auf der anderen Seite ist eine große Sehnsucht nach Sinnstiftung zu erkennen. Es dämmert die Erkenntnis, dass menschliches Leben nicht würdevoll gelingen kann, wenn ausschließlich Kategorien der Macht- und Gewinnmaximierung oder des Spaßes die Oberhand gewinnen. Nur finden diese Menschen oft keine Hilfe in einer geformten traditionellen kirchlichen Sprache.

Melanchthon, der Reformator und „Lehrer Deutschlands", insistierte, wir müssten „auf Menschlichkeit hin erst gebildet werden." „Wie aber Felder, die man nicht bestellt und besät, keine Frucht oder nur Unkraut hervorbringen, so erschlaffen die geistigen Kräfte - werden sie nicht durch Lernen angeregt und geschärft." Er setzte auf eine breite Allgemeinbildung, um die Heilige Schrift, den „höchsten Schatz auf Erden", auslegen und die Welt, in der wir leben, verstehen und verantwortlich gestalten zu können.

Im Zentrum der Bildung steht der Mensch in seiner Beziehung zu Gott, zu sich selbst, zu den Mitmenschen. Bildung ist darum mehr als die Verarbeitung von Informationen, mehr als in Rateshows abrufbares Wissen. Es geht immer um die Menschwerdung des Menschen, um die Entwicklung eines Vertrauens ins Dasein in einer Landschaft der Entsolidarisierung und der Angst. Wir bleiben darauf angewiesen, dass Gott das Stückwerk gebliebene eigene Leben in Christus gnädig annimmt und erneuert.

Wenn man die heutige Bildungssituation in unserer Gesellschaft von dieser Leitlinie her beleuchtet, fallen folgende Probleme auf: Verengung auf den Wissensaspekt, einseitige Ausrichtung auf die Vernützlichung der Bildung, wenig Schärfung des Gewissens und der Sozialkompetenz. Aber Menschen fragen nach dem Sinn eines Lebens, das vom Chaos bedroht wird, also nach typisch religiösen Kategorien. Die Grundfragen nach dem Woher und Wohin, nach dem Zusammenhalt der Menschen in Solidarität und sozialer Gerechtigkeit, dem Leben zwischen den Generationen, dem Erhalt von Frieden und dem Umgang mit der Schöpfung sind für uns in der spannungsvollen Auseinandersetzung mit der Verheißung des Glaubens zu beantworten.

Es ist Aufgabe der Kirche, in der heutigen Bildungslandschaft darauf hinzuweisen, dass Wissen ein menschliches Maß braucht, wie die EKD-Denkschrift[3] es sagt. Denn es geht um den „Zusammenhang von Lernen, Wissen, Können, Wertbewusstsein und Handeln im Horizont sinnstiftender Lebensdeutungen".

Das kann die Kirche der Schule vermitteln - wenn sie es denn tut. Und umgekehrt? Was hat die Kirche von der Schule? Ich glaube, Schule ist so etwas wie ein Vorposten der Wirklichkeit. Eine Kirche, die die Schule verliert, verpasst die Welt, von der sie behauptet, sie sei eine von Gott geliebte. Eine Kirche, die ihre Sprache nicht an den Schülerinnen und Schülern bewährt, verkriecht sich ins Schneckenhaus. So brauchen beide einander. Wenn es gut geht, wenn es gar eine Liebesbeziehung wird, können beide aneinander und miteinan-

---

[3] Maße des Menschlichen - Evangelische Perspektiven zur Bildung in der Wissens- und Lerngesellschaft. Eine Denkschrift des Rates der Evangelischen Kirche in Deutschland, Gütersloh 2003.

der wachsen - Kirche und Schule. Und ganz nebenbei zu Erneuerung und Humanisierung der Gesellschaft beitragen.

Theologie ist immer eine schwere Kost. Es klingelt zur großen Pause. Auf dem Schulhof wird es laut. Aufatmen. Sich bewegen. Es gibt so viel zu erzählen! Die Butterbrote werden ausgepackt. Irgendwie ahnt man, dass Bert Brecht nicht völlig falsch liegt mit seiner Vermutung, dass erst das Fressen komme - und dann die Moral.

3. Stunde: Mathematik

Wieder das energische Klingeln. Die Pause ist immer zu kurz. Die dritte Stunde: Mathematik. Die Welt der Zahlen und Strukturen, der Mengen und Gleichungen, der Formeln und Platzhalter.

Gut, dass der Schulleiter Jürgen Deveaux und seine Mitarbeitenden souverän mit den Zahlen umgehen können. Der Finanzausschuss der rheinischen Kirche ist dafür ein gutes Training. Er weiß so gut wie kein anderer, dass trotz des heutigen Festtags auch über Zahlen gesprochen werden muss und über die damit verbundenen Sorgen.

Die Evangelische Kirche im Rheinland ist Trägerin von 10 Schulen. Wir sind stolz darauf. Die Schulen bereichern die Kirche, sie geben dem öffentlichen Schulsystem wichtige Impulse. In Zeiten prallvoll gefüllter Kassen war das kein Problem. Die Rahmenbedingungen haben sich gewandelt. Wenn Kirchengemeinden Kindergärten schließen, Pfarrer entlassen werden, Kirchen entwidmet werden, Jugendhäuser nicht mehr betrieben werden, stehen alle Arbeitsbereiche auf dem Prüfstand. Auch die Schulen. Die Synode 2006 hat deshalb eine deutliche Reduzierung der finanziellen Zuschüsse beschlossen. Mehr als vier Millionen Euro sind einzusparen. Das ist eine hohe Hürde.

Manchmal ist ja von Politikern zu hören, im Bereich der Schulen unterstütze der Staat die Kirche. Richtig ist das Gegenteil: Auf Grund der allgemeinen Schulpflicht subventioniert die Kirche durch ihren Eigenbeitrag den Staat. Im Fall des Paul-Schneider-Gymnasiums mehr als 1.300 € pro Jahr pro Schüler. Egal, ob jemand der Kirche angehört oder nicht. Deshalb brauchen wir eine gemeinsame Anstrengung des Landes, des Landkreises, der Eltern und des Landeskirchenamtes. Nur gemeinsam können wir es schaffen! Wir brauchen deshalb eine verbesserte Finanzierung durch das Land und einen Zuschuss des Kreises, der an anderen Schulstandorten selbstverständlich ist! Wir brauchen Eltern, engagierte Förderer und Ehemalige, die unsere Schulstiftung stark machen! Wir nehmen uns selbst in die Pflicht, Arbeitsprozesse zu verbessern und Kosten zu senken. Gute Schule ist immer ein Gemeinschaftswerk, das nur mit der Leidenschaft aller Beteiligten gelingt. Das Paul-Schneider-Gymnasium hat diese Leidenschaft verdient.

4. Stunde: Sport

Nach Geschichte und Theologie, nach der Welt der Zahlen: Aufatmen. Die obligatorische Sportstunde rhythmisiert das Lernen, nimmt den Zusammenhang von Körper und Geist ernst. Sport - ein Schwerpunkt des PSG. Sport als tägliche Möglichkeit, um einen Gegenpol zur Bewegungsarmut von Kindern und Jugendlichern zu setzen, Sport zum Aggressionsabbau, zur Entwicklung des Selbstwertgefühls sowie der Teamfähigkeit. Sport als Quelle der Freude.

Eine wunderbare Nebensache? Nicht nur. Der Sportunterricht steht im Konzert mit anderen sogenannten „weichen" Fächern wie Musik, Kunst oder auch dem Religionsunterricht, die Ausdruck der Geschöpflichkeit sind. Spaß und Leistung schließen einander nicht aus. Man schaue nur auf die Jungen und Mädchen, die laufen und laufen und die wunderbare Sportanlage umrunden, um zu erfahren, wo ihre Grenzen liegen. Oft genug wachsen sie über sich hinaus. So ermöglichen sie sich das kleine Glück des individuellen Erfolgs, der Faszination des Spiels, das aller Leistung voraus geht. Nebenbei auch die Erprobung von Regeln und den Umgang mit Fairness. Dass Sieg und Niederlagen zu den Konstanten unseres Lebens gehören, wird vom homo ludens ohne Bitterkeit verinnerlicht.

5. Stunde: Diakonie

In der 5. Stunde steht Diakonie auf dem Stundenplan. Ich weiß, es ist eigentlich kein Fach auf der Stundentafel. Dennoch zählen die diakonischen Praktika zum Profil der Meisenheimer Schule, die soziales Lernen fördern will. Kein Wunder, denn die Kreuznacher Diakonie ist nah und ein Partner gewissermaßen aus der eigenen Familie.

Was soll das? Welches Ziel ist damit verbunden? An der Kirchlichen Hochschule Bethel war es lange Brauch, dass die Theologiestudenten zu Beginn ihrer Studienzeit eine blaue Schürze geschenkt bekamen. Damit wurde um ehrenamtliches Engagement in den Betheler Behinderteneinrichtungen geworben. Gleichzeitig wurden die Studenten vor weltfremder Frömmelei bewahrt, ebenso vor einem intellektuellen Elfenbeinturm, der die Wirklichkeit, in der wir leben, verpasst.

Es geht um die nützliche Erfahrung, gebraucht zu werden, die Kräfte zu erproben und dabei sogar Fehler machen zu dürfen. Es geht um praktische Bewährung, um gesellschaftliche Verantwortung und soziale Sensibilität. Das Schlimmste, was jungen Leuten heute passieren kann, ist nicht, dass sie den einen oder anderen Lernstoff nicht in ihren Kopf bekommen, das Schlimmste ist das unbestimmte Gefühl, überflüssig und unnütz zu sein. Wer den Teufelskreis von Frustration und Gleichgültigkeit durchbrechen will, muss den Klassenraum verlassen und sich an konkreten Aufgaben bewähren. Die Entwicklung einer „Kultur des Helfens" ist für eine evangelische Schule immer ein wichtiger Akzent der Bildungsverantwortung.

6. Stunde: Pädagogik

Der Gong ertönt. Sechste Stunde: Pädagogik. Ein Schultag geht zu Ende. Woran erinnert man sich eigentlich, wenn man sich an seine Schule erinnert? Erinnert man sich an das Lernen? An bestimmte Inhalte? Oder vielmehr an das Gesicht der Lehrer, an die Angst vor Prüfungen, an den Geruch der Umkleideräume der Turnhalle. Also an all das, was eigentlich nicht so wichtig zu sein scheint. Wie wir geformt wurden, bleibt der Erinnerung weitgehend verborgen, dass wir geformt wurden, ist offensichtlich.

Weil Bildung und Menschsein zusammengehören, ist nach den konkreten Lebenslagen der Kinder und Jugendlichen zu fragen. Denn Lernen ist ein aktiver, letztlich selbstorganisierter Prozess, der allerdings durch die Schule und die Unterrichtenden angeregt werden muss. Deshalb spielt die Stärkung der Eigenverantwortlichkeit eine große Rolle. Es gilt immer noch der alte Lehrerwitz: der Unterrichtende steht immer im Zentrum - und darum allen im Wege.

Schauen wir auf die Kinder und Jugendlichen. Die Familien haben sich verändert. Kinder wachsen heute in der Regel in kleinen Haushalten auf. Traditionen und Rituale spielen eine geringe Rolle. Vielmehr haben sich Medien wie das Fernsehen oder der Computer in den Vordergrund geschoben und bieten Erfahrungen aus zweiter Hand. Eine zunehmende Kommerzialisierung der Freizeit ist zu beobachten. „Ohne Knete keine Fete!" Die Sehnsucht nach Bindung, Gewissheit und Grenzen ist deshalb groß. Eventkultur hilft da nicht weiter. Der Bedarf an Leitbildern ist ungestillt.

Wenn man der Shell-Studie glauben darf, bereiten Jugendliche ihre eigene Lebensperspektive durchaus solide vor. Sie sind bereit, Verantwortung zu übernehmen - für sich und andere. Sie wissen, dass die Zukunft nicht frei von Problemen ist. Insbesondere die Frage, ob sie einmal einen Job bekommen, steht im Vordergrund. Und sie wissen, dass ihnen das Leben nicht gelingen wird ohne emotionalen Rückhalt.

Junge Leute wissen, dass sie für ihre Zukunft Schlüsselqualifikationen brauchen und die Fähigkeit, Zusammenhänge herzustellen (vgl. Oskar Negt). Dazu gehören:
* Solide Selbst- und Fremdwahrnehmung,
* Gesellschaftliche Wirkungen begreifen und Entscheidungsvermögen entwickeln,
* der pflegliche Umgang mit Menschen und Dingen,
* Erinnerungs- und Utopiefähigkeit,
* die Sensibilität für Recht und Unrecht.

Junge Leute am PSG bringen es fertig, mehrere Dinge zur gleichen Zeit zu tun, streben nach Kompetenz statt bloßer Anhäufung von Wissen; sie sind kommunikativ, teamfähig, flexibel, prozessorientiert. Sie sind gut vorbereitet - auch durch eine Schule, die diese Kompetenzen fördert (die nicht unbedingt in einen Stundenplan passen). Deshalb finden die entscheidenden Lernerfahrungen oft am Rande der Stundentafel statt. In Projekten, in Praktika, auf dem Ausflug, bei ernsthaften Gesprächen mit Lehrern in der Pause.

Dazu leistet unsere Schule einen wesentlichen Beitrag. Sie will im Verbund mit dem Internat Bildungsgerechtigkeit fördern, denn in keinem anderen Land in Europa ist der Zusammenhang von sozialer

Herkunft und Bildungserfolg so eng wie in Deutschland. Sie setzt auf gezielte individuelle Förderung, denn sie ist geprägt von einem evangelischen Bildungsverständnis, dem es immer um den ganzen Menschen geht. Das ist ein anderer Akzent als „Learning to the test".

Wenn heute oft von der Krise der Schulen und der Bildung die Rede ist, dann klingen die Rezepte recht hilflos: Man brauche bessere Lehrer, einheitliche Standards und wirksamere Kontrollen. Hartmut von Hentig argumentiert dagegen mutiger und bescheidener zugleich: es gehe nur um zweierlei: die Sachen klären und die Menschen stärken.

Der Theologe hält sich an biblische Bilder. Zwei Gleichnisse mögen hier in aller Kürze der Erläuterung dienen. Das Gleichnis vom Barmherzigen Samariter, gewissermaßen die Klärungsgeschichte der Solidarität, und das Gleichnis vom verlorenen Sohn, das uns zusagt: auch der, der nicht weiter kann, der gescheitert ist, darf neu anfangen, wird für voll genommen, besitzt Zukunft. So können wir in unserer Gesellschaft die zu oft vergessene Dimension offen halten: Jedem steht mehr Anerkennung, mehr Zukunft zu, als er nach den Maßstäben der Welt verdient.

Wenn eine Schule in evangelischer Trägerschaft dies mit ihrer Schulkultur zum Ausdruck bringt, leistet sie einen wichtigen Beitrag zur Pluralität des öffentlichen Bildungswesens. Natürlich will sie auch eine Schule von hoher Qualität sein, will sich in besonderem Maße um Bildungsgerechtigkeit bemühen, will sich vernetzen mit Kirchengemeinden, Diakonie, Vereinen und dem ganzen Sozialraum. Aber mit alledem will sie den ganzen Menschen in den Blick nehmen und jedem Schüler und jeder Schülerin Gelegenheit geben, die eigene Persönlichkeit zu entwickeln. Am Ende ist Bildung nämlich immer ein Emanzipationsprozess, ein Ausdruck geschenkter Freiheit.

Heimweg

Dann ist die Schule zu Ende. Der Heimweg wird angetreten. Die Busse werden wieder bevölkert, die Eltern warten mit ihren Autos. Manch ein Fahrrad kommt nach einem langen Schultag mühsam auf Touren. Nur der Weg zum Internat ist kurz.

Heimwege. Noch sind wir unterwegs nach Hause. Heimat ist ein Zukunftsbegriff. Ein Ort, wo noch niemand war. Ein Ort der Sehnsucht. Noch ist das Ziel nicht erreicht.

Der große jüdische Pädagoge und Arzt Janusz Korczak (1878-1942), sagte er zu Zöglingen, die das Warschauer Waisenhaus verließen: „Wir nehmen Abschied von euch für eure lange und weite Reise ... - das Leben. Wir geben euch keinen Gott, denn ihr müsst ihn selbst in der eigenen Seele suchen, im einsamen Bemühen. Wir geben euch kein Vaterland, denn ihr müsst es durch eigene Anstrengung eures Herzens und eurer Gedanken finden. Wir geben euch keine Menschenliebe, denn es gibt keine Liebe ohne Vergebung, und Vergeben ist mühselig, eine Strapaze, die jeder selbst auf sich nehmen muss. Wir geben euch eins: Sehnsucht nach einem besseren Leben, welches es nicht gibt, aber doch einmal geben wird, ein Leben der Wahrheit und der Gerechtigkeit. Vielleicht wird euch diese Sehnsucht zu Gott, zum Vaterland und zur Liebe führen."

Das wünsche ich dem Paul-Schneider-Gymnasium am Festtag seines Jubiläums, dass es diese Sehnsucht in den Herzen der Schülerinnen und Schülern wach hält.

Elementarbildung in evangelischer Perspektive[4]

Kinder fragen - damit fängt alles an. Sie fragen Löcher in den Bauch, weil sie neugierig sind auf das Leben. Wer ihnen begegnet, tut gut daran, nicht vorschnell Antworten zu geben, sondern sich mit ihnen gemeinsam auf die Suche zu machen. Denn die Neugier hat ihnen schon erstaunliche Lernerfolge beschert. Noch bevor sie in den Kindergarten kommen, haben sie große Erfahrungen im Lernen. Sie haben - nicht ohne Anstrengungen - sitzen gelernt, stehen, laufen, sprechen. Sie wissen, dass Menschen sehr unterschiedlich sind und die Welt mit zahlreichen Ansprüchen an sie herantritt. Bei all den unterschiedlichen Erwartungen ist es nötig, die Welt in der sie leben

---

[4] aus: Integriertes Bildungssystem Evangelischer Kindertageseinrichtungen, S. 57-59, Düsseldorf 2009

zu verstehen, Zusammenhänge herzustellen, Begabungen und Fähigkeiten zu entwickeln. Deshalb setzt Bildung in kirchlichen Kindertageseinrichtungen beim Kind an und fördert selbstständiges Lernen.

Gott ist für Kinder eine geheimnisvolle Frage. Hinter der Suche nach Antworten, ob Gott uns sieht, ob er Gebete hört oder sich um Kranke kümmert, stehen umfassende Orientierungen: Wie soll man sich in der Welt zurechtfinden? Worauf kann man vertrauen? Woher kommt das Leid in der Welt? Welchen Sinn haben all die widersprüchlichen Erfahrungen der Angst und des Glücks?

„Wo Glaube wächst und Leben sich entfaltet" - so lautet der Titel der EKD-Erklärung zum Auftrag evangelischer Kindertageseinrichtungen. In der Tat ist die Bildungsarbeit im Elementarbereich geprägt durch das Wechselspiel von Glauben und Leben, von religiösem Lernen und Welterfahrung. Es geht darum, Kindern zu ermöglichen, sich in der Welt zu zurecht zu finden und ihren eigenen Ort zu bestimmen. Es geht um Persönlichkeitsentwicklung. Dafür werden in den frühen Lebensjahren die Grundlagen gelegt.

Kinder sollen Vertrauen ins Dasein gewinnen, Mut zu eigenen Entscheidungen haben, sich Schwierigkeiten stellen, ohne die Hoffnung zu verlieren, sich entwickeln und keine Angst vor Fehlern haben. Sie sollen das werden, was sie sind: Kinder Gottes im großen Garten des Lebens.

Kindertageseinrichtungen haben neben dem Erziehungs- und Betreuungsauftrag einen eigenständigen Bildungsauftrag. Sie bieten Kindern einen geschützten Raum, Möglichkeiten zu sozialen Kontakten und vielfältigem Lernen. Sie sollen mit Herausforderungen und Krisen umgehen, ein grundlegendes Wertesystem entwickeln. Dabei geht es nicht um Anpassung und Funktionstüchtigkeit in einem vorgegebenen Rahmen gesellschaftlicher Erwartungen an künftige Generationen. Kinder sind nicht unsere Zukunft, sie sind unsere Gegenwart. Bildung vollzieht sich in Kindertagesstätten in der Spannung von Freiheit und Verantwortung. Die Kräfte zur Aneignung der Welt und zur Entfaltung der Persönlichkeit werden angeregt und unterstützt. Bildung im evangelischen Verständnis will Kinder befähigen, ihr Leben und die Welt zu gestalten. Sie versteht sich als „Sprachschule für die Freiheit" (E. Lange). Deshalb betont die Kirche ein ganzheitliches Bildungsverständnis, das jeden Menschen so in den Blick nimmt, dass er unter dem Zuspruch und Anspruch des Evangeliums zum Subjekt der eigenen Geschichte werden kann.

Dieses Zutrauen ist an keine äußeren Kriterien gebunden. Denn das deutsche Wort „Bildung" hat seinen Ursprung in der alttestamentlichen Rede vom Menschen als Gottes Ebenbild (Gen 1,26f). Paulus verwendet die Bild-Metapher christologisch, wenn er davon spricht, dass sich die Freiheit eines Christenmenschen entfaltet, indem wir „in dasselbe Bild (Christi) verwandelt werden von Herrlichkeit zu Herrlichkeit." (2. Kor 3,18). Weil Vielfalt zur Geschöpflichkeit des Menschen gehört, setzen kirchliche Kindertageseinrichtungen auf heterogene Lerngruppen, in denen oft Kinder mit und ohne Behinderung sowie unterschiedlicher Kultur, Religion und sozialer Herkunft einander begegnen. Verschiedenheit wird als bereichernd erlebt, wenn sie zugleich Identität entwickelt und Verständigung fördert.

Deshalb steht im Zentrum der Elementarbildung jedes einzelne Kind in seiner Beziehung zu Gott, zu sich selbst, zum Nächsten, zur Welt. Bildung ist mehr als die Verarbeitung von Informationen in der Wissensgesellschaft. Es geht immer um die Menschwerdung des Menschen, um die Entwicklung eines Vertrauens ins Dasein in einer Landschaft der Entsolidarisierung und der Angst. Kinder fragen nach dem Sinn eines Lebens, das vom Chaos bedroht wird, also nach typisch religiösen Kategorien. Die Grundfragen nach dem Woher und Wohin, nach dem Zusammenhalt der Menschen in Solidarität und sozialer Gerechtigkeit, dem Leben zwischen den Generationen, dem Erhalt von Frieden und dem Umgang mit der Schöpfung werden von Christen in der spannungsvollen Auseinandersetzung mit der Verheißung des Glaubens beantwortet. Damit begeben sich Kindertagesstätten mit ihren Kindern auf einen Weg, der ein Leben lang dauert.

Es ist unsere Aufgabe, in der heutigen Bildungslandschaft darauf hinzuweisen, dass Wissen ein menschliches Maß braucht, wie es die EKD-Denkschrift (2003) sagt. Sie betont deshalb den „Zusammenhang von Lernen, Wissen, Können, Wertbewusstsein und Handeln im Horizont sinnstiftender Lebensdeutungen".

Was bedeutet das für evangelische Kindertageseinrichtungen? Jedes Kind ist eine eigenständige Persönlichkeit. Es hat ein Recht darauf, angenommen zu werden, so, wie es ist. Bei aller Unterschiedlichkeit ist niemand ohne Gaben, einer ergänzt den anderen, jeder wird gebraucht, jeder ist wichtig und wertvoll. Danach soll jedes Kind betrachtet werden, nicht nach seinen Defiziten.

Im Horizont des Evangeliums von Jesus Christus leben evangelische Kindertageseinrichtungen, dass wir von Gott gewollt, geliebt und befreit sind. Und sie machen diese Botschaft erlebbar. Das heißt: Nicht aus den Fähigkeiten des Menschen resultiert seine Würde, sondern aus der Bejahung, die von Anfang an für jedes einzelne Leben gilt. Und zugleich ist zu betonen: Kein Mensch ist eine Insel. Menschsein heißt „In-Beziehung-Sein". Wo Kinder beides lernen, wird das Ich gestärkt und das Wir entwickelt.

Spielerisch werden in Kindertagesstätten diese Dimensionen entwickelt. Das Spiel bedeutet eine sehr ernsthafte Tätigkeit für Kinder. Der Ernst des Lebens beginnt keineswegs erst in der Schule. Das Spiel der Kinder ist gleichzusetzen mit der Arbeit der Erwachsenen. Spiel bereitet den Kindern nicht nur Spaß und Freude. Im Spiel „begreift" das Kind die Welt. Im Spiel sind Kinder von innen heraus motiviert, etwas selbständig zu tun, etwas auszuprobieren. Sie lernen, eigene Fähigkeiten einzuschätzen und auszuweiten sowie eigene Grenzen zu erkennen. Das Spiel mit anderen prägt das Sozialverhalten. Kinder lernen Rücksichtnahme und Hilfsbereitschaft, aber auch, eigene Interessen und Bedürfnisse zu erkennen und zu vertreten.

Kinder wollen die Welt, die sie umgibt, mit all ihren Rätseln verstehen und stellen dazu Fragen, die mit ihrem Glauben zusammenhängen: Fragen nach Tod und Leben, Fragen nach der Welt, nach dem Himmel, nach Gott. Hinter diesen Fragen steht die Sehnsucht des Kindes nach Verlässlichkeit, Wärme und einer Liebe, die es um seiner selbst willen annimmt. Religiöse Bildung versteht sich als Anleitung, die grundlegenden Fragen des Lebens zu entdecken und zu verstehen. Denn jedes Kind ist ein von Gott gewolltes und geliebtes, selbst handelndes Wesen. Und es sucht auf seiner Lebensreise nach Halt und Geborgenheit.

Religiöse Bildung soll deshalb den Kindern helfen, Vertrauen zu Gott und zum Mitmenschen aufzubauen. Nur aus solch einem Grundvertrauen heraus können Kinder ein eigenständiges Ich entwickeln, mit einer positiven Lebenseinstellung und der Fähigkeit, sich anderen, aber auch der Natur und Umwelt, liebend zuzuwenden.

Kinder, die in die Kindertagesstätte kommen, begegnen dort vielfach zum ersten Mal dem christlichen Glauben und dem Thema Religion. Sie lernen biblische Geschichten kennen und entwickeln die Kompetenzen, die zur eigenen Standortfindung nötig sind. Darüber hinaus führen sie den Dialog mit anderen Religionen. Deshalb bewegt sich die evangelische Kirche da, wo sie Kindertageseinrichtungen trägt, im Zentrum ihres Auftrags. Dass sie mit diesem Profil auch gegenüber anderen Trägern erkennbar bleiben muss, versteht sich von selbst. Evangelisch wird ein Kindergarten nicht durch ein Schild an der Tür. Profilentwicklung tut Not und wird vielfach praktiziert.

Diesen Herausforderungen begegnen wir mit der Entwicklung des „Integrierten Bildungssystems evangelischer Kindertageseinrichtungen (IBEK)".

Bildung im Horizont der Generalsynode Duisburg 1610[5]

Alles hängt mit allem zusammen. Die alleinige Bindung an das Wort Gottes mit der Freiheit. Die Freiheit mit der presbyterial-synodalen Ordnung. Die Ordnung mit einem Ämterverständnis, das allen Getauften ein Urteil in theologischen Fragen zutraut. Der Glaubensdiskurs mit Bildung, mit der Befähigung zum eigenen Bekenntnis, zur persönlichen Antwort auf die berühmte 1. Frage des Heidelberger Katechismus: Was ist dein einziger Trost im Leben und im Sterben? Ist die Antwort erprobt an der Heiligen Schrift und der Wirklichkeit, in der wir leben, geprüft im Dialog mit anderen Fragenden, so atmet sie die Freiheit, in die Gottes Wort stellt. Damit schließt sich der Kreis. Bildung hält dieses Gefüge lebendig.

In erstaunlicher Klarheit haben die Delegierten von 1610 beschlossen, ihrer Bildungsaufgabe mit aller Kraft nachzukommen. Ihnen war bewusst, ohne Bildung würde weder das ambitionierte Leitungskon-

---

[5] Vortrag auf der außerordentlichen Tagung der Landessynode der Evangelischen Kirche im Rheinland in Duisburg, 4.9.2010

zept noch das ausbalancierte Verhältnis von gemeindlicher Selbstständigkeit und synodaler Solidarität gelingen. Von der Auskunftsfähigkeit in Glaubensfragen ganz zu schweigen. Es wurde beschlossen, „dass es in alle Wege nötig (sei), dass eine jede Gemein, sofern es immer möglich, neben dem Prediger auch einen Schulmeister für die Jugend habe und anstelle."

Seitdem gehen evangelische Freiheit und Bildung Hand in Hand. Seitdem erweist sich die Kirche als Lerngemeinschaft, in der Freiheit eingeübt wird. Die Grundidee ist, nicht auf einen vorgegebenen status quo hin zu sozialisieren, sondern Kirche und Welt zu gestalten. Nicht weniger hatte sich die Generalsynode vorgenommen. Nicht weniger ist unsere heutige Herausforderung.

Die christliche Freiheit bleibt mager, wenn sie nicht genährt wird. Durch Bildung erfahre ich von den Urkunden des Glaubens und verstehe die Welt, in der ich lebe. Ich probiere die großen Erzählungen von der Menschenfreundlichkeit Gottes an wie Kleider, prüfe, ob sie mir passen, ob sie mich wärmen, schützen und trösten. Ich erlaube mir auch, in kritische Distanz zu gehen. Neben dem reformatorischen Erbe hat der Protestantismus auch die Impulse der Aufklärung aufgenommen.

Bildung ist die treue Gefährtin der Verkündigung. Die Lehre von der Rechtfertigung des Menschen allein aus Gnade will Herz und Hirn zugleich erreichen. Ich bin nicht gezwungen, mein eigener Schöpfer zu sein. Ich bin gefunden, bevor meine Suche beginnt. Ich stehe unter keinem Zwang, meinem Leben Sinn zu geben durch Kraft, Schönheit, Erfolg, Reichtum, Religiosität. Mein Leben kann Stückwerk bleiben, weil das Vollkommene Gott vorbehalten ist.

Ich darf bekennen und das andere Bekenntnis achten. Protestantische Verschiedenheit ist oftmals anstrengend und unübersichtlich. Aber ohne gebildete Auseinandersetzung ist die Wahrheit gefährdet – und die Zukunft der Kirche ohnehin. Ohne Bildung keine Verantwortungsübernahme. Diakonisches Engagement mit Armen, Flüchtlingen, Benachteiligten ginge ins Leere. Dabei bewahrt Bildung die Kirche vor frommen Rückzügen ins Konventikel und vor Gottvergessenheit gleichermaßen.

Unsere Kirche ist im Umbruch – wie vor 400 Jahren. Wir wollen missionarisch Volkskirche sein. Und blicken gleichzeitig wie ein Kaninchen vor der Schlange auf die Zahlen, die Sorgen bereiten. Schauen wir ängstlich in die Zukunft oder hoffnungsvoll? Bringen wir Mut und Leidenschaft für Bildung mit nach Duisburg – wie vor 400 Jahren? Gewiss ist nicht die Zukunft der Kirche in ihrer jetzigen Gestalt. Gewiss ist nur die Zukunft des Evangeliums. Wir sind so frei, Kirche in dieser Gewissheit zu gestalten. In Gemeinden, Kirchenkreisen, der rheinischen Landeskirche und der EKD gleichzeitig. Das ist schwierig und mühsam. Aber Veränderungsprozesse von oben nach unten finden nicht die Akzeptanz, die für jedes Gelingen notwendig ist. Wir brauchen die Kreativität, die Begeisterung und die Kompetenz der vielen Engagierten in den Gemeinden. Bildung bringt sie zur Geltung.

Die geschenkte Bildung

Bildung ist ein Geschenk. Das befreiende Wort kommt von außen auf den Menschen zu. Vor aller Qualifizierung, vor allen Nützlichkeitserwägungen und Kompetenzerwartungen sind wir Hörende und Empfangende – Gebildete eben. Das deutsche Wort „Bildung" hat seinen Ursprung in der alttestamentlichen Rede vom Menschen als Gottes Ebenbild (Gen 1,26f). Paulus verwendet die Bild-Metapher, wenn er davon spricht, wie sich die Freiheit entfaltet, indem wir in das Bild Christi verwandelt werden (2.Kor 3,18). Spätestens seit der Mystik ist uns dieser passive Bildungsaspekt bewusst. Jeder Mensch ist gebildet. Ohne wenn und aber. Von Gott. Durch Gottes Menschenfreundlichkeit. Ob Kind oder Greis, Mann oder Frau, Akademiker oder Schulabbrecher, mit einer geistigen Behinderung oder hochbegabt – die Würde jedes Menschen ist gleich. Gott traut uns mehr zu als nach den Kriterien der Welt verantwortbar wäre. Er sieht in uns, was noch nicht da ist, was zur Entfaltung kommen soll. Er kennt uns, auch unsere Grenzen und unser Versagen.

Mit Recht spricht die EKD-Denkschrift[6] deshalb von der humanen Qualität der Bildung. Von ihrem menschlichen Maß. Auf der nächs-

---

[6] Maße des Menschlichen - Evangelische Perspektiven zur Bildung in der Wissens- und Lerngesellschaft. Eine Denkschrift des Rates der Evangelischen Kirche in Deutschland, Gütersloh 2003.

ten EKD-Synode werden wir über Bildungsgerechtigkeit nachdenken. Wir stehen damit in guter Tradition. Aus der Freiheit des Glaubens heraus traten die Reformatoren für ein öffentliches Schulwesen ein. Bildung sollte nicht länger das Privileg weniger sein. Gesellschaftliche und kirchliche Teilhabe sollte für alle unabhängig von Herkunft und Stand möglich sein. Das engagierte Eintreten für mehr Gerechtigkeit hängt unmittelbar mit diesem umfassenden Bildungsverständnis zusammen. Der Anspruch hat sich nach 400 Jahren nicht verändert. Niemand darf verloren gehen! Denn durch Bildung üben wir ein Leben lang unsere geschenkten Möglichkeiten.

Die gefährdete Bildung

Uns steht aber auch vor Augen: Der Anspruch wird nicht eingelöst. Bildungs- und Befähigungsgerechtigkeit werden heute schmerzlich vermisst. Skandalös ist der Zusammenhang von Armut und fehlender Bildung. Bildungsferne wird nach wie vor vererbt. In Stadtteilen mit armen Familien muss in Tageseinrichtungen für Kinder, in Schulen und der Kinder- und Jugendhilfe oft zuerst der nackte Hunger gestillt werden. Dadurch verschlechtern sich die Chancen. Selbst da, wo die materielle Versorgung gewährleistet ist, greift seelische Armut um sich. Viel zu viele Jugendliche verlassen die Schule ohne Abschluss.

Das liegt zum erheblichen Teil an einem Bildungsverständnis, das den Nutzen und die unmittelbare Verwertbarkeit der Bildung in den Vordergrund stellt. Vor wenigen Tagen hat die „Initiative Neue Soziale Marktwirtschaft" ihren Bildungsmonitor 2010 vorgestellt. Er liefert eine ökonomische Sicht der Bildung und untersucht die Wirkung von Bildungsinvestitionen auf das Wirtschaftswachstum. Bildungsarmut wird nicht unter dem Gerechtigkeitsaspekt behandelt, sondern unter dem Gesichtspunkt möglicher Folgekosten oder eines künftigen Fachkräftemangels. Wichtig sind nur die naturwissenschaftlichen Fächer. Der Monitor stellt Bedeutung des „technischen Humankapitals für das Wachstum und die Wettbewerbsfähigkeit einer Volkswirtschaft"[7] heraus. Religion, Musik, Kunst, soziale Kompetenz werden dagegen an den Rand gedrängt.

---

[7] Bildungsmonitor 2010 im Auftrag der Initiative Neue Soziale Marktwirtschaft (INSM), Köln 2010.

Religion braucht Bildung - und Bildung braucht Religion. In unserer pluralen Gesellschaft ist der Religionsunterricht unverzichtbar. Viel zu häufig fällt er aus. In einigen Bundesländern wird er durch andere Konzepte ersetzt. Manchmal scheitert er an schulorganisatorischen Problemen. Schülerinnen und Schüler haben ein Anrecht darauf, ihren eigenen religiösen Weg zu gehen und Verständigung mit anderen Konfessionen, Religionen und Weltanschauungen zu lernen. Ohne eine authentische Innensicht von Religion ist dies nicht möglich. Der Religionsunterricht ist kein Exklusivrecht der Kirche in der öffentlichen Schule, sondern Folge der Religionsfreiheit der Schülerinnen und Schüler. Deshalb setzen wir uns auch für einen islamischen Religionsunterricht und eine entsprechende universitäre Ausbildung ein. „Die Zeit" schrieb: „Dass die bestehenden Verhältnisse nicht die einzig vorstellbare Realität sind und der Mensch mit Brot allein nicht satt zu machen ist, ... das ist das entscheidende Argument für die Präsenz der Religion im öffentlichen Raum."[8]

Bildungseinrichtungen geraten auch da ins Taumeln, wo ihnen die finanziellen Ressourcen entzogen werden. Seit dem Pisa-Schock verstummt nicht mehr der Ruf, dass mehr in Bildung investiert werden müsse. Die Konsequenzen sind überschaubar. Gewiss, Qualität hängt nicht nur von den finanziellen Möglichkeiten ab, aber auch. Gute Arbeitsbedingungen und eine ausreichende personelle Ausstattung sind notwendige Voraussetzung für gelingende Bildung.

Das wussten schon die Synodalen von 1610 und entwickelten ein entsprechendes Solidarsystem. Heute stehen Bildungseinrichtungen in kirchlicher Trägerschaft unter beständigem Kostendruck. Die finanzielle Misere der Kommunen wirkt sich auf Kindertagesstätten und Jugendarbeit fatal aus. Nicht nur die Krise öffentlicher Finanzen gefährdet Bildungsengagement. Auch wir selbst bleiben hinter den eigenen Ansprüchen und Denkschriften zurück. In der letzten Sparssynode wurden dem Bildungsbereich überproportionale Einsparungen auferlegt. Dass es Gemeinden und Kirchenkreisen nicht anders geht, hat der letzte Jugendbericht beschrieben. Im Zeitraum 1997 bis 2007 hat sich die Zahl der Ganztagsbeschäftigten in der Evangelischen Kinder- und Jugendarbeit um die Hälfte reduziert.

---

[8] J.Ross: Willkommen, ihr Götter! Die Zeit Nr. 32/2010, S. 3.

Die erhoffte Bildung

Wir wollen aus der Tradition kritisch lernen. Mit wenigen Pinselstrichen möchte ich markieren, auf welchen Weg uns Bildung als Schule der Freiheit führt. Von der Geburt an bis ins hohe Alter.

Ich hoffe ...

... auf Kinder, die mit Gott aufwachsen

Gott ist für Kinder geheimnisvoll. Hinter der Frage, ob Gott uns sieht, ob er Gebete hört oder sich um Kranke kümmert, stehen umfassende Orientierungen: Wie soll man sich in der Welt zurechtfinden? Worauf kann man vertrauen? Woher kommt das Leid in der Welt? Was können wir tun, um zu helfen?

Der erste Bildungsort eines Menschen ist die Familie. Kinder brauchen Erwachsene, die Auskunft geben über ihren Glauben. Und Familien brauchen Unterstützung durch Gemeinden, Familienbildung und Beratung, um ihren Kindern verlässliche Lebensbegleiter zu sein, die Grenzen setzen und Freiräume erschließen. Wo Gemeinden sich für Kinder öffnen, bekommen sie selbst neue Impulse für ihre Arbeit. „Kinderlärm ist Zukunftsmusik."[9] Deshalb dürfen Kinder nicht länger ein Armutsrisiko[10] sein.

... auf Kindergärten, die „Hoffnung leben"[11]

Die Bildungsarbeit im Elementarbereich ist geprägt durch das Wechselspiel von Glauben und Leben, von religiösem Lernen und Welterfahrung. Kinder sollen Vertrauen ins Dasein gewinnen, Mut zu eigenen Entscheidungen haben, sich Schwierigkeiten stellen, ohne die Hoffnung zu verlieren. Sie sollen das werden, was sie sind: Kinder Gottes im großen Garten des Lebens.

Kinder begegnen im Kindergarten vielfach zum ersten Mal dem Thema Religion. Sie lernen biblische Geschichten kennen und entwickeln Kompetenzen, die zur eigenen Standortfindung nötig sind. Darüber hinaus führen sie den Dialog mit anderen Religionen. Des-

---

[9] „Gemeinde ... Oase für Kinder", Ev. Kirche im Rheinland, Düsseldorf 1993/1994.
[10] Vgl. Beschluss „Familiengerechtigkeit der Landessynode der EKiR 2007.
[11] Hoffnung leben. Hg. v. Rheinischen Verband Evangelischer Tageseinrichtungen für Kinder e.V., Seelze 2002.

halb bewegen sich Gemeinden da, wo sie Kindergärten tragen, im Zentrum ihres Auftrags. Viele beteiligen sich inzwischen an der Qualitätsentwicklung[12]. Und Inklusion ist zu einer Art Markenzeichen geworden. Jetzt kommt es darauf an, die gesetzlichen Rahmenbedingungen[13] zu verbessern.

... auf eine menschenfreundliche Schule

Eine Schule, die die Menschenfreundlichkeit Gottes lebt und erlebbar macht, versteht sich selbst als lernende Institution. Sie ist ein Labor der Welt und offen für Gott. Keine Prüf- und Ausleseschule. Sie freut sich an der Verschiedenheit der Begabungen und Persönlichkeiten. Sie vermeidet Belehrung, baut auf Selbstlernfähigkeit. Ihre Schüler sind stolz auf das, was sie schaffen. Das meiste gelingt nur mit den anderen zusammen. Sie dürfen Fehler machen – und mutig einen neuen Anfang wagen. Es geht um mehr als die Verarbeitung von Informationen, von abrufbarem Wissen. Es geht um eine Praxis mit Herz, Mund und Händen.

Kann die heutige Schule das leisten? Sie wird von einer Reform zur nächsten gehetzt. Schweißgebadet und müde möchte sie sich am liebsten die Ohren zuhalten vom Lärm der Ideologien und Konzepte. In viel zu großen Klassen arbeiten Lehrer, die sich oft als Lückenbüßer fühlen. Angesichts sozialer Schieflagen sollen sie Bildungsgerechtigkeit im Handumdrehen produzieren. Die menschenfreundliche Schule ist ein Ort der Sehnsucht. Noch ist das Ziel nicht erreicht. Aber die Sehnsucht zeigt die Richtung an.

... auf kirchliche Schulen mit evangelischem Profil

Sie teilen das Ziel, menschenfreundliche Schule zu sein. Dennoch sind sie anders. Sie sind Gemeinden besonderer Art und realisieren unseren Auftrag, missionarisch Volkskirche zu sein. Natürlich wollen sie auch Schulen von hoher Qualität sein. Aber ihre besonderen Chancen liegen da, wo sie ihre Freiräume nutzen:

- wo Kirchenkreise und Gemeinden sie unterstützen und sich mit ihnen vernetzen

---

[12] IBEK – Integriertes Bildungssystem evangelischer Kindertageseinrichtungen, Moers 2009.
[13] Vgl. Kibiz auf dem Prüfstand, in: Chrismon Plus Rheinland 5/2010.

- wo Schulseelsorge Lebens- und Glaubenhilfe gibt
- wo Bildungsgerechtigkeit eingelöst wird
- wo neue Formen der Inklusion erprobt werden
- wo Schülerinnen und Schüler für kirchliche Berufe motiviert werden
- wo der Klassenraum verlassen wird in ökumenischen Partnerschaftsprojekten, in diakonischer Arbeit, in der Vermittlung der nützlichen Erfahrung[14] gebraucht zu werden.

... auf eine begeisternde Konfirmandenarbeit

Ihre Bedeutung wird unterschätzt. Eine Studie zeigt: Die Konfirmandenarbeit fördert das ehrenamtliche Engagement und hilft Jugendlichen in der Ausbildung von Werten und ethischer Urteilsfähigkeit. Sie hat erheblichen Einfluss auf die Entwicklung von Persönlichkeit und sozialer Kompetenz.

Etwa 30 Prozent aller deutschen Jugendlichen lassen sich jedes Jahr konfirmieren. Konfirmandenarbeit ist der einzige Ort des Lernens, an dem Jugendliche aller Schulformen aufeinandertreffen und sich aufeinander einlassen. Sie werden beteiligt, können sich einbringen, erhalten Orientierungswissen. Dass bei der Alphabethisierung des Glaubens überraschende Vielfalt herauskommt, ist erwünschter Nebeneffekt: „Am siebten Tag war Gott fertig mit seinem Kreativ-Projekt, fand das Ergebnis genial und beschloss ab jetzt zu chillen."[15]

... auf eine facettenreiche und aufmüpfige Jugendarbeit

Es gibt nicht *den* Jugendlichen. Auch nicht *die* Jugendarbeit. Immer ist evangelische Jugendarbeit Bildung für, von und mit jungen Menschen. Sie zeigt ihre vielen Gesichter an ganz unterschiedlichen Orten: In Jugendzentren mit sozial-diakonischem Ansatz, in Gruppenstunden und Gesprächskreisen, in Jugendkirchen und auf Ferienfreizeiten, bei Internationalen Begegnungen und der Qualifizierung von Ehrenamtlichen.

---

[14] Vgl. H.v.Hentig: Bewährung. Von der nützlichen Erfahrung, nützlich zu sein, München 2006.
[15] Und Gott chillte. Die Bibel in Kurznachrichten, Frankfurt/M. 2009, S. 12.

Jugendarbeit ist das junge Gesicht der Kirche. Sie rebelliert gegen Traditionen und fordert neue liturgische Formen. Sie provoziert mit unbequemen Fragen und rüttelt an Althergebrachtem. Sie bringt frischen Wind in Gemeindehäuser und neue Musik in den Gottesdienst. Sie braucht nicht nur ein offenes Ohr, sondern auch hauptberufliche Begleiter und Begleiterinnen.

... auf die Lerngemeinschaft in Familien- und Erwachsenenbildung

Bildung ist ein lebenslanger Prozess. Manches möchte ein Erwachsener Mensch gerne lernen, anderes muss er noch lernen. Es geht um ein Lernen auf Augenhöhe, selbstbestimmt und in Bindung an die biblische Tradition und das reformatorische Erbe.

Evangelische Familien- und Erwachsenenbildung hat ihren Ort mitten im Leben von Frauen und Männern, in Beruf, Familie und Gemeinwesen. Menschen werden ermutigt und befähigt, ihre Gaben zu nutzen. Sie setzen sich mit Glaubensfragen auseinander. Sie finden in Seminaren und Projekten, auf Reisen und in Gruppen Menschen zum Zuhören, Austauschen und Teilen. So gestärkt und befreit machen Sie sich auf den Weg, das Leben zu meistern und sich für andere zu engagieren.

„Wir sind so frei" – das Motto. Eine Pusteblume als Logo. In der Tat: Bildung pustet den Samen evangelischer Freiheit in ungeahnte Weiten, damit er Wurzeln schlägt. Ein Leben lang. Jahrhunderte lang. Vor 400 Jahren hat die Duisburger Generalsynode mit Leidenschaft kirchliche Bildung gestärkt. Und wir?

Schulentwicklung als Gestaltungsaufgabe[16]

1. Matutin - In der Nacht wird geträumt

Ich hab' geträumt in dieser Nacht. Von einer Schule, die Menschen befähigt zum guten Leben. Die ermutigt, Vertrauen ins Dasein zu gewinnen sowie die eigene Lebensgeschichte und die Welt zu gestalten. Von einer Schule, die Sprachschule der Freiheit ist. Von einer

---

[16] Vortrag Universität Bamberg, 26.9.2013

Schule, die Grenzen überwindet und Gemeinschaft stiftet. Schüler sollen Mut zu eigenen Entscheidungen bekommen, sich Schwierigkeiten stellen, ohne die Hoffnung zu verlieren, sollen sich entwickeln und keine Angst vor Fehlern haben.

Sie merken schon: meine Träume sind ziemlich wirr. Von meinem Glauben bestimmt, aber auch offen für Neues. Von strategischen Zielen jedenfalls weit entfernt. Aber Träume sind wirkmächtig. Mächtiger als wir denken. Vor 50 Jahren hat Martin Luther King seine berühmte Rede anlässlich des Marsches auf Washington für Arbeit und Freiheit gehalten: I have a dream. Es ging um Bürgerrechte, es ging um die Zukunft der Kinder und die Überwindung der Rassenschranken. Ein Traum, der seine Wirkung bis heute nicht eingebüßt hat. Ein Traum, der in der US-amerikanischen Gesellschaft noch immer nicht ausgeträumt ist - geschweige denn eingelöst.

Welche Träume von Schule haben wir? Ich behaupte: Sie bestimmen mehr als wir ahnen jede einzelne Entscheidung. Auch wenn es uns nicht immer bewusst ist. Ich behaupte weiter: für Schulleitungen ist nicht die Management-Strategie gegen den Alltagstrott die Herausforderung (auch wenn Sie es individuell vielleicht so wahrnehmen), sondern die Frage, wie eine Schulleitung den Alltag aufnimmt und und die Schule weiterentwickelt.

Also: wie trifft der Traum auf die Wirklichkeit, ohne zum bösen Erwachen zu werden? Wie verändert er den Alltag? Wie schafft man es, neben allen Einzelaufgaben das große Ganze im Blick zu behalten? Neben Konzepten, Lehrplänen, Didaktik, Kompetenzerwartungen, Lehrproben, Abrechnungen und allem nötigen Handwerk den Geist wach zu halten, der uns antreibt, also den Traum nicht in einem Meer der Erschöpfung zu ertränken? Und vielleicht auch noch andere mit der Leidenschaft anzustecken? Das wäre ja wichtig. Hilft da Meditation, Supervision, Coaching, der morgendliche Dauerlauf, oder nur Arbeit, Arbeit, Arbeit? Ich werde Ihnen dabei nicht raten können. Jeder und jede muss selbst herausfinden, welche Antworten tragfähig sind. Ich kann ihnen nur von meinen Erfahrungen berichten.

Von einem katholischen Pfarrkollegen habe ich ein Brevier geschenkt bekommen. Es strukturiert den Tag nach Gebets-, Bibellese-

und Meditationszeiten. Matutin, in der Mitte der Nacht, dann Laudes, Prim, Terz, Sext, Non, Vesper und mit der Komplet kommt der Tageslauf wieder ans Ende. Ich gestehe: solche Frömmigkeit ist mir sehr fremd. Ich bin nicht so sozialisiert. Dennoch ist dieser Versuch faszinierend, neben den Alltagsaufgaben den roten Faden nicht zu verlieren. Mit weitreichenden Folgen: Immerhin geht der 45-Minuten-Rhythmus der Schulstunden auch auf diese Regel zurück. Ein Gerüst, mit dem der Tag sein Hoffnungspotential entfaltet. Mir geht es nun nicht um die alte Benediktinerregel, wenn ich für den Vortrag dieses Strukturelement übernehme. Dahinter steckt mehr als ein didaktischer Trick. Dieses Verfahren macht deutlich, dass jede Stunde, jeder Tag, voller geschenkter Möglichkeiten steckt. Die Möglichkeiten, die Potentiale - wollen entdeckt werden. Das fällt uns schwer. Besonders in der Nacht ...

2. Laudes, Prim - Im Morgengrauen erinnert man sich seiner Träume

Ich bin evangelischer Pfarrer und leite die Bildungsabteilung einer großen Landeskirche. Gute Schule ist ein alter evangelischer Traum. Melanchthon, der Reformator und „Lehrer Deutschlands", insistierte, wir müssten „auf Menschlichkeit hin erst gebildet werden." Er setzte auf eine breite Allgemeinbildung, auf das Zusammenwirken von Glauben und Verstehen. „Keine Aufgabe ist Gott so wohlgefällig wie die Erforschung und Verbreitung von Wahrheit und Gerechtigkeit. Denn diese sind die besonderen Gaben Gottes, die seine Gegenwart am deutlichsten erkennen lassen. Auf ihre Bewahrung kommt es ihm hauptsächlich an, sind sie doch im besonderen dazu geschaffen, einander Gott und alles, was sonst gut ist, bekanntzumachen. Zu diesem Zweck hat Gott dem Menschen die sprachliche Verständigung gegeben. Deshalb kann kein Zweifel bestehen, dass der Lebensform des Lehren und Lernens das größte Wohlgefallen Gottes gilt und dass den Schulen im Blick darauf der Vorrang vor Kirchen und Fürstenhöfen gebührt, weil man in ihnen mit größerem Einsatz nach der Wahrheit strebt."[17]

Ein Traum, der Kreise gezogen hat. Am Niederrhein, wo ich wohne, haben die evangelischen Gemeinden häufig zunächst Schulen gebaut,

---

[17] Philipp Melanchthon: Rede vom Lob des schulischen Lebens (1536), in P.M.: Glaube und Bildung, Stuttgart 1989, S.206ff.

bevor sie den Bau einer Kirche begannen. Sie haben sich, obwohl die Gemeinden bettelarm waren, angestrengt. Haben Konzepte entwickelt. Haben schon vor mehr als 400 Jahren dafür einen Finanzausgleich zwischen reichen und armen Gemeinden etabliert. Denn: Sie wollten in Bildung investieren. Wohl wissend, dass Bildung im Wortsinn etwas mit der Gottebenbildlichkeit zu tun hat. Jeder und jede ist wichtig. Ist voller Möglichkeiten. Wird gebraucht. Ist wunderbar und großartig. Was für eine hoffnungsvolle Dynamik steckt in diesem Ansatz!

Dahinter steht die Idee des allgemeinen Priestertums. Es geht um Teilhabe, d.h. um einen umfassenden Emanzipationsprozess, der Schule als eine Lerngemeinschaft begreift, in der Freiheit und Verantwortung eingeübt werden. Aus der Freiheit ihres Glaubens heraus traten die Reformatoren für ein öffentliches Schulwesen ein. Bildung sollte nicht länger das Privileg weniger Menschen sein. Gesellschaftliche Teilhabe sollte für alle unabhängig von Herkunft und Stand möglich sein. Das engagierte Eintreten für mehr Gerechtigkeit hängt unmittelbar mit diesem umfassenden Bildungsverständnis zusammen. Der Anspruch ist einfach: Niemand darf verloren gehen! Denn durch Bildung üben wir ein Leben lang unsere geschenkten Möglichkeiten.

Die Gestaltungsaufgabe steht dabei unter einem dialektischen Vorzeichen, der Freiheit eines Christenmenschen. In der Sprache der Reformation: „Ein Christenmensch ist ein freier Herr über alle Dinge und niemand untertan. - Ein Christenmensch ist ein dienstbarer Knecht aller Dinge und jedermann untertan." Was heißt das für die Schule? Der Traum von guter Schule hat sich zu bewähren in Freiheit und Bindung. In Treue zu den Rahmenbedingungen und Regeln, unter denen wir arbeiten - und in kritischer Distanz zu ihnen. Keine Veränderung ohne Wagnis! Schule agiert immer im Spannungsfeld von Bewahren und Verändern.

3. Terz - Am Morgen stellen wir uns der Wirklichkeit

Die erste Zeitung. Die Schlagzeilen werden überflogen. Noch wird über mögliche Koalitionen einer neuen Bundesregierung gerätselt. Es geht um den Euro. Es geht um die Wirtschaft. Die Aktienmärkte sind beruhigt. Von Bildung war im Wahlkampf nicht die Rede. Ländersache! Schade eigentlich. Ein bisschen mehr Gemeinsamkeit täte uns gut. Ein bisschen mehr Bund statt föderalem Egoismus. Zumal die gesellschaftlichen Rahmenbedingungen, unter denen Schulentwicklung erfolgt, durchaus vergleichbar sind. Allerdings nicht die ökonomischen Rahmenbedingungen!

Ich will - nur am Rande - auf eine kleine Absurdität aufmerksam machen. In Trägerschaft der EKiR befindet sich die Schule für Circuskinder. Lehrerinnen und Lehrer begleiten im Schulwagen - zu Klassenräumen umgebaute Wohnmobile - und im E-Learning kleine Familiencircusse, um den Kindern einen Schulabschluss zu ermöglichen. Sehr erfolgreich! Kürzlich hat eine unserer Schülerinnen den Geschichtspreis des Bundespräsidenten gewonnen. Nur: Ein Circus plant seine Tournee nicht in der Orientierung an Bundesländern. Das System der Länderzuständigkeit wird ad absurdum geführt. Verantwortung wird hin- und hergeschoben. Erst recht die Kosten. Die Refinanzierungsbitte der Schule an den Bund wurde abgelehnt. Bildung ist Ländersache. Basta! Auch wenn die Kinder nicht ins Länderschema passen. Denn sie reisen von einem Land ins andere und haben bestenfalls irgendwo einen Briefkasten.

Überhaupt geht es immer um's Geld. In mehrfacher Hinsicht. Zunächst um's Geld für die Schule. Wer für Bildung zuständig ist, muss um Haushaltsmittel kämpfen. Übrigens auch in der Kirche. Spätestens seit der sog. „Ruckrede" des damaligen Bundespräsidenten Roman Herzog im Jahre 1997 wird eine atemlose Reformdebatte geführt. Das Bildungssystem in Deutschland steht unter dem Druck, den Wirtschaftsstandort zu stärken. Internationale Vergleichsstudien haben das Reformtempo verschärft und zu einer Ablösung traditioneller Bildungsverständnisse geführt. Insbesondere die Wurzeln, Grundlagen und Motive des Bildungshandelns sowie das zugrunde liegende Menschenbild sind dabei weitgehend aus dem Blick geraten.

Die Reformdebatte geht davon aus, dass die Chancen eines Landes, im globalen Standortwettbewerb zu bestehen, zentral von der Fähigkeit abhängen, qualifiziertes „Humankapital" zu erzeugen. Neoliberale Termini bezeugen den schleichenden Dominanzgewinn wirtschaftlicher Interessen gegenüber einem Ideal der Persönlichkeits-

und Charakterbildung. Mit dieser Entwicklung einher geht die zunehmende Privatisierung des Bildungsbereichs. Bildung wird zur Ware. Die Idee einer guten „Bildung für alle" gerät ins Hintertreffen.

In diesem Zusammenhang haben die strukturellen Veränderungen der letzten Jahre ein Janusgesicht. Der Ausbau des Ganztags dient der Verbesserung der Vereinbarkeit von Familie und Beruf und der Bildungsgerechtigkeit; gleichzeitig ist nicht von der Hand zu weisen, dass - zumindest in NRW - das Betreuungsangebot der Offenen Ganztagsschule auf Grund der bestehenden Rahmenbedingungen nur bedingt ein Bildungsangebot darstellt, das den Namen verdient. Studien des Deutschen Jugendinstituts zeigen neben positiven auch negative Effekte: Die Neigung zu ehrenamtlichem Engagement nimmt ab, und vielen Schulen gelingt noch nicht die Vernetzung mit dem Sozialraum und den nonformalen Bildungsträgern: Kirchengemeinde, freiwillige Feuerwehr, Sportvereine geraten ins Hintertreffen. G8 tut ein Übriges. Bei der Verkürzung der Gymnasialzeit auf acht Schuljahre (G8) sollte ein schnelleres Erreichen der allgemeinen Hochschulreife im europäischen Vergleich verlorenes Terrain aufholen und letztlich einen früheren Eintritt ins Berufsleben ermöglichen. Faktisch hat sich nur der Druck erhöht. Für Schülerinnen und Schüler, aber auch für Unterrichtende und Leitungen.

Die Schulleitungen unserer kirchlichen Schulen beklagen in diesem Zusammenhang die verschärften Sparzwänge, unter denen sie Schulentwicklung betreiben, aber auch die Verengung der Konzepte auf den Wissensaspekt, die einseitige Ausrichtung auf die Vernützlichung der Bildung zu Lasten einer Schärfung des Gewissens und der Sozialkompetenz. Hinzu kommt, dass das deutsche Bildungssystem durch ein hohes Maß an Ungerechtigkeit gekennzeichnet ist. In keinem anderen europäischen Land ist der Zusammenhang von sozialer Herkunft und Bildungserfolg so eng wie in Deutschland. Das alles kennen Sie. Das alles ist nicht neu. Aber wie ist unter solchen Rahmenbedingungen der Traum von guter Schule lebendig zu halten, ohne in Depression zu verfallen?

Erste Orientierungen. Inzwischen ist das Frühstück vorbei, die Zeitung gelesen. Der Morgen wartet hoffnungsfroh mit seinen Aufgaben.

4. Sext - In der Mitte des Tages werden Weichen gestellt

Der Umgang mit Diversität, mit gesellschaftlicher, lebensgeschichtlicher, personaler und religiöser Vielfalt fordert die Bildungsarbeit in zunehmendem Maße heraus. Insbesondere die Teilhabechancen von Menschen mit Behinderungen sind in den letzten Jahren durch den Impuls der Behindertenrechtskonvention ins Zentrum der Aufmerksamkeit geraten. Der Inklusionsansatz wirkt sich aber faktisch auf alle Lebensbereiche aus. Es geht um das Leitbild eines umfassenden gesellschaftlichen Paradigmenwechsels, mit dem Separierungen überwunden, Teilhabe für alle gleichberechtigt ermöglicht und Vielfalt wertgeschätzt werden soll.

Im Blick auf Menschen mit Behinderungen ist z.Zt. die große schulpolitische Herausforderung, die Fachlichkeit der Förderpädagogik in inklusive Lernarrangements zu überführen. Denn Gemeinsamer Unterricht ohne adäquate Förderung jeder und jedes Einzelnen verpasst sein Ziel. Eine behutsame Veränderung der Schullandschaft braucht allerdings Zeit, braucht Zwischenschritte mit „Erfolgserlebnissen" auf dem Weg zur Inklusion, verbindliche Qualitäts- und Ausstattungskriterien und zusätzliche Finanzressourcen. Zu den Qualitätskriterien inklusiver schulischer Bildung gehören eine auskömmliche Schüler-Lehrer-Relation, die Multiprofessionalität der pädagogischen Teams, ein umfassendes, praxisnahes Fortbildungsangebot sowie ein Raumprogramm, das innere Differenzierung zulässt. Inklusion eignet sich nicht als Sparmodell.

Unter dem Anspruch einer schnellen flächendeckenden Einführung inklusiven Lernens sind Lehrkräfte an ihre Grenzen geraten. Die Bildungsqualität hat gelitten. Lehrer und Lehrerinnen signalisieren vielfach Überforderung. Regelschullehrer und –lehrerinnen fühlen sich durch ihre Ausbildung nicht genügend vorbereitet. Sonderpädagoginnen und –pädagogen betreuen vielfach nur noch beratend mehrere Schulen. An die Stelle gemeinsamen und zieldifferenten Unterrichts treten sporadische individuelle Fördermaßnahmen. Dadurch wird der inklusive Paradigmenwechsel diskreditiert. Offenbar muss in Zukunft die Qualität inklusiver Bildung gegenüber der Geschwindigkeit der Umsetzung der UN-Behindertenrechtskonvention priorisiert werden.

Wie sah der Traum von inklusiver Bildung aus? Er war geprägt von Zieldifferenz zur Vorbereitung auf die Wirklichkeit, von Unterricht als Lernbegleitung, von sozialem Lernen und neuen Freundschaften zwischen Schülern mit und ohne Behinderung. Schulen sind lernende Systeme. Inklusion braucht Zwischenschritte, um Erfolgserlebnisse zu generieren. Am Ende verändert der Traum die Wirklichkeit, manchmal aber leider auch umgekehrt.

5. Non - Am Nachmittag sitzt man zusammen

Schulentwicklung ist Teamaufgabe. Einzelkämpfern geht schnell die Puste aus. Schulentwicklung erfordert eine Architektur, in der die unterschiedlichen sozialen Systeme ineinander greifen: Die erweiterte Schulleitung, das Kollegium, die Elternschaft, die Schülerinnen und Schüler. Hier kommt es auf gute Vernetzung an. Auf Partnerschaft. Und auf die Fähigkeit, sich zu einer lernenden Organisation zu entwickeln. Gute Schule ist immer ein Gemeinschaftswerk. Strategien können nicht einfach durchgesetzt werden. Top-down, wie man neudeutsch sagt. Vielmehr muss es gelingen, viele Akteure mitzunehmen. Dazu sind manchmal Umwege nötig. Eine Strategie wird also nicht einfach umgesetzt, sondern erhält durch den Dialog mit den Betroffenen ihr spezifisches Gesicht.

Ziel der Schulentwicklung ist es, dass sie sich förderlich auf die Qualität des Unterrichts auswirkt. Dass die Schule in ihrem Profil erkennbar wird. Dazu sind die unterschiedlichen Akteure etwas genauer in den Blick zu nehmen. Zu den großen Überraschungen nach meiner Wahl in die Kirchenleitung mit der Ressortzuständigkeit für Bildung gehörte, dass ich Lehrerinnen und Lehrer als sehr einsame Streiter erlebt habe. Kollegiale Beratung oder Intervision (d.h. gegenseitige Unterrichtsbesuche) sind nicht selbstverständlich etabliert. Der Konkurrenzdruck ist hoch. Das führt zur Vereinzelung. Dietrich Bonhoeffer sagt dazu: Allein - bist du in schlechter Gesellschaft.

In der Kita, der Jugendarbeit, der Erwachsenenbildung herrschen andere Kulturen. Die Hierarchien sind dort flacher. Supervision gehört vielerorts zum professionellen Standard. Und natürlich sind die Regelwerke nicht so umfassend in Beton gegossen wie im System Schule. Die BASS z.B., die Vorschriftensammlung des Landes NRW, hat Telefonbuchformat.

Schulentwicklung muss die veränderte Situation junger Menschen in den Blick zu nehmen. Sie wandelt sich in immer schnelleren Zyklen. Und erst recht wandeln sich die Zukunftschancen. Die Jugendlichen der Nachkriegszeit waren geprägt durch die Anforderungen des Wiederaufbaus. Jede Hand wurde gebraucht. Die Jugendlichen der 60er und 70er Jahren wollten große Visionen für die Welt und die Gesellschaft realisieren. In den vergangenen Jahren mussten sich junge Menschen häufig mit einem früher unbekannten Phänomen auseinandersetzen. Dem Phänomen, nicht gebraucht zu werden, zumindest, wenn sie nicht besonders qualifiziert und leistungsfähig sind. Die Folgen sind katastrophal: Im südlichen Europa ist die Jugendarbeitslosigkeit konstant hoch. Einer ganzen Generation wird vermittelt: Ihr seid hoffnungslose Fälle.

In Deutschland verändert sich gerade dieser Trend. Der demographische Wandel führt dazu, dass Fachkräfte dringend gebraucht werden. Und Jugendliche werden wieder umworben. So schnell geht das! Wieder zeigt sich die Dominanz der Ökonomie. Die jährliche Lehrstellenaktion des WDR ist umgedreht worden. Hat man noch vor Jahren mit Mühe Handwerksbetriebe gesucht, die einen Auszubildenden aufnehmen – die Chefs riefen während der Sendung beim Rundfunk an und boten unter dem Jubel der Rundfunkmoderatoren einen Platz an - , gibt es nun eine Börse, in der die Schulabgänger umworben werden. Garnicht so einfach für eine Schule, junge Menschen auf diese ungewisse Zukunft richtig vorzubereiten. Garnicht so einfach für junge Leute, rechtzeitig die richtigen Weichen zu stellen.

Denn: wie wird man erwachsen? Die Schule ist ja nicht nur Lernort. Bildung, Erziehung, Betreuung - alles geschieht in der Schule. Oft hat sie kompensatorische Funktion. Nicht ohne Grund werden überall Schulsozialarbeit und Schulseelsorge ausgebaut. Familien fühlen sich oft überfordert mit der Erziehungsaufgabe. Und das liegt nicht nur an der Vielfalt der Formen und Familienkonstellationen, wie die um Verbindlichkeit werbende und heftig kritisierte Familienschrift[18] der EKD gezeigt hat. Die „Zeit" titelte einmal kritisch: „Eltern sind keine Bergführer mehr". Es fehlen Bindung, Gewissheit und Gren-

---

[18] Zwischen Autonomie und Angewiesenheit. Familie als verlässliche Gemeinschaft stärken. Eine Orientierungshilfe des Rates der EKD, Gütersloh 2013.

zen. Die Eventkultur hilft nicht weiter. Jugendliche werden zum Planungsbüro der eigenen Biographie. Je mehr Normen wegfallen, desto stärker ist es notwendig, eigene Normen zu schaffen. Die Jugendzeit verlängert sich, die Erwachsenenwelt ragt in die Jugendkultur hinein. Wie sollen Jugendliche erwachsen werden, wenn die Erwachsenen immer jugendlicher werden? Jugendliche wollen Erwachsene mit Erfahrungs- und Wissensvorsprung. Viele Familien haben dazu weder Zeit, Kraft noch Muße. Hand auf's Herz: Hat die Schule Zeit, Kraft, Muße?

6. Vesper - Am Abend wird Bilanz gezogen

Die Gesellschaft verändert Schule - die Schule verändert die Gesellschaft. Umso wichtiger ist es, den eigenen Traum, die eigene Vision nicht aus den Augen zu verlieren. Dabei geht es weniger um ein abstraktes strategisches Ziel. Es geht um eine Vorahnung vom guten Leben, der die Schule dienen kann. Das mag jeder und jede unterschiedlich füllen. Muss es sogar unterschiedlich füllen. Für unsere kirchlichen Schulen möchte ich meine Grundüberzeugung mit zwei biblischen Basisgeschichten verdeutlichen. Max Frisch hat einmal gesagt, er probiere ja Geschichten an wie Kleider. Prüft, ob sie im Winter wärmen, im Sommer kühlen, ob sie einengen oder in ihrer Weite ziemlich hinderlich sind. Meine Basisgeschichten sind: Das Gleichnis vom Barmherzigen Samariter, der Urtext der Solidarität, und das Gleichnis vom verlorenen Sohn, das zusagt: auch der Gescheiterte darf neu anfangen und besitzt Zukunft. Denn das sollen Schulen auch sein: Orte der Zuwendung zu den Schwachen und Orte des Vertrauens, dass jedem mehr Anerkennung und Hoffnung zusteht, als er nach dem Maß unserer Gesellschaft verdient.

Denn was soll neben Mathe, Deutsch, Englisch, Geschichte, Physik u.s.w. gelernt werden? Schülerinnen und Schüler sollen die nützliche Erfahrung machen, gebraucht zu werden, die Kräfte erproben zu können und dabei sogar Fehler machen zu dürfen. Es geht um praktische Bewährung, um gesellschaftliche Verantwortung und soziale Sensibilität. Das Schlimmste, was jungen Leuten heute passieren kann, ist nicht, dass sie den einen oder anderen Lernstoff nicht in ihren Kopf bekommen, das Schlimmste ist das unbestimmte Gefühl, überflüssig und unnütz zu sein. Nicht mitzukommen. Abgehängt zu werden. Wer den Teufelskreis von Frustration und Gleichgültigkeit durchbrechen will, muss oft auch den Klassenraum verlassen und Gelegenheiten bieten, sich an konkreten Aufgaben zu bewähren. Die Entwicklung einer „Kultur des Helfens" ist und war für die Schule immer ein wichtiger Akzent der Bildungsverantwortung.

Was trauen wir den Schülerinnen und Schülern zu? Was trauen wir unseren Strategien und Konzepten zu? Und was wird aus den Schülerinnen und Schülern, die unsere Schulen verlassen?

7. Komplet - am Ende des Tages

Nicht überfordern! Auch die besten Strategen werden am Ende des Tages alles aus der Hand legen. Vertrauen in die Kolleginnen und Kollegen, in die Schülerinnen und Schüler ist elementar.

Am Ende eines Tages frage ich mich oft: Was ist gelungen? Was ist zerbrochen? Die Entscheidung darüber fällt meist viel später. Unsere Arme sind kurz. Die Kraft reichte nicht aus, die Phantasie war nicht bunt genug. Wir haben wenig vorzuweisen. Vieles bleibt unerledigt. Den meisten wurden wir nicht gerecht. Schuld steht im Widerstreit mit dem seltenen Glück des Gelingens. Der benediktinische Beter legt am Ende alles in Gottes Hand. Die Nacht ist gnädig. Ein neuer Tag wartet.

Flüchtlinge in der Schule[19]

Bildung ändert alles[20], auch die Lebenslagen von Flüchtlingen. Die Integration zugewanderter Kinder und Jugendlicher ist eine zentrale Aufgabe schulischer Bildung. Die Aufgabe besteht nicht nur darin, Sprachkenntnisse und Bildungsinhalte zu vermitteln, sondern auch Gemeinschaft und Geborgenheit anzubieten. Zu den Schülerinnen und Schülern mit Zuwanderungsgeschichte gehören in den letzten Jahren zunehmend Kriegsflüchtlinge, deren Heimat zerstört wurde,

---

[19] erschienen in: Gerhard K. Schäfer u.a. (Hg.): Geflüchtete in Deutschland, Göttingen 2017, S. 241-253. (Mit Beispielen aus der Praxis von Wibke Janssen, Udo Kotthaus und Sabine Lindemeyer.)
[20] Plakat der Kindernothilfe.

die Verwandte durch den Krieg verloren haben und die zum Teil eine jahrelange Flucht hinter sich haben. Angesichts dieser Belastungen ist der Bildungsauftrag umfassend zu verstehen. Traumatisierte Kinder und Jugendliche benötigen neben dem Unterricht psychosoziale Unterstützung und seelsorgliche Begleitung. Die Qualitätserfordernisse dieser Aufgaben und die in den letzten Jahren sprunghaft angestiegene Zahl von zugewanderten Kindern und Jugendlichen stellen die Schulen vor große Herausforderungen, zu deren Bewältigung gute Rahmenbedingungen geschaffen werden müssen.

1 Schulbesuchsrecht

Das Schulbesuchsrecht von Flüchtlingskindern wird im Grundsatz nicht ernsthaft bestritten. Allerdings unterliegen Asylbewerberinnen und -bewerber während des laufenden Antragsverfahrens oder Kinder und Jugendliche ohne Aufenthaltsstatus nicht automatisch der Schulpflicht. Das verzögert leider häufig den Schulbesuch. Dem steht entgegen, dass das unbedingte Recht auf Bildung schon in Art. 26 der Allgemeinen Erklärung der Menschenrechte der UN (1948) sowie der UN-Kinderrechtskonvention (1989) verankert ist. Auch die Genfer Flüchtlingskonvention formuliert ein Recht auf Bildung, und die Aufnahmerichtlinie der Europäischen Union präzisiert, dass der Zugang zum Bildungssystem nicht länger als drei Monate verzögert werden darf.

Alle Bundesländer haben rechtliche Regelungen für „neu zugewanderte Kinder und Jugendliche ohne bzw. mit geringen Deutschkenntnissen im schulpflichtigen Alter"[21] erlassen, um ihren Schulbesuch zu ermöglichen. Kriterium für den Besuch einer konkreten Schule ist in der Regel der Wohnsitz oder der gewöhnliche Aufenthalt sowie die Ausbildungs- oder Arbeitsstätte. Damit kommt der Verteilung von Asylbegehrenden nach dem „Königsteiner Schlüssel" große Bedeutung zu. Nach Ankunft oder Zuweisung in eine Stadt erfolgt normalerweise ein Beratungsgespräch im Integrationsamt. Dort wird über die Zuweisung zu einer Schule entschieden.

---

[21] Zu den Konzepten des Spracherwerbs vgl. insgesamt: *Mercator-Institut*, Neu zugewanderte Kinder und Jugendliche, S.13.

Besondere Probleme ergeben sich allerdings für den Schulzugang von Kindern und Jugendlichen ohne aufenthaltsrechtlichen Status („sans papiers"). Erst seit Aufhebung der Meldepflicht für die Schulen besteht eine realistische Chance, auch für diesen Personenkreis das Recht auf Bildung zu verwirklichen. Auch die Beschulung von Jugendlichen, die über 18 Jahre alt sind, ist nicht sichergestellt, da für sie keine Schulpflicht mehr besteht. Die Möglichkeit, in Berufskollegs die Deutschkenntnisse zu verbessern und bestehende Bildungsdefizite aufzuholen, steht in der Regel unter dem Haushalts- und Kapazitätsvorbehalt.

2 Sprachförderung

In den Schulen finden individuelle Vorgespräche statt, um das schulspezifische Angebot zu erläutern und einen ersten Eindruck von der Vorbildung der Kinder und Jugendlichen zu erhalten. Die Sprachförderung in Deutsch für neu zugewanderte Schülerinnen und Schüler findet entweder im Unterricht speziell eingerichteter altersgemischter Klassen (paralleles Modell) oder durch Aufnahme in den Regelunterricht mit zusätzlichen Sprachfördermaßnahmen (integratives Modell) statt. Darüber hinaus gibt es vielfältige Zwischenformen.

Die Gruppe der Schülerinnen und Schüler mit Fluchterfahrungen und besonderem Sprachförderbedarf ist naturgemäß extrem heterogen. Die Kinder und Jugendlichen unterscheiden sich hinsichtlich ihres Alters, ihrer Familiensituation, ihres aufenthaltsrechtlichen Status, der Nationalität und Religion, der Fluchtgründe und der bisherigen schulischen Vorbildung. Um auf die besonderen pädagogischen Anforderungen zu reagieren, bestehen in den Ländern Beratungs- und Fortbildungsangebote für Lehrerinnen und Lehrer. Das Unterrichtsmaterial ist noch nicht standardisiert. Viele engagierte Lehrerinnen und Lehrer arbeiten mit selbst entwickeltem Lernmaterial. Allerdings erfordert nicht nur der Unterricht im Bereich Deutsch als Zweitsprache spezifische Kompetenzen, sondern auch die Arbeit mit z.T. traumatisierten oder entwurzelten Kindern und Jugendlichen. Dafür gibt es bisher kaum eine hinreichende Vorbereitung. Immerhin bieten die unterschiedlichen schulorganisatorischen Modelle und die Aufstockung des pädagogischen Personals bisweilen Freiräume, um den komplexen Anforderungen gerecht zu werden. Diese Anstrengungen sind nicht vergeblich. Jedenfalls berichten viele Lehrerinnen und Lehrer, dass sie trotz schwieriger Ausgangslagen vom Lernwillen und Eifer der Schülerinnen und Schüler überwältigt sind. Das Ziel, kontinuierlich die Regelklasse zu besuchen, wird häufig früher erreicht als erwartet.

3 Beispiele aus der Praxis

3.1 Schulseelsorge im Kontext einer heterogenitäts- und migrationssensiblen Schulkultur (von Sabine Lindemeyer)

In diesem Zusammenhang gewinnt – nicht nur an kirchlichen Schulen – die Schulseelsorge eine immer größere Bedeutung. Sie versteht sich als Teil der psychosozialen Praxis neben bzw. in Zusammenarbeit mit anderen sozialen Diensten im System Schule.[22] Eine wichtige Bündnispartnerin der Schulseelsorge ist die Schulsozialarbeit. In Internationalen Förderklassen tragen Schulseelsorge und Schulsozialarbeit in besonderem Maß dazu bei, dass interkulturelles Leben funktioniert und „soziale Inklusion"[23] neben Sprache auch über Beziehung gelingt, indem beide Professionen einerseits Verschiedenheit und Unterschiedlichkeit als Chance und Bereicherung wahrnehmen und andererseits auf ihre jeweilige Weise Gemeinsamkeiten und Gemeinschaft konstruieren.

Für viele Kinder und Jugendliche mit Fluchterfahrungen stellt der persönliche und reflektierte Umgang mit der eigenen und der fremden Religion sowie unserem demokratischen Gesellschaftssystem eine große und ungewohnte Herausforderung dar. Auch die Erfahrung religiöser Pluralität ist häufig neu, und gegenseitige Toleranz muss erst noch entwickelt werden – auch und gerade in den religiös heterogenen Internationalen Klassen. Schulseelsorge und Schulsozialarbeit leisten dabei einen unschätzbaren Beitrag und helfen, den geflüchteten Schülerinnen und Schülern mit ihren individuellen Bedürfnissen, Hoffnungen und Ängsten besser gerecht zu werden.

Die Schülerinnen und Schüler lernen Schulseelsorgerinnen und Schulseelsorger in der Regel als Religionslehrerinnen und Religionslehrer im Unterricht kennen. Viele von ihnen sind zunächst irritiert, wenn sie das Fach Religion auf der Stundentafel entdecken. Ihre eigene Religionszugehörigkeit ist den meisten sehr bewusst; sie macht einen wesentlichen Teil ihrer Identität aus. Häufig geben sie offen und nicht ohne Stolz über ihre Religionszugehörigkeit Auskunft. Eine andere Religion als die eigene haben einige als brutal feindlich, tötend und zerstörerisch erlebt. In der Regel

---

[22] Vgl. *EKD*, Schulseelsorge, S.7.
[23] *Evangelische Kirche im Rheinland*, Weggemeinschaft und Zeugnis, S.5.

können die Schülerinnen und Schüler der Internationalen Förderklassen sich zunächst nicht vorstellen, was sie in einer deutschen staatlichen Schule im Fach Religion lernen sollen.

Religionsunterricht und Schulseelsorge sind zwar professionell zu unterscheiden, in Internationalen Förderklassen aber sind beide gefragt, denn der Religionsunterricht in diesen Klassen soll – neben inhaltlichen Zielen – Ängste nehmen, Freiheit lehren, Emotionen zulassen, ohne Grenzen zu verletzen, Sprache geben, Korrektiv sein und Wahrnehmung fördern. Zu seinen Zielen gehört es, dass die Schülerinnen und Schüler eine Sprache für ihre eigene Religion finden, in der sie anderen davon erzählen und damit ihre Identität stabilisieren können. Darüber hinaus sollen sie lernen, auch Standpunkte zu respektieren, die den eigenen nicht entsprechen. Sie sollen erfahren, dass Religionen und Kulturen nicht monolithisch, sondern bestimmt sind durch die tägliche Praxis von vielen Menschen, und sie als veränderbar erleben. Absolutheitsansprüche und auf Abgrenzung ausgerichtete Grundhaltungen sollen überwunden und damit dem ideologischen Missbrauch von Religion und ihrer Instrumentalisierung für politische Konflikte der Boden entzogen werden. Darin liegt die besondere gesellschaftliche Relevanz des Religionsunterrichts in Internationalen Förderklassen für Verständigung und Dialog. In einem interreligiösen Miteinander soll ein Dialog im Respekt und in der Wertschätzung gegenüber anderen Menschen und in Liebe zu Gott möglich und so Religionsfreiheit lebendig und erfahrbar werden.

Für Schülerinnen und Schüler in der Internationalen Förderklasse ist es zunächst äußerst schwierig, die Bedeutung von Religionsfreiheit zu verstehen, die mehr ist als Toleranz, weil sie nicht nur vom Staat gewährt oder versagt werden kann, sondern sich von der Menschenwürde des Einzelnen ableitet, also menschenrechtlich verankert ist.[24] Die Schülerinnen und Schüler begeben sich in der Klassen- und Schulgemeinschaft auf einen langen Weg, um die Bedeutung dieses Wertes zu erfassen. Sie lernen zuerst die positive Seite der Religionsfreiheit kennen: Der Einzelne und seine religiöse Praxis bzw. Weltanschauung stehen unter dem Schutz des Staates, womit nicht nur die private Glaubenspraxis gemeint ist, sondern auch das Ausleben der Religion im öffentlichen Raum, – dabei darf die Ausübung der Religion keine anderen Grundrechte verletzen. Dann erfahren sie, dass es auch eine negative Seite der Religionsfreiheit gibt, also das Recht, keiner Religion angehören zu müssen und dementsprechend nicht zu religiösen Praktiken gezwungen werden zu dürfen. Junge Menschen, die in Syrien, Afghanistan, Kaschmir, den Kurdengebieten Nordiraks oder Nigeria aufgewachsen sind, betreten hier geistiges Neuland.

---

[24] *Evangelische Kirche im Rheinland*, Weggemeinschaft und Zeugnis, S.24.

Durch Angebote jenseits des Unterrichts, wie Einzel- oder Gruppenge-
spräche über ganz persönliche Sinn- und Glaubensfragen der Schülerin-
nen und Schüler, gemeinsame Feste und Ausflüge, erlebnispädagogische
Spiele, im Aushalten von starken Emotionen und Wahrnehmen auch leiser
Töne verwirklicht sich eine Hilfs-, Lern- und Festgemeinschaft, die Bernd
Schröder mit dem missionswissenschaftlichen Begriff „Konvivenz"[25] be-
zeichnet. Diese besondere Gemeinschaft bildet die Grundlage für einen
religionssensiblen Dialog. Schröder plädiert dafür, dass Schulseelsorge
„Konvivenz übt", d.h., sich so gestaltet, dass Angehörige anderer Religio-
nen und Weltanschauungen sich eingeladen fühlen – im Sinne von „Be-
gegnung in Differenz und aus Differenz"[26]. Unterschiede sollen zur Gel-
tung kommen. Sie sollen zu wechselseitigen Lernerfahrungen verhelfen,
somit interkulturelle Kompetenz vermitteln und soziale Inklusion beför-
dern. Alle Angebote der Schule sollen darauf ausgerichtet sein, differenz-
sensible Gemeinsamkeit und Gemeinschaft zu ermöglichen.

3.2 Internationale Klassen am Dietrich-Bonhoeffer-Gymnasium Hilden der Evangelischen Kirche im Rheinland (von Udo Kotthaus)

Im Laufe des Schuljahres 2015/2016 wurden am Dietrich-Bonhoeffer-
Gymnasium Hilden in Trägerschaft der Evangelischen Kirche im Rhein-
land zwei Internationale Klassen eingerichtet, in denen Schülerinnen und
Schüler beschult werden, die mit sehr marginalen Deutschkenntnissen
nach Deutschland gekommen sind. Die Arbeit mit Flüchtlingen und Mig-
rant_innen ist seit vielen Jahren ein Schwerpunkt der Landeskirche. Die
Bibel ist voller Geschichten über Menschen, die sich auf der Flucht befin-
den, und darüber, wie Gott ihnen zu Hilfe kommt. Aktionen wie „Wir sind
MitMenschen" werben für eine Kultur der Akzeptanz und Solidarität. Die-
se Priorisierung findet auch in den Schwerpunkten der kirchlichen Schu-
len ihren Niederschlag.

Für die Internationalen Klassen in Hilden wurde ein Konzept entwickelt,
das mit individuellen Förderplänen den schrittweisen Eintritt in die Re-
gelklassen ermöglicht. Da bisher nicht sehr viele Schulen in diesem Sinne
arbeiten, werden auch Kinder und Jugendliche aufgenommen, die in den
Nachbarstädten wohnen. Die Grundidee ist, dass die Schülerinnen und
Schüler zunächst einmal weitestgehend in der Gruppe unterrichtet wer-
den. So bestand die erste Internationale Klasse zu Beginn des Schuljahres
aus 24 Schülerinnen und Schülern aus 13 Nationen im Alter von 9 bis 17
Jahren.

---

[25] *Schröder*, Religiöse Pluralität, S.9.
[26] Ebd.

Sie kamen aus dem Irak, Iran, Türkei (Kurden), Syrien, Serbien, Kroatien, Bosnien-Herzegowina, Albanien, Spanien, Italien, Griechenland, Polen und Malaysia.

Als Klassenraum wurde ein ehemaliger Kunstraum ausgewählt, der durch seine räumliche Größe ein binnendifferenziertes Arbeiten möglich macht. Die Klasse wird außer von den Lehrerinnen und Lehrern von zwei Sozialpädagog_innen unterstützt, die viele Jahre in der Betreuung von Spätaussiedler_innen tätig waren. Sie arbeiten während der gesamten Woche vormittags in der Klasse und sind permanente Ansprechpartner_innen – auch für alle Sorgen und Nöte. Um das Gemeinschaftsgefühl in der Gruppe zu stärken, werden jeweils zwei Stunden Musik, Kunst und Sport mit allen Schülerinnen und Schülern unterschiedlichen Alters durchgeführt.

Der Deutschunterricht war zunächst nur mit selbst erstellten und einfachen Materialien (Karten, Gegenstände des Alltags wie z.B. eine Uhr, Magnetschilder mit Begriffen) möglich, da noch keine für die Anfangsphase geeigneten Lehrbücher zur Verfügung standen. Bei nahezu allen Schülerinnen und Schülern war es notwendig, ihnen grundlegende Alltagsbegriffe und -kenntnisse zu vermitteln (z.B. Anrede, Familienverhältnisse, Tageszeiten, Uhrzeiten, einfache Zahlen, Gebrauchsgegenstände). Dies geschah 15 Stunden in der Woche in den ersten vier Wochen für alle Schülerinnen und Schüler im Klassenverband, bis eine Differenzierung in Leistungsgruppen und der Einsatz von „professionellem" Lehrmaterial möglich waren. Insofern wurde ein „Konzept für den Deutschunterricht" eher handlungsorientiert und bezogen auf die zu betreuende Klientel entwickelt.

Im Laufe der Zeit wurde für jede Schülerin und jeden Schüler je nach Leistungsstand und Vorkenntnissen, die aufgrund fehlender Zeugnisse erst mühsam erforscht werden mussten, ein individueller Stundenplan entwickelt. Die Integration in eine Regelklasse erfolgte sukzessive. Ein Schüler besuchte zum Beispiel nach dem Erwerb rudimentärer Deutschkenntnisse in den Fächern Englisch, Erdkunde und Mathematik die Regelklasse, kehrte dann aber immer wieder in die Lerngruppe der Internationalen Klasse zurück. Dieser individuelle Stundenplan wird ständig mit wachsenden Kenntnissen und Fähigkeiten verändert, bis die vollständige Zuordnung in eine Regelklasse erfolgt. Dies ist innerhalb von sechs Monaten schon in drei Fällen gelungen. Nach Abschluss eines Schuljahres sollen es 14 weitere werden. Zudem findet auch in der Internationalen Klasse neben dem Erlernen der deutschen Sprache ein binnendifferenzierter Unterricht in Englisch und Mathematik unter Anleitung mehrerer Lehrkräfte statt. Ergänzt wird das Angebot durch individuelle Nachhilfe von Oberstufenschüler_innen, die dies in ihren Freistunden anbieten. Außerdem gibt es kooperative Angebote eines Judo- und Basketballclubs, einer ortsansässi-

gen Tanzschule und der Musikschule Hilden, um den Schülerinnen und Schülern weitere Integrationsmöglichkeiten zu eröffnen.

Neben der fachlichen Förderung steht nach wie vor das soziale Lernen im Mittelpunkt aller pädagogischen Überlegungen. Es ist positiv, dass die Schule auf langjährige Erfahrungen mit Spätaussiedler_innen zurückgreifen kann und über pädagogisches Personal verfügt, das im Internatsbereich tätig war. Dadurch können erlebnis- und spielpädagogische Angebote gemacht werden, bei denen die Sprachbarriere keine Rolle spielt. Die große Herausforderung besteht darin, den individuellen Bedürfnissen der Schülerinnen und Schüler gerecht zu werden. Einige haben z.B. einen unsicheren Aufenthaltsstatus. Wenn sie beobachten, dass einige aus der Klasse schon wieder abgeschoben werden, schlägt sich dies natürlich auf die Lernmotivation und Atmosphäre der Gruppe nieder. Umso wichtiger ist es, dass alle Schülerinnen und Schüler spüren, dass sie an der Schule willkommen sind, und dass vielfältige Unterstützungsmaßnahmen greifen. Dazu gehört neben der Schulsozialarbeit und der Schulseelsorge auch das freiwillige Engagement von Oberstufenschüler_innen als Lernpat_innen.

Die Maßnahme der Internationalen Klasse, von der Bezirksregierung „Seiteneinsteigerklasse“ genannt, ist zunächst auf zwei Jahre begrenzt. Innerhalb dieser Zeit sollen alle Schülerinnen und Schüler in der Lage sein, die Regelklasse irgendeiner Schulform zu besuchen. Es soll also anschließend eine Zuweisung zu einer Hauptschule, einer Sekundarschule, einer Realschule, einer Gesamtschule oder einem Gymnasium erfolgen. Das bedeutet, dass zumindest einige der betreuten Schülerinnen und Schüler nach den geltenden Regeln das Dietrich-Bonhoeffer-Gymnasium verlassen müssten. Allerdings bemüht sich die Schule, möglichst keine Schülerinnen und Schüler nach dem Verlassen der Internationalen Klasse an andere Schulen zu verweisen. Denn tatsächlich haben sie in der Gruppe und in der Schule eine neue Heimat gefunden. Das ist angesichts der Flucht- und Migrationserfahrungen, die viele dieser Kinder und Jugendlichen gemacht haben, neben allen Lernerfolgen eine wichtige Frucht der schulischen Arbeit. Diese sollte nicht aufs Spiel gesetzt werden. In diesem Zusammenhang ist es hilfreich, dass unter dem Dach des Evangelischen Schulzentrums Hilden das Dietrich-Bonhoeffer-Gymnasium und die Evangelische Gesamtschule zusammenarbeiten.

Ob es möglich ist, die Arbeit der Internationalen Klassen nach dem Projektzeitraum weiterzuführen, hängt davon ab, ob weiterhin Stellenzuschläge für die schulische Betreuung von Flüchtlingen und Asylsuchenden gewährt werden. Denn das System mit festen und immer anwesenden Betreuerinnen und Betreuern ist personalaufwendig. Für Sachmittel, Unterrichtsmaterialien und technische Geräte, aber auch für die Durchführung

50

spezifischer Unternehmungen werden von der Evangelischen Kirche im Rheinland zusätzliche Mittel zur Verfügung gestellt.

3.3 „Unsere Tür ist offen, unser Herz noch mehr"[27] – internationale Vorbereitungsklasse an der Erzbischöflichen Liebfrauenschule Bonn (von Wibke Janssen)

Der erste Impuls zur Einrichtung einer Klasse für Geflohene an der Liebfrauenschule Bonn kam aus der Schulpastoral / Schulseelsorge. Eine Kollegin für Philosophie und Deutsch, der katholische Pfarrer und die evangelische Pfarrerin entwickelten nach Rücksprache mit der Schulleitung zunächst ein Konzept für die Klasse mit theologischer Begründung, pädagogischer Grundlegung und ersten praktischen Umsetzungsvorschlägen auf der Basis der oben beschriebenen Rechtsgrundlagen. Neben der Haltung christlicher Nächstenliebe war von vornherein der Ansatz gegenseitigen Lernens und einer Begegnung „auf Augenhöhe" zentral. Das Konzept wurde in den Gremien der Schule diskutiert und befürwortet und dadurch zu einer „gemeinsamen Sache". Die Schulleitung übernahm den erfolgreichen Antrag auf Unterstützung und Stellenbewilligung bei der erzbischöflichen Schulabteilung.

Ab Oktober 2015 wurde mit dem Aufbau der Klasse begonnen; Anfang Februar 2016 war die Gründung der Klasse mit 16 Schülerinnen abgeschlossen. Die Schülerinnen wurden der Schule von der „Beratungsstelle für schulpflichtige Kinder und Jugendliche ohne ausreichende Deutschkenntnisse der Stadt Bonn" vorgeschlagen. Die Liebfrauenschule ist ein reines Mädchengymnasium, und die Beratungsstelle sah im Profil der Schule eine besondere Chance für Mädchen und junge Frauen, die unbegleitet geflohen waren. Andere Kriterien waren eine mögliche gymnasiale Eignung und die Bereitschaft, sich auf eine Schule mit christlichem Profil einzulassen. Das Altersspektrum der Klasse reicht von zwölf bis achtzehn Jahren. Die Schülerinnen kommen überwiegend aus Syrien und dem Irak, sie sind christlich, muslimisch oder jesidisch religiös geprägt, manche sprechen Englisch, viele Arabisch und / oder Kurdisch (unterschiedliche „Dialekte"). Die Klassenleitung der Vorbereitungsklasse klärt wöchentlich in der Klassenleiterstunde aktuelle organisatorische und persönliche Fragen. Sie verantwortet gemeinsam mit der Schulleitung regelmäßige Elternabende, die sich als außerordentlich wichtig erwiesen haben.

Die Vorbereitungsklasse erhält zehn Stunden Deutschunterricht im Verband plus individuelle Deutschstunden zu zweit oder in Kleingruppen. Ein

---

[27] Angelehnt an den zisterziensischen Grundsatz: „porta patet, cor magis", Teil der theologischen Begründung der Einrichtung einer Vorbereitungsklasse; vgl. zur Flüchtlingshilfe im Erzbistum Köln auch: http://www.aktion-neue-nachbarn.de/die-aktion/.

Glücksfall ist die Mutter einer Schülerin, die ehrenamtlich für das Projekt arbeitet. Sie ist Dozentin an der Bonner Universität und forscht zu Deutsch als Zweit- und Fremdsprache. Sie beteiligt sich am Unterrichtsgeschehen, berät die Deutsch-Fachkollegin in der Klasse, vermittelt Studierende, die sich in der individuellen Förderung der Schülerinnen engagieren, und bildet das Kollegium fort. Zusätzlich erhalten die Schülerinnen im Verband der Vorbereitungsklasse so genannten Projektunterricht, der ehrenamtlich von aktiven und pensionierten Kolleg_innen erteilt wird. Ein Projekt dauert sechs Wochen und wird jeweils in einer Doppelstunde pro Woche erteilt. Im ersten halben Jahr waren das z.B. ein Sportprojekt mit Schwerpunkt Tanz, ein Erdkunde-Projekt mit Schwerpunkt Orientierung in Bonn, ein Kunstprojekt, ein Kochprojekt (in dem ein internationales Rezeptbuch entstand) und ein Politik-Projekt zu Formen schulischer Gremienarbeit (die Vorbereitungsklasse hat Klassensprecherinnen gewählt, die in der Schülervertretung vertreten sind).

Ein wichtiger Teil des Schulalltags ist der Unterricht in jeweils alters- oder entwicklungsentsprechenden Regelklassen. Er ist ein entscheidender Faktor für die Integration und Inklusion der Schülerinnen und trägt dazu bei, dass sie an das deutsche Schulsystem herangeführt werden und dass z.B. die Schülerinnen, die sich auf die gymnasiale Oberstufe vorbereiten, mehr Unterricht haben als Schülerinnen der Stufe sieben. In den Regelklassen findet auch der Fremdsprachen-Unterricht statt, der an vorhandene Kenntnisse der Schülerinnen anknüpft, sie stabilisiert und ausbaut. Zwischen der Klassenleitung der Vorbereitungsklasse und den Klassenleitungen der Regelklassen finden regelmäßige Dienstgespräche statt.

Die Schülervertretung hat zu Beginn des Projekts sensibel, zügig und sachgerecht die Versorgung der neuen Schülerinnen mit Schulsachen, Kleidung und Hygieneartikeln übernommen. Inzwischen organisiert sie gemeinsame Freizeitaktivitäten. Schülerinnen verantworten auch z.B. den ehrenamtlichen Gitarrenunterricht, der ein großer Wunsch von vier Schülerinnen aus der Vorbereitungsklasse war.

Die Schülerinnen der Vorbereitungsklasse nehmen inzwischen Schulseelsorge aktiv an und suchen das Gespräch, um über Erlebtes und aktuelle Schwierigkeiten zu sprechen. Es ist erstaunlich, wie viel mit wenig gemeinsamer Sprache möglich ist. Selbstverständlich vermitteln wir an Facheinrichtungen mit Übersetzungskräften weiter, wenn dafür Bedarf ist.

Für die Vorbereitungsklasse engagieren sich bleibend vielfältige Kräfte. Schule ist ein wunderbares Biotop für vernetzte Hilfe. Das Projekt wird unterstützt und gefördert von Prof. (em.) Dr. Ursula Lehr als Schirmherrin. Eltern, die fachlich qualifiziert sind, bringen sich in den Deutschunterricht ein oder beraten einzelne Schülerinnen. Sie vermitteln Berufspraktika. Schülerinnen helfen mit ihren Sprachkenntnissen als Übersetzerinnen und erteilen Nachhilfe. Wir profitieren ungemein von der Vernetzung mit den unterschiedlichen kirchlichen Einrichtungen in Bonn (Kirchenge-meinden, Diakonie, Caritas, katholisches Bildungswerk, Evangelische Migrations- und Flüchtlingsarbeit u.a.).

Nach dem ersten halben Jahr sind manche Schwierigkeiten bewältigt. So kamen einige Schülerinnen zunächst nicht mit dem Autoritätsprofil unse-rer Lehrkräfte zurecht. Sie berichteten von Schlägen in ihrem heimatli-chen Unterricht, empfanden uns als zu „lasch" und verhielten sich ent-sprechend. Den Unterricht in den Regelklassen empfanden die Schülerin-nen oft zunächst als „nutzlos", und wir mussten Techniken entwickeln, sie auch dort zu fördern. Das Kollegium hat sich über die jesidische Religion informiert und gelernt, auch deren Fastentage im Blick zu haben. Die ers-ten internationalen Schülerinnen haben an Klassenfahrten ihrer Regel-klassen teilgenommen. Andere Aufgaben bleiben: Durch Schulausfall we-gen Krieg und Flucht gibt es z.B. große Lücken in Mathematik und Eng-lisch, und der Weg zu einer wirklichen Inklusion (!) in die Schülerinnen-schaft, also weg vom Besonderen, hin zum Selbstverständlichen, muss wei-ter begleitet werden.

Das Anliegen der Gegenseitigkeit und des gemeinsamen Lernens bleibt zentral. Die Schulgemeinschaft hat mit der Vorbereitungsklasse an inter-kultureller Kompetenz gewonnen, und als Kollegium haben wir z.B. einen neuen Zugang zu individueller Förderung kennengelernt.

Der letzte Schultag endet bei uns mit Gottesdienst und Schulversammlung auf dem Schulhof. In diesem Jahr haben die Schülerinnen der Vorberei-tungsklasse eine kurze Rede über ihre Situation gehalten und einen Tanz aufgeführt. Ihr Mut wurde mit brausendem Beifall honoriert. Für das nächste Schuljahr planen wir eine interkulturelle Projektwoche mit Ab-schlussfest, an deren Vorbereitung und Konzeption Schülerinnen und El-tern der Vorbereitungsklasse teilhaben werden.

4 Unterricht für neu zugewanderte Schülerinnen und Schüler – Erlasslage in NRW

Das NRW-Schulministerium hat den Unterricht für neu zugewander-te Schülerinnen und Schüler mit einem Erlass vom 28. Juni 2016 geregelt. Er bezieht sich auf die Kinder und Jugendlichen, die erst-mals eine deutsche Schule besuchen und (noch) nicht über die not-wendigen Deutschkenntnisse verfügen. Das Ministerium stellt her-aus, dass Teilhabe und Integration Aufgabe der gesamten Schule und ihrer Partner sind und das Erlernen der deutschen Sprache in allen

Fächern erfolgt. Große Bedeutung wird der Orientierung im Alltagsleben in Deutschland eingeräumt.

Grundsätzlich kann die Förderung in der deutschen Sprache in innerer und äußerer Differenzierung durchgeführt werden. Allerdings präferiert das Ministerium eine möglichst frühe Integration in Regelklassen, um Separierungen zu vermeiden. Wenn eine Aufnahme in die Regelklasse noch nicht möglich ist, kann die Schulaufsichtsbehörde befristet Klassen zur vorübergehenden Beschulung, d.h. Internationale Klassen, einrichten. An den Berufskollegs werden entsprechend „Internationale Förderklassen" (IFK) eingerichtet.

Darüber hinaus eröffnet das Ministerium die Möglichkeit des herkunftssprachlichen Unterrichts. Damit wird die natürliche Mehrsprachigkeit der Schülerinnen und Schüler gefördert. Allerdings ist dies als Ergänzung zu verstehen. In der Regel wird der herkunftssprachliche Unterricht – wenn überhaupt – im Bereich der AGs am Nachmittag stattfinden, zumal dieses Angebot unter dem Haushaltsvorbehalt steht.

5 Empfehlungen

Die große Zahl neu zugewanderter Kinder und Jugendlicher wird das deutsche Schulsystem verändern. Wenn dadurch die Differenzierungsmöglichkeiten im Unterricht verbessert werden und insgesamt eine heterogenitätssensible Schulkultur entsteht, können alle Schülerinnen und Schüler davon profitieren.

Die Studie des Mercator-Instituts über neu zugewanderte Kinder und Jugendliche hat dazu empfohlen:

- Potenziale neu zugewanderter Schülerinnen und Schüler erkennen und Ressourcen nutzen,
- Zugang zum Bildungssystem für alle Kinder und Jugendlichen gewährleisten: unabhängig vom aufenthaltsrechtlichen Status,
- Mindestanforderungen und Standards festlegen,
- Handlungsspielräume für passgenaue Konzepte nutzen,
- migrationssensible Haltung entwickeln,
- Fortbildungsmaßnahmen am Bedarf ausrichten,

- Definition und Datenerhebung länderübergreifend vergleichbar gestalten,
- schulorganisatorische Modelle für neu zugewanderte Schülerinnen und Schüler untersuchen und evaluieren.[28]

Darüber hinaus muss die Bedeutung der Schulseelsorge, der Schulsozialarbeit und der ehrenamtlichen Unterstützungssysteme betont werden. Sie alle tragen dazu bei, dass Kinder und Jugendliche trotz ihrer zum Teil traumatischen Erfahrungen in ihren Herkunftsländern oder auf der Flucht sich in ihrer neuen Heimat orientieren können. Eine ganzheitliche Bildung „mit menschlichem Maß" ist wesentliche Voraussetzung für gelingende Integration.

Literatur:

EKD, Evangelische Schulseelsorge in der EKD. Ein Orientierungsrahmen, Hannover 2015

Evangelische Kirche im Rheinland, Weggemeinschaft und Zeugnis im Dialog mit Muslimen, Arbeitshilfe, Düsseldorf 2015

Mercator-Institut (Hg.), Neu zugewanderte Kinder und Jugendliche im deutschen Schulsystem, Köln 2015

Schröder, Bernd, Religiöse Pluralität in der Schule. Praktisch-theologische Perspektiven für evangelische Schulseelsorge, in: Schnittstelle Schule, Bd. 6, hg. v. *Harmjan Dam / Volker Elsenbast / Matthias Spenn*, Münster 2014

Schulministerium NRW, Unterricht für neu zugewanderte Schülerinnen und Schüler, Düsseldorf 2016, online: http://www.schulministerum.nrw.de/docs/ Schulsystem/Integration/Gefluechtete/Kontext/RS-Erlass-13-63-Nr_3.pdf

Schulministerium NRW, Vielfalt gestalten – Teilhabe und Integration durch Bildung, http://www.schulministerium.nrw.de/docs/ Schultem/Integration/ Schulentwicklung/Erlass_vom_29_6_2012.pdf

---

[28] Vgl. *Mercator-Institut*, Neu zugewanderte Kinder und Jugendliche, S.7.

II. Inklusion
... die Kunst des Zusammenlebens sehr verschiedener Menschen

Von der Überwindung der Mauern[29]

Immer hängt alles mit allem zusammen. Die gesellschaftlichen Verhältnisse mit der Theologie, die Theologie mit den Lebenslagen von Menschen mit Behinderungen und der ihnen gewidmeten diakonischen Arbeit. Die Veränderungen der Kirche mit dem beständigen Rückgriff auf die Urkunden des Glaubens, die den kirchlichen Reformwillen motivieren.

1. Vorgeschichte:
Aberglaube, Aufklärung und Nächstenliebe

Das 19. Jahrhundert beginnt unübersichtlich. Noch wird Behinderung als Strafe Gottes aufgefasst, als Glaubensprüfung, als den Kindern auferlegte Strafe für die Sünde der Väter. Luther ist nicht schuldlos an dieser Entwicklung, deutete er doch in der „Historia von einem Wechselkinde zu Dessau" Behinderung als Werk des Teufels. Über Jahrhunderte hinweg wurden Kinder vielfach getötet, wenn sie mit einer Behinderung zur Welt kamen. Ihnen wurde die Gottebenbildlichkeit und damit die menschliche Würde abgesprochen. Im Sinne einer theologischen Ästhetik nahm der pietistische Theologe J.K. Lavater an, die Schönheit eines Menschen verweise auf die Nähe zu Gott. Körperlicher Mangel wurde von ihm als Gottferne gedeutet.

Gegen solchen Aberglauben wandte sich die Aufklärung. I. Kant betrachtete den Menschen als ein zur Selbstbestimmung fähiges Wesen. Der „Auszug aus der selbstverschuldeten Unmündigkeit" wird jedoch nicht Menschen mit Lernschwierigkeiten oder geistigen Behinderungen und psychischen Störungen zugetraut. Hier versagt (noch) der aufklärerische Autonomiebegriff. Immerhin legte der liberale Theologe F.D.E. Schleiermacher die Grundlagen für ein neues Kirchenmodell. Er verstand Volkskirche als Reformkonzept gegen das obrigkeitliche Modell eines landesherrlichen Kirchenregiments. „Kirche durch das Volk" war sein Motto, Kirche durch die Betroffenen, durch die Glaubenden. Es sollte noch lange dauern, bis solche Ideen auf fruchtbaren Boden fielen.

---

[29] erschienen im Hephata-Magazin Nr. 20, 2/2009, S.40-42 zum 150jährigen Jubiläum der Stiftung

Die ersten Impulse, sich Kindern und Erwachsenen mit Behinderungen zuzuwenden, waren durch christliche Nächstenliebe motiviert (Lev 19,18; Mt 19,19). Einen besonderen Akzent setzte die Vorstellung, im leidenden Menschen begegne uns Christus (Mt 25,31ff). Folgerichtig entstand besonders im kirchlichen Kontext die Vorstellung, Menschen mit Behinderung müsse geholfen werden. Es wurden erste Institutionen gegründet, denn die Familien waren durch die fortschreitende Industrialisierung und die Expansion der Städte oft nicht mehr in der Lage, für ihre behinderten Angehörigen zu sorgen. Im Zusammenhang mit dieser neuen „Sympathie" wurden erste pädagogische Konzepte entwickelt und die Förderfähigkeit von Menschen mit Behinderungen entdeckt.

2. Die ersten 50 Jahre:
Entwicklung der Anstalt und Institutionalisierung der Diakonie

In der zweiten Hälfte des 19. Jahrhunderts vermehrten sich die diakonischen Anstrengungen. Im Gefolge der Rettungshausbewegung und der Gründung von Hospitälern durch Theodor Fliedner u.a. erhielt das christliche Hilfehandeln mit dem Stichwort „Innere Mission" einen konzeptionellen Rahmen. 1848 hielt Johann Hinrich Wichern auf dem Wittenberger Kirchentag eine Stegreifrede, die zur Gründung des „Central-Auschusses" für die Innere Mission führte. Ziel dieser Aktivitäten war die Rechristianisierung des Volkes und die Belebung der Reich-Gottes-Hoffnung.

Wichern stellte sich ein am Leib-Christi-Motiv orientiertes Organismus-Modell vor, in dem die verfasste Kirche und die freien Vereine einander ergänzen. Aus diesem Impuls heraus wurde die diakonische Arbeit professionalisiert und ausdifferenziert. Die Anstalt, in der man sich spezialisiert um die besonderen Bedürfnisse der Menschen mit Behinderungen und psychischen Problemen kümmern konnte, wurde zum wegweisenden Modell. Anstalten wollten eine Gegenwelt zur Industriegesellschaft sein, eine „Stadt der Barmherzigkeit". Mit der Herausnahme aus den „normalen" sozialen Bezügen sollte alles Störende ferngehalten werden und ein Schonraum entstehen, in dem die Bewohner und Bewohnerinnen sich positiv entwickeln konnten. In den Anstalten wurden pädagogische Anstrengungen, Arbeits- und Wohnmöglichkeiten miteinander verbunden. Dadurch wuchsen die

Einrichtungen und konnten nun auch besser nach Grad und Art der Behinderung differenzieren.

Die Anstalt war im 19. Jahrhundert ein fortschrittliches Modell, das die Behindertenhilfe in ganz Europa nachhaltig prägte. Allerdings wurde es mit einer Reihe von Nachteilen erkauft. Die Ausdifferenzierung erfolgte entlang der Kategorien „bildungsfähig" und „bildungsunfähig". Dadurch setzte sich zunehmend eine Defizitorientierung durch, die nicht mehr der Gottebenbildlichkeit aller Menschen Rechnung trug, sondern dem Kriterium der gesellschaftlichen Brauchbarkeit immer höhere Bedeutung zumaß. Außerdem wanderte die Diakonie institutionell aus der Gemeinde aus und wurde zur Aufgabe von Spezialisten. Nur mit Mühe konnte die Kirche den Zusammenhang von Verkündigung und Hilfehandeln, von Sammlung und Sendung bewahren. Die Entwicklung einer Sonderwelt für Menschen mit Behinderung war die Folge.

3. Die zweiten 50 Jahre:
Die Bestreitung des Lebensrechts und das Ringen der Theologie um das rechte Bekenntnis

Mit dem Übergang vom 19. zum 20. Jahrhundert setzten sich in der Gesellschaft gesundheitspolitische Sparprogramme im Verbund mit utilitaristischen Sichtweisen durch. In den kommenden Jahrzehnten, die durch die beiden Weltkriege geprägt waren, wurden die in den Anstalten lebenden Menschen zunehmend als „Ballast" angesehen, als minderwertige Existenzen, denen schließlich das Lebensrecht bestritten wurde. Der sozialdarwinistische Zeitgeist forderte, die Erbsubstanz des deutschen Volkes durch eugenische Maßnahmen zu stärken. Trauriger Höhepunkt dieser Entwicklung war die „Euthanasie" im deutschen Nationalsozialismus. Auf der Grundlage des Gesetzes zur „Verhütung erbkranken Nachwuchses" wurden Zwangssterilisierungen angeordnet und nach Kriegsbeginn durch Führerermächtigung 260.000 Patienten aus den deutschen Heil- und Pflegeanstalten systematisch ermordet (Euthanasieaktion T 4).

Die „Liberale Theologie" hatte dieser Barbarei wenig entgegenzusetzen. Offenbar reichten der Appell an die Nächstenliebe und ein christliches Ethos nicht aus. Auch viele Christen und Mitarbeitende der Diakonie ließen sich durch den Nationalsozialismus instrumentalisieren. In der Auseinandersetzung zwischen den „Deutschen Christen" und der „Bekennenden Kirche" ging es um den grundlegenden Konflikt zwischen der nationalsozialistischen „Quasireligion" und dem Bekenntnis zu Jesus Christus.

Namhafte Vertreter der „Dialektischen Theologie" wie Dietrich Bonhoeffer und Karl Barth wandten sich gegen den Führerkult. Die Barmer Theologische Erklärung bekannte 1934: „Jesus Christus, wie er uns in der Heiligen Schrift bezeugt wird, ist das eine Wort Gottes, das wir zu hören, dem wir im Leben und im Sterben zu vertrauen und zu gehorchen haben. Wir verwerfen die falsche Lehre, als könne und müsse die Kirche als Quelle ihrer Verkündigung außer und neben diesem einen Worte Gottes auch noch andere Ereignisse und Mächte, Gestalten und Wahrheiten als Gottes Offenbarung anerkennen."

Allerdings protestierten nur wenige kirchliche Persönlichkeiten öffentlich gegen die Ermordung von Kindern und Erwachsenen mit geistigen Behinderungen. Bischof Th. Wurm und Bischof A. Graf von Galen sind bemerkenswerte Ausnahmen.

Nach dem Zusammenbruch und der Befreiung wurde die Dialektische Theologie vorherrschende Lehre an den deutschen Fakultäten. K. Barth und H. Vogel traten in der Diskussion um das Rätsel des Leidens, das die schwer behinderte Tochter Vogels zu tragen hatte, aus dem akademischen Raum heraus. Vogel vertrat die Hoffnung, seine Tochter werde im Reich Gottes keine Behinderung mehr haben. Für Barth klang das so, als habe Gott einen Fehler gemacht, den er später korrigieren müsste. Er hielt Vogel entgegen: „Ist es nicht eine viel schönere und kräftigere Hoffnung, dass dort das offenbar wird, was wir jetzt so gar nicht verstehen - nämlich, dass dieses Leben nicht vergeblich war, weil Gott nicht umsonst zu ihm gesprochen hat: Gerade dich habe ich geliebt!?"

4. Die dritten 50 Jahre:
Befreiung als theologischer Leitbegriff und die Selbstbestimmung von Menschen mit Behinderungen

Nach 1945 nahmen die Anstalten wieder ihre Arbeit mit den traditionellen Konzepten auf. Doch schon Ende der 50er Jahre bemühten sich Eltern intensiv, Alternativen zu suchen. Ausgehend von der US-amerikanischen Bürgerrechtsbewegung um Martin Luther King und der lateinamerikanischen Befreiungstheologie wurde der Ruf nach Gerechtigkeit und Teilhabe immer lauter. In Deutschland gewannen diese Bewegungen in der Studentenrevolte 1968 sichtbaren Ausdruck. Fortan standen Selbstermächtigungskampagnen und Bürgerinitiativen im Zentrum gesellschaftlicher Veränderungsprozesse. Der brasilianische Pädagoge P. Freire setzte konsequent auf die „Alphabetisierung" und Emanzipation benachteiligter Bevölkerungsgruppen. Im Zusammenhang der Erwachsenenbildung nahm der Theologe E. Lange Gedanken D. Bonhoeffers auf und beschrieb die Aufgabe der Kirche als „Sprachschule der Freiheit".

Nur zeitverzögert profitierten Menschen mit Behinderungen von diesen Entwicklungen. Zwar wurde schon 1958 die „Lebenshilfe" gegründet, jedoch dauerte es noch lange, bis Prozesse der Integration und Deinstitutionalisierung in Deutschland verankert wurden. Die Versorgungsmentalität, die durch entsprechende Sondereinrichtungen verstärkt wurde, bekam wohlgemeinte Unterstützung durch die publikumswirksame „Aktion Sorgenkind", die sich erst spät in „Aktion Mensch" umbenannte. Wichtige Meilensteine der Entwicklung waren die Einführung der allgemeinen Schulpflicht für Kinder mit besonderem Förderbedarf und die Entwicklung ambulanter Wohn- und Betreuungsformen. Leitmotive einer vollen gesellschaftlichen Teilhabe von Menschen mit Behinderungen sind nun Assistenz statt Fürsorge, Selbstbestimmung statt Mitleid, Inklusion statt Ausgliederung. Dementsprechend ist die Zeit der Anstalt vorbei. Dezentrale Wohnformen greifen Raum und schaffen neue Vernetzungsmöglichkeiten mit Kirchengemeinden und dem ganzen Sozialraum.

Parallel zu diesen Entwicklungen melden sich zunehmend Theologen und Theologinnen mit Behinderungen zu Wort. Ausgehend vom Bilderverbot (Ex 20,4) des Alten Testaments fordern sie, vom Mythos körperlicher Perfektion abzurücken und dem „behinderten Gott" (N.L. Eiesland) zu begegnen. Profiliert hat in Deutschland U. Bach eine „Theologie nach Hadamar" entwickelt, die das immer noch vorfindliche Apartheitsdenken in Kirche und Gesellschaft, den Riss zwischen Nichtbehinderten und Behinderten, Gesunden und Kranken, Starken und Schwachen überwinden will. Seine biographischen und theologischen Bausteine setzen mit der Erkenntnis ein: „Gott will, dass dieses (behinderte) Leben mein Leben ist!" Damit ist der Takt vorgegeben. Krankheit und Behinderung gehören zur guten (!) Schöpfung. Sie sind keine Panne Gottes, sondern Realitäten innerhalb eines „Patientenkollektivs", dem alle Menschen angehören. Die Art und Weise, wie heute Leistung und Gesundheit angebetet werden, ist dagegen ein Zeichen gottfeindlicher Versklavung. Nur wenn die dunklen Seiten Gottes zugelassen werden, können Menschen mit Behinderungen ihre Situation als Gabe und Aufgabe annehmen. Die Theodizee-Frage, die Frage, warum Gott das Leiden zulässt, bleibt unbeantwortet. U. Bach weist darauf hin, dass auch Jesus hilfsbedürftig war. Er lässt sich auf die Rolle des Opfers fixieren - ein Nichts, ein Verlierer. Gleichwohl geht vom Kreuz die befreiende Frohbotschaft aus: Gottes Ja gilt jedem Menschen, mit und ohne Behinderung! Denn ohne die Schwächsten ist weder die Kirche noch die Gesellschaft, in der wir leben, ganz.

Betriebsintegrierte Arbeitsplätze[30]

Die inklusiv ausgerichtete Kindertagesstätte „Rosengarten"[31] in Wassenberg-Myhl macht seit 2012 gute Erfahrungen mit betriebsintegrierten Arbeitsplätzen. Zu Beginn wurde ein geeigneter Tätigkeitsbereich mit der Prospex gGmbH, einer Werkstatt für Menschen mit psychischer Behinderungen, abgesprochen. Der hauswirtschaftliche Bereich schien besonders geeignet zu sein. Die Mitarbeiterinnen sollten sich um die Wäsche kümmern (waschen, trocknen, falten, einsortieren), bei der Ausgabe des Mittagessens helfen, die Bewirtung von Gästen organisieren u.a.m. Die Kita wurde von einer Mitarbeiterin der Werkstatt auf die neuen Kolleginnen vorbereitet. Sie blieb auch weiterhin ständige Ansprechpartnerin bei Fragen oder Problemen, sowohl von der Kita als auch von den behinderten Mitarbeiterinnen. Zunächst wechselten sich zwei Mitarbeiterinnen im Wochenrhythmus ab, um den Außenarbeitsplatz kennenzulernen.

---

[30] gemeinsam mit Rochus Wellenbrock veröffentlichter Beitrag für das Hephata-Magazin Nr 42, 8/2016, S. 18f.
[31] Träger: Christlicher Kindergartenverein Wassenberg e.V., Mitglied im Diakonischen Werk

Nach einiger Zeit entschied sich eine Mitarbeiterin, dauerhaft in der Kita zu arbeiten. Bis heute arbeitet sie täglich im „Rosengarten" von 8:00 bis 14:00 Uhr und ist mittlerweile ein Teil des Teams. Auch von den Kindern der Einrichtung und den Eltern wird sie so wahrgenommen. Die Mitarbeiterin ist mit dem Außenarbeitsplatz ebenso zufrieden wie der Träger und die Erzieherinnen.

Betriebsintegrierte Arbeitsplätze sind für Werkstattbeschäftigte eine Chance zur Inklusion auf dem Arbeitsmarkt. Außenarbeitsplätze haben eine wichtige Brückenfunktion. Denn noch stehen auf dem allgemeinen Arbeitsmarkt in der Regel nicht die Unterstützungsangebote zur Verfügung, die Werkstätten für behinderte Menschen bieten. Von den ca. 300.000 Beschäftigten, die in Deutschland in den Werkstätten arbeiten, wechselten 2014 gerade einmal 0,3 Prozent auf den allgemeinen Arbeitsmarkt; bei den Beschäftigten auf einem Außenarbeitsplatz waren es immerhin 2,6 Prozent. Von einer Verwirklichung der Ansprüche der UN-Behindertenrechtskonvention sind wir weit entfernt.[32] Denn das würde die Möglichkeit beinhalten, den Lebensunterhalt durch Arbeit verdienen zu können, auf einem offenen und integrativen Arbeitsmarkt zu arbeiten und die Arbeit frei wählen zu können.

Außenarbeitsplätze können ein Weg sein, um diesem Ziel etwas näher zu kommen. Deshalb führte das Ministerium für Arbeit, Integration und Soziales in NRW gemeinsam mit den Landschaftsverbänden zwischen 2013 und 2015 das Projekt „Betriebsintegrierte Arbeitsplätze"[33] durch. Ohnehin haben Werkstätten nach SGB IX die Aufgabe, den Übergang auf den Allgemeinen Arbeitsmarkt durch geeignete Maßnahmen zu fördern. Das Projekt sollte mit bis zu 1000 neuen Außenarbeitsplätzen der Inklusion auf dem Arbeitsmarkt Dynamik verleihen und wurde mit 10 Millionen Euro Fördermitteln ausgestattet.

Die Landesinitiative wirkte tatsächlich als effektiver „Türöffner" und innerbetriebliche Argumentationshilfe, um Sonderstrukturen zu

---

[32] Deutsches Institut für Menschenrechte – Monitoringstelle UN-Behindertenrechtskonvention: Inklusiver Arbeitsmarkt statt Sonderstrukturen, Berlin 2016
[33] Vgl. insgesamt den Evaluationsbericht durch Transfer: Teilhabe an Arbeit – 1000 Außenarbeitsplätze für Menschen mit Behinderungen, Wittlich 2015

überwinden. 825 Außenarbeitsplätze wurden neu geschaffen, 656 dieser Plätze wurden besonders gefördert. Die Initiative war ein Erfolg – auch über den Projektzeitraum hinaus wurden neue Außenarbeitsplätze geschaffen.

Der wichtigste Effekt: für 35 Prozent der Fälle wurde eine Perspektive gesehen, auf den allgemeinen Arbeitsmarkt übernommen zu werden. In 21 Prozent der Fälle kam es zu einer direkten Beauftragung der Integrationsfachdienste. Darüber hinaus wirkte sich die Landesinitiative positiv auf das Arbeitsentgelt der Mitarbeitenden aus. Allerdings bleibt auch festzuhalten, dass trotz der Landesförderung das Ziel, den Lebensunterhalt durch Arbeit zu verdienen, noch lange nicht erreicht wird.

In den Werkstätten für Behinderte Herne/Castrop-Rauxel wurde im Mai 2016 eine Befragung rund um das Thema Außenarbeitsplätze durchgeführt, an der sich mehr als die Hälfte der ca. 1000 Mitarbeitenden beteiligt haben. Die Ergebnisse sind aufschlussreich:

- 36% der befragten Werkstattbeschäftigten möchten einmal ein kurzes Praktikum außerhalb der Werkstatt machen. Einsatzwunsch (Vorgabe aus Bildern) nach Häufigkeit der Nennung: Arbeit mit Menschen, Schreinerei, Verkauf (Laden), Gärtnerei, Soziales (Kindergarten, Seniorenheim), Arbeit mit Tieren.
- 30% möchten lange außerhalb der Werkstatt arbeiten. Einsatzwunsch nach Häufigkeit der Nennung: in Räumen, in einer Gruppe, körperlich, im Freien.
- Wenn Sie sich einen Beruf aussuchen könnten, welchen Beruf möchten Sie haben? Zusammengefasst nach Häufigkeit der Nennung: Polizist, Verkäufer, Handwerker (alle Gewerke), Gastronomie (Küche, Hauswirtschaft, Service), Büro, EDV, Arzt, Pflegebereich

Die Befragung zeigt, dass Außenarbeitsplätze die Chance zu einer verbesserten Teilhabe am Arbeitsleben bieten. Der Wunsch der Beschäftigten und die höhere Arbeitszufriedenheit sollten Ansporn sein, sich verstärkt für diese Beschäftigungsform zu engagieren. Ebenso die durch die Evaluation der Landesinitiative festgestellte Zufriedenheit der Betriebe.

Im Blick auf den Kindergarten „Rosengarten" trägt die eigenständige Organisationseinheit „Außenarbeitsplätze" der Werkstatt „Prospex" mit ihren Unterstützungsmöglichkeiten zum Gelingen bei. Auf Seiten der Einrichtung ist hilfreich, dass die Leiterin als ständige Ansprechpartnerin fungiert, die Kita ohnehin sensibel für Fragestellungen der Inklusion ist und der Arbeitsbereich so gewählt werden konnte, dass die Mitarbeiterin den Aufgaben gewachsen ist.

Da kann ja jede(r) kommen[34]

In der Inklusions-Debatte geht es um's Ganze. Es ist nicht ein weiteres Thema, das sich auf die ohnehin schon volle Agenda drängt. Es geht um das Kirche-sein der Kirche. Gehören alle dazu, die in einer Gemeinde und einem Quartier wohnen? Ist Vielfalt ein Schatz, der gehoben werden soll? Sind in der Kirche unterschiedliche Menschen miteinander verbunden und füreinander da? Können Barrieren in der Stadt und in den Köpfen abgebaut werden? Begegnen wir uns gleichberechtigt? Ist jeder und jede willkommen?

So viele Fragen! Die Orientierungshilfe möchte Gemeinden ermutigen, Antworten zu suchen und sich auf den Weg zu machen. Erstaunliche Entdeckungen sind hier nicht ausgeschlossen. Mit dem Thema Inklusion werden ja nicht nur Lebenslagen und Teilhaberechte von Menschen mit Behinderung neu wahrgenommen. Vielmehr geht es ganz grundsätzlich um die Wertschätzung von Vielfalt, die ermöglicht, dass Menschen gut vernetzt zusammen leben, lernen, arbeiten und wohnen – und miteinander Kirche sind. Daraus ergeben sich wichtige Perspektiven für Gemeindeaufbau und Bildung, für die Genderfrage, die Milieuforschung, das Miteinander der Generationen und viele kirchliche Herausforderungen. Vielfalt soll als Bereicherung erlebt werden. Menschen sind unterschiedlich, haben verschiedene Bedürfnisse, Kompetenzen und Ressourcen. Die gilt es zur Geltung zu bringen. Davon können alle profitieren.

---

[34] Vorwort zur Orientierungshilfe Inklusion der Evangelischen Kirche im Rheinland: Da kann ja jede(r) kommen, Düsseldorf 2013

„Da kann ja jeder kommen!" So lautet der Titel der Orientierungshilfe. Aus der Sprache der Abgrenzung ist ein provokantes Versprechen geworden. Denn eine Kirche, die die Menschenfreundlichkeit Gottes lebt und erlebbar macht, stellt Grenzen in Frage und bereitet den Boden für die fröhliche Freiheit aller (Christen)menschen – in Verschiedenheit und Gemeinschaft.

Wie die Gesellschaft befindet sich auch die Kirche auf einem langen Weg von der Exklusion über Separation und Integration hin zur Inklusion. Nachdem bis in die Neuzeit hinein vielfach Behinderung als Strafe Gottes aufgefasst wurde, entstanden Mitte des 19. Jahrhunderts erste diakonische Einrichtungen, die Menschen mit Behinderungen gezielt förderten. Die Anstalt wurde zum wegweisenden Modell. Damit wanderte allerdings die Diakonie institutionell aus der Gemeinde aus. Sondereinrichtungen wurden zum Regelfall. Im Alltag von Kirchengemeinden kamen Menschen mit Behinderungen kaum mehr vor. Das änderte sich erst in den letzten Jahrzehnten mit vielfältigen Integrationsanstrengungen. Die Behindertenrechtskonvention führt nun zu einem Paradigmenwechsel von der Integration zur Inklusion. Es geht nicht mehr darum, eine kleine abweichende Minderheitsgruppe in die normkonforme Mehrheit zu integrieren, sondern die Gemeinschaft soll so gestaltet werden, dass niemand auf Grund seiner Verschiedenheit heraus fällt oder ausgegrenzt wird.

Zunehmend erkennt die Kirche in der aktuellen Diskussion ihre ureigene Kompetenz. Denn Behinderung drückt theologisch betrachtet nichts Anderes aus als die Normalität eines begrenzten und verletzlichen Lebens. Zentrale Bezugspunkte sind die Gottebenbildlichkeit (Gen 1,26f), das paulinischen Motiv vom Leib Christi (1. Kor 12,26) und die Rechtfertigungsbotschaft. Die Kirche steht im Zeichen der Inklusion vor einer doppelten Aufgabe. Einerseits geht es darum, parteilich für Menschen mit Behinderungen, Migranten, Arme, Benachteiligte und andere Ausgegrenzte einzustehen. Andererseits soll Inklusion in den eigenen kirchlichen Strukturen auf den Weg gebracht werden. Dabei wird zunehmend das „Dasein für andere" durch das neue Leitmotiv des „Daseins mit ..." abgelöst. Denn Inklusion braucht Augenhöhe in den Veränderungsprozessen. Es gilt auch in der Kirche der alte Slogan der Behindertenrechtsbewegung: Nichts über uns ohne uns. Denn: Da kann ja jeder kommen ...

Aus theologischer Perspektive:
Inklusion im kirchlich-diakonischen Selbstverständnis[35]

Die Inklusionsdebatte ist eingebettet in einen umfassenden gesellschaftlichen Wandel. In theologischer Perspektive kommen dabei zentrale Aspekte eines protestantischen Freiheitsverständnisses neu zum Klingen. Martin Luther beschreibt den Menschen in der Dialektik von Freiheit und Dienstbarkeit. Die entscheidenden Sätze seiner Freiheitsschrift lauten: „Ein Christenmensch ist ein freier Herr über alle Dinge und niemandem untertan. Ein Christenmensch ist ein dienstbarer Knecht aller Dinge und jedermann untertan."[36] In dieser produktiven Spannung gewinnen auch theologische und diakonische Zugänge zum Inklusionsthema Konturen. Denn die Rechtfertigungsbotschaft impliziert eine Art geistliches Empowerment, indem allen Menschen trotz ihrer Verschiedenheit gleiche Würde und gleiche Teilhaberechte zugesprochen werden - eine wesentliche Voraussetzung für die Verbesserung der Lebenslagen von Menschen mit Behinderungen.

Durch seine Gottbezogenheit befreit der christliche Glaube von der Notwendigkeit, fremde Normen und Erwartungen erfüllen zu müssen; er befreit auch von der Selbstverabsolutierung. Zugleich entwickelt er eine Vision solidarischer Gemeinschaft, in der gegenseitig und auf Augenhöhe Verantwortung füreinander wahrgenommen wird. Deshalb sind von Kirche und Diakonie im Zusammenhang der Inklusionsdebatte sowohl die individuelle Situation der Menschen als auch das gesellschaftliche Ganze in den Blick zu nehmen. Konturen einer künftigen diakonischen Kirche werden sichtbar. Kürzlich hat die EKD-Synode den Beitrag des christlichen Glaubens für eine offene Gesellschaft hervorgehoben.[37] Sie bezieht sich dabei auf Luthers Freiheitsschrift und auf Arbeiten Karl Poppers, dem es mit dem Begriff der „offenen Gesellschaft"[38] um umfassende Demokratisierung und Teilhabe sowie die Freisetzung kritischer Fähigkeiten der Men-

---

[35] Erstveröffentlichung in: *Theresia Degener, Klaus Eberl, Sigrid Graumann, Gerhard K. Schäfer (Hg.): Menschenrecht Inklusion, Göttingen 2016, S. 104-122*
[36] *Luther*, Freiheit eines Christenmenschen, 238ff.
[37] *EKD*, Kundgebung „Frei und engagiert – in Christus"
[38] *Popper*, Offene Gesellschaft

schen geht. Diese Veränderungsdynamik kann auch für die Inklusion behinderter Menschen fruchtbar gemacht werden.

Damit ist das Feld beschrieben, auf dem sich diakonisches Handeln bewähren muss. Es wird sich einerseits orientieren an professionellen Standards sozialer Arbeit und sie kritisch reflektieren, andererseits ihre spezifischen Prägungen als „Wesens- und Lebensäußerung der Kirche" zur Geltung bringen und dabei auch gemeindediakonische Aspekte berücksichtigen. Den diakonischen Trägern geht es in der inklusiven Arbeit darum, mit „Herz und Mund und Tat und Leben"[39] die Menschenfreundlichkeit Gottes erlebbar werden zu lassen. Im Focus stehen nicht nur Handlungskonzepte, sondern auch Haltungen der Akteure. Insofern müssen sich die vielfältigen Aktivitäten jenseits der Perspektive spezifischer Unterstützungsleistungen an ihrer Inklusionstauglichkeit messen lassen. Die Theologische Profilierung erweist sich als kritisches Korrektiv einer in der herkömmlichen diakonisch-sozialen Arbeit verbreiteten Tendenz, die behinderte Menschen auf ihre Hilfsbedürftigkeit reduziert. Die Theologie kann den notwendigen Paradigmenwechsel von der Orientierung an Defiziten und passgenauen Versorgungsleistungen hin zur Ermöglichung selbstbestimmter und gleichberechtigter Teilhabe voranbringen.

Für den theologischen Zugang ist es zunächst unerheblich, wie weit der Inklusionsbegriff gefasst ist. Bezieht er sich auf die Biographie eines jeden Menschen, kommen zugleich Fragen nach dem Schutz des ungeborenen Lebens und nach dem Sterben in Würde in den Blick. - Umfasst der Inklusionsbegriff auch die Vielfalt der Weltgesellschaft, geht es zugleich um den interreligiösen und interkulturellen Dialog sowie den Konziliaren Prozess, d.h. um Frieden, Gerechtigkeit und Bewahrung der Schöpfung. Damit verbunden sind auch Aspekte der Geschlechtergerechtigkeit, der Armutsbekämpfung und der Ressourcenverteilung. - Bezieht sich der Inklusionsbegriff im engeren Sinne auf das Miteinander und die Teilhaberechte von Menschen mit und ohne Behinderung, so markiert er die aktuellen öffentlichen Debatten um die Zukunft des Bildungssystems, der Stadtentwicklung, der Arbeitswelt, des Gesundheitssystems und der Behin-

---

[39] *EKD*, Denkschrift Diakonie

dertenhilfe. Gerade hier liegt traditionell der Schwerpunkt diakonischer Arbeit.

Inklusion von Menschen mit und ohne Behinderung ist gegenwärtig eine Herausforderung für die ganze Gesellschaft, insbesondere auch für Kirche und Diakonie. Denn die Aufgabe, dass alle Menschen mit ihren individuellen Fähigkeiten und Ressourcen sowie mit ihren Defiziten und Begrenzungen einbezogen werden, löst eine umfassende Weiterentwicklung der Konzepte aus. Es geht um Wertschätzung von Vielfalt, die systemische Veränderungen zur Folge hat. Denn Inklusion ist die „Kunst des Zusammenlebens von sehr verschiedenen Menschen".[40] Unter dem Heterogenitätsgesichtspunkt sollen Absonderungen überwunden und gerechte Teilhabe ermöglicht werden. Zugleich werden frühere Strategien des gesellschaftlichen Umgangs mit Behinderung einer kritischen Revision unterzogen. Denn nach der verbreiteten Praxis gesellschaftlicher Exklusion wurden seit Mitte des 19. Jahrhunderts insbesondere von der (Anstalts-)Diakonie Konzepte entwickelt und praktiziert, die behinderte Menschen individuell förderten und unterstützten, die aber mit einer mehr oder weniger ausgeprägten Segregierung verbunden waren. Erst in der zweiten Hälfte des 20. Jahrhunderts wurden zunehmend integrative Ansätze verfolgt, die sich meist auf die individuellen Begrenzungen bezogen und nicht das systemische Ganze in den Blick nahmen. Damit erzeugten diese Konzepte einen erheblichen Anpassungsdruck bei behinderten Menschen. Mit dem Inklusionsansatz geht es nun nicht mehr um die Integration einer von der Normalität abweichenden Minderheit. Niemand soll auf Grund seiner Andersartigkeit separiert und in seinen Teilhaberechten beschnitten werden. Heterogenität ist der Regelfall. Dafür sollen entsprechende Rahmenbedingungen geschaffen werden.

Biblische Wahrnehmungen behinderter Menschen[41]

Sucht man in den Schriften des Alten und Neuen Testaments nach Impulsen zur Inklusion behinderter Menschen, ergibt sich ein paradoxes Bild. Der Widerstand gegen Leiden und Schmerzen, die Ergebung in Krankheit und Behinderung als gottgegebene Lebensbedin-

---

[40] *Evangelische Kirche im Rheinland*, Da kann ja jede(r) kommen, 8

[41] Vgl. *Oeming*, Theologischer Umgang mit Behinderung im Alten Testament

gung und der Abwertung betroffener Personen werden nicht harmonisiert.

Da Behinderung stets eine soziale Dimension hat, setzen die biblischen Texte häufig die in der antiken Gesellschaft üblichen Separierungsmuster und Deutungen voraus. Behinderung wird beschrieben als Strafe (2.Kön 5,27), als Fluch (2. Sam 3,29). Blinde Menschen lässt man nicht „ins Haus" (2. Sam 5,8), Menschen mit Hautkrankheiten dürfen keinen Kontakt zu anderen haben (Num 5,2; Lk 17,12), psychische Behinderungen werden als Wirken von Dämonen, als Besessenheit gedeutet (Mk 1,23). Auf den ersten Blick ist der Rückgriff auf die biblische Tradition ernüchternd und wenig hilfreich.

Zugleich finden sich aber auch Texte, die sich in völlig gegensätzlicher Weise als „inklusionssensibel" erweisen. Dem Zusammenhang von Schuld und Behinderung wird im Neuen Testament dezidiert widersprochen (Joh 9,3). Körperliche Einschränkungen oder andere Defizite hindern nicht daran, von Gott beauftragt zu werden. In der Mose-Berufung wird Behinderung als schöpfungsgemäße Gegebenheit geschildert (Ex 4,11) und Moses zum Pharao geschickt. Ferner wird ein achtsamer Umgang miteinander eingefordert: „Verflucht sei, wer einen Blinden irreführt auf dem Wege!" (Dtn 27,18) Außerdem findet sich der Gedanke einer eschatologischen Überwindung von Behinderung in den neutestamentlichen Heilungsgeschichten. Wenn allerdings die Geschichten über den heilenden Jesus nicht ungewollte Vertröstungseffekte haben sollen, sind sie kritisch zu lesen und im Blick auf ihre Verkündigungsintention auszulegen. „Sie beweisen weder ein direktes Eingreifen Gottes, noch ein göttliches Durchbrechen von Naturgesetzen. Sie sind Protestgeschichten gegen Krankheit und Leid, gegen Vorurteile und Ausgrenzungen ... Es sind Hoffnungsgeschichten voller Sehnsucht, dass diese Welt nicht so bleibt, wie sie ist."[42]

Die Krankenheilungen und Dämonenaustreibungen geben Einblicke in die Lebenssituation behinderter Menschen, bezeugen Jesu Nähe zu ihnen und erzählen, wie Isolation, Stigmatisierung und Barrieren überwunden werden. Im Matthäusevangelium wird auf die Frage nach dem Wirken Christi summarisch geantwortet: „Blinde sehen

---

[42] *Kliesch*, Der heilende Jesus und seine Wirkungsgeschichte, 101

und Lahme gehen, Aussätzige werden rein und Taube hören, Tote stehen auf und Armen wird das Evangelium gepredigt." (Mt 11,5). Konkret heißt das: Menschen wie der blinde Bartimäus (Mk 10,46ff.) galten als unrein. Sein hartnäckiges Vertrauen zu Jesus durchbricht die Ausgrenzung. Bei der Heilung eines Gelähmten (Mk 2,1ff.) werden buchstäblich Mauern überwunden. Vier Männer klettern auf das Hausdach, um ihren Freund in die Nähe Jesu zu bringen. Die Heilung eines taubstummen Mannes (Mk 7,31ff.) beschreibt, unter welchen Rahmenbedingungen Menschen sich öffnen können, der Isolation entrinnen und wieder kommunikationsfähig werden. Die Heilung des „besessenen Geraseners" (Mk 5,1ff.) beschreibt die schreckliche Lage eines Menschen, der wegen seiner psychischen Behinderung weitgehende Exklusion erfährt und „unter den Grabkammern" lebt. Die Vertreibung der Dämonen kann als eine Satire der Befreiung verstanden werden, bei der die „Legion" genannten Dämonen – sie erinnern nicht zufällig an die römischen Besatzungstruppen – in die Schweineherde fahren und den Abhang hinunter ins Meer stürzen. Der Mann wird geheilt, nachdem sich die gesellschaftlichen Rahmenbedingungen ändern. Am Ende der Geschichte steht allerdings kein Jubel, sondern eine inklusive Irritation. Ihr Urheber, Jesus, wird gebeten, das Land zu verlassen.

Was besagen die Heilungswunder im Blick auf die Situation behinderter Menschen heute? Die neutestamentlichen Wunder sind Zeichen des in Jesus Christus anbrechenden Gottesreiches. Sie ausschließlich auf die Behebung von Krankheit und Leid zu beziehen, ginge an ihrer Intention vorbei. Deshalb ist auf einen differenzierten Heilungsbegriff zu achten. Vielfach hat der körperbehinderte Theologe Ulrich Bach darauf hingewiesen, dass die christliche Verkündigung darauf achten müsse, dass behinderte Menschen voraussichtlich nicht geheilt werden und wurden.[43] Unter der Hoffnung, geheilt zu werden, könnten Menschen mit Behinderungen verpassen, ihr Leben, so wie es ist, anzunehmen.

Es besteht offenbar eine biblisch-theologische Spannung[44] zwischen der schöpfungstheologischen Akzeptanz der Behinderung bei der

---

[43] *Bach*, Theologie nach Hadamar, 358
[44] Vgl. *Ebach*, Biblische Erinnerungen, 98

Moses-Berufung (Ex 4,11) und der eschatologischen Hoffnung auf Überwindung des Leidens. Die neutestamentlichen Wundergeschichten und die Vision von einem „neuen Himmel" und einer „neuen Erde" (Apk 21,1) erweisen sich als Gegenbilder zu konkret erfahrenem Leid und Schmerz.

Nancy L. Eiesland, selbst von Geburt an behindert, unternimmt den interessanten Versuch, beide Aspekte miteinander zu verbinden, indem sie vom „behinderten Gott"[45] spricht. Sie orientiert sich dabei an Jesu Erscheinung vor den Jüngern (Lk 24,36-39), denen der Auferstandene seine Wundmale zeigt. Mit dieser Selbstvorstellung Jesu erweise er sich als verwundeter, behinderter Gott. Die „Behinderung" Jesu rückt ihn in solidarische Nähe zu Menschen mit Behinderungen und widerspricht falschen Deutungen der Behinderung als Strafe Gottes oder als Zeichen vertröstender Belohnung im Jenseits. Für Eiesland ist die Begegnung mit dem „behinderten Gott" Quelle einer „Befreiungstheologie der Behinderung", die eine Reihe ethischer Herausforderungen beinhaltet. Die US-amerikanische Religionssoziologin nennt vier zentrale Bereiche[46]: „Gerechtes Überleben" - weltweit sind in vielen Gesellschaften behinderte Menschen marginalisiert. „Gerechte Arbeit" - behinderte Menschen haben es besonders schwer, sinnvolle Arbeit zu finden. „Intimität" - Menschen mit Behinderungen erleben oft den Schmerz der Isolation und den Mangel an sexueller Intimität. „Medien" - die Medien verbreiten häufig Klischees über behinderte Menschen als Mitleidsobjekte. „Dem ‚behinderten Gott' begegnen bedeutet, Gerechtigkeit für Menschen mit Behinderungen zu verwirklichen und das Risiko einzugehen, alte theologische Gewissheiten und Lebensweisen kritisch zu prüfen und neue zu entwickeln."[47] Denn der „behinderte Gott" ist nach Eiesland ein Gott in solidarischen Beziehungen. Da Menschen mit Behinderungen eine soziale Minderheit sind, die von der Mehrheitskultur unterdrückt wird, ist Gott gegenwärtig an den Rändern der Gesellschaft. Er nimmt die Perspektive der Menschen mit Behinderung an und stiftet im Rahmen einer Resymbolisierung befreiende Bilder zur Veränderung der bestehenden sozialen Ordnung.

---

[45] *Eiesland*, The Disabled God
[46] *Eiesland*, Dem behinderten Gott begegnen, 12ff.
[47] *Eiesland*, Dem behinderten Gott begegnen, 7

Der befreiungstheologische Ansatz Nancy L. Eieslands hat zu einem menschenrechtsbasierten Grundverständnis von Inklusion beigetragen und die Theologie für Forderungen der internationalen Bürgerrechtsbewegung behinderter Menschen anschlussfähig gemacht. Um einen tragfähigen Veränderungsprozess zu initiieren, ist es nötig, die verschiedenen Akteure in Kirche, Diakonie und Gesellschaft zusammenzuschließen. Das ist mit der UN-Behindertenrechtskonvention gelungen.

Inklusion als menschenrechtliche Leitnorm

Eine neue Dynamik zur Umsetzung des Inklusionsansatzes und zur Weiterentwicklung von Teilhaberechten behinderter Menschen hat sich erst durch die Behindertenrechtskonvention der Vereinten Nationen ergeben. Sie wurde 2009 von der Bundesrepublik Deutschland ratifiziert. Damit wurde der Begriff Inklusion eingefügt in ein menschenrechtsbasiertes Grundverständnis von Behinderung. Die EKD-Orientierungshilfe bezeichnet Inklusion als „menschenrechtliche Leitnorm"[48], die die „volle und wirksame Partizipation und Inklusion"[49] von Menschen mit Behinderungen zum Ziel hat. Damit verbunden ist die Anerkennung als gleichberechtigte und gleichwertige Bürgerinnen und Bürger, die Verwirklichung der vollen gesellschaftlichen Teilhabe, die Achtung der Würde und Autonomie sowie der Respekt vor Unterschiedlichkeit. Der Staat verpflichtet sich – und mit ihm die zivilgesellschaftlichen Akteure wie die Kirche und ihre Diakonie – Rahmenbedingungen zu schaffen, unter denen Menschen mit Behinderungen in den vollen Genuss der Menschenrechte kommen können. Diese Entwicklung hin zu einer inklusiven Gesellschaft wird durch ein Monitoring des Deutschen Instituts für Menschenrechte begleitet. Denn die Einhaltung der Menschenrechte für behinderte Menschen bedarf besonderer Aufmerksamkeit. Sie gehören zu dem Personenkreis, der es bei der Verwirklichung ihrer Teilhaberechte besonders schwer hat. Das Leben mit einer Behinderung stellt ein erhebliches Erschwernis in der Gestaltung der Lebensbeziehungen dar. Und darüber hinaus bestehen noch immer im Alltag behinderter Menschen vielfältige Barrieren. Menschen haben eine Behin-

---

[48] *EKD*, Orientierungshilfe Inklusion, 14
[49] *Vereinte Nationen*, CRPD, Art. 3

derung als Gegebenheit ihres Daseins – aber sie werden auch behindert. Ihre Freiheit wird beschnitten. Im sozialen und kulturellen Paradigma von Behinderung schränken nicht nur die Wohn- und Lebensverhältnisse, die Rahmenbedingungen des Bildungssystems und die fehlenden Chancen auf dem Arbeitsmarkt, sondern auch allgemeine Diskriminierungen und eine verfehlte Praxis der Wohltätigkeit die Teilhabemöglichkeiten ein. Bei der Umsetzung von Inklusion geht es nicht um Mitleid und Wohltätigkeit, sondern um die Einlösung von Rechten. Auch deshalb ist der menschenrechtliche Ansatz ein großer Fortschritt in den Debatten der letzten Jahre.

Beide großen Kirchen in Deutschland haben sich lange schwer getan, einen theologischen Zugang zu den Menschenrechten zu entwickeln.[50] Das hängt mit der schleppenden Aufnahme des Gedankenguts der Aufklärung und einer kritischen Wahrnehmung der Französischen Revolution zusammen. Das änderte sich erst infolge der Schreckenserfahrungen mit dem Nationalsozialismus und Stalinismus. Unter den Bedingungen einer areligiös gewordenen Welt benötigte man eine Berufungsinstanz, die theologisch begründbar, aber auch nichtreligiös kommunizierbar war. Die völkerrechtlich vereinbarte Anerkennung der Menschenwürde wurde dabei zu einer Art säkularer Transzendierung der Grundrechte.

In diesem Zusammenhang ist es bemerkenswert, dass im Kontext des Reformationsjubiläums die „Freiheit eines Christenmenschen" zu einer Art Markenkern des Protestantismus geworden ist. Das evangelische Freiheitsverständnis wirft ein besonderes Licht auf die Menschenrechte. Hinsichtlich der Begründung der Inklusion als menschenrechtlicher Leitnorm scheint das von Wolfgang Huber und Heinz Eduard Tödt entwickelte Grundmodell von Analogie und Differenz zwischen theologischen Aussagen und den Menschenrechten ertragreich zu sein. „Es fragt nicht nach der theologischen Begründung der Menschenrechte, weil diese Fragestellung weder der historischen Entwicklung noch den gegenwärtigen Geltungsanspruch der Menschenrechte gerecht wird; es fragt vielmehr nach dem Grund, auf dem ein christlicher Umgang mit den Menschenrechten beruht und

---

[50] Vgl. *Huber/Tödt*, Menschenrechte

von dem her sie theologisch verstanden werden können."[51] Es bestehen nämlich trotz der fundamentalen Differenz zwischen der Gerechtigkeit Gottes, die die „Freiheit eines Christenmenschen" begründet und menschlicher Rechtsverwirklichung wichtige Analogien, die den Menschenrechten Profil geben können. Gerade im Kontext des Paradigmenwechsels, der durch den Inklusionsansatz nötig ist, können diese Impulse fruchtbar gemacht werden.

Gottebenbildlichkeit und die Würde des Menschen

Eine nahelegende Analogie besteht in der Beziehung zwischen der Menschenwürde und dem Glauben an die Gottebenbildlichkeit des Menschen. Das Wort Menschenwürde hat wohl aus diesem Grund bis heute einen Hauch des Transzendenten bewahrt, auch im säkularen Raum. Im Schöpfungsbericht der Priesterschrift wird zur Erschaffung des Menschen gesagt: „Lasset uns Menschen machen, ein Bild das uns gleich sei" (Gen 1,26). Mit Hinweis auf die dem Menschen zugetraute Verantwortungsübernahme für die Welt heißt es dann noch einmal unterstreichend: „Und Gott schuf den Menschen zu seinem Bilde, zum Bilde Gottes schuf er ihn; und schuf sie als Mann und Frau" (Gen 1,27). Mensch ist in diesem Kontext ein Kollektivbegriff, zu dessen Wesen es gehört, dass er in Beziehungen lebt. Die Geschlechterrelation ist offensichtlich. Das sorgende Verhältnis zur übrigen Schöpfung kommt hinzu. Zugleich steht der Mensch nach Gen 1 in der fundamentalen Beziehung zu Gott, dem er das Leben verdankt. Man kann sagen, dass das Wort „Bild" präzise die Rolle als von Gott gewolltes „Du" beschreibt, dem Verantwortung für die Welt übertragen wird. Gerade das macht die Menschenwürde aus. Hier ist nicht von einer besonderen Leistung die Rede. Gemeint ist das Menschsein als solches, jenseits aller Unterschiede der Kultur, Religion, des Intellekts und der Körperlichkeit. Der Mensch als Gottes Ebenbild ist wunderbar begnadet. Jedem und jeder Einzelnen gilt unabhängig von der jeweiligen Befindlichkeit die Qualifizierung: „Gott sah an alles, was er gemacht hatte, und siehe, es war sehr gut." (Gen 1,31) Claus Westermann folgert mit Recht: „Wo überhaupt von der Menschenwürde gesprochen wird, lebt etwas weiter von der biblischen Schöpfungsaussage, die in dem Satz expli-

---

[51] *Huber/Tödt*, Menschenrechte, 71

ziert wird, dass Gott den Menschen nach seinem Bilde geschaffen habe."[52]

Die Würde behinderter Menschen ist „kein Konjunktiv", kein wünschbarer Charakter. Wenn sie eine unverfügbare und unverlierbare Schöpfungsgabe ist, gilt sie in jedem Fall vom Anfang bis zum Ende des Lebens unabhängig von Kriterien, Leistungsansprüchen, körperlichen, psychischen oder intellektuellen Eigenschaften. Und sie verwirklicht sich strukturell in Beziehungen - zu sich selbst, zum Mitmenschen, zu Gott. Eine Behinderung ändert daran nichts. Sie hat keinen qualitativen Charakter.

Umso erstaunlicher ist es, wie in manchen theologischen Konzepten das Thema Behinderung verortet wird. Ulf Liedke unterscheidet vier typische Deutungen.[53] Behinderung wird in der theologischen Anthropologie u.a. beschrieben als

• Begabung und Charisma[54]
• Ausdruck der Normalität des begrenzten und verletzlichen Lebens[55]
• „auferlegte Last", „Aufgabe" und „Prüfung"[56]
• „Manifestation der Gegenmacht Gottes" und „Gestalt des Nichtigen".[57]

Liedke verzichtet dagegen auf eine Sinndeutung der Behinderung und nennt sie neutral eine „Gegebenheit". Dabei bezieht er sich ausdrücklich auf den Relationsgehalt der Gottebenbildlichkeit. „Das Menschsein mit einer Behinderung lässt sich vor diesem Hintergrund als Verwirklichung der Grundstruktur und als konkrete Gestalt des Menschseins in Beziehung verstehen. Behindert-Sein ist Menschsein, sonst nichts."[58]

In diesem Zusammenhang ist auf eine interessante biblisch-theologische Facette hinzuweisen. Der Mensch ist Ebenbild eines

---

[52] *Westermann*, Schöpfung, 88
[53] *Liedke*, Gegebenheit – Gabe – Begabung, 466-482
[54] Z.B. die These: Jede Behinderung ist auch eine Begabung
[55] Z.B. die These: Es ist normal, dass Menschen mit Beeinträchtigungen leben
[56] Z.B. die These: Behinderungen sind Bestandteil der erlösungsbedürftigen Welt
[57] Z.B. die These: Behinderung ist eine Gegenmacht, die es zu besiegen gilt
[58] *Liedke*, Inklusion in theologischer Perspektive, 37

„bildlosen" Gottes. Gottebenbildlichkeit und Bilderverbot korrespondieren miteinander. Was zunächst paradox klingt, erweist sich als ausgesprochen hilfreich in der Inklusionsdebatte. Gott lässt sich nicht festlegen auf ein definiertes So-Sein. Er lässt sich nicht auf die Erfüllung fremder Erwartungen reduzieren. Das Bilderverbot (Ex 20,4) schützt in der Perspektive theologischer Anthropologie auch behinderte Menschen vor dem Zugriff einer Fiktion des Normalen, vor Erwartungen an menschliche Leistungsfähigkeit, Unversehrtheit und Gesundheit. Es befreit zur Freude an der Vielfalt.

Ist die Gottebenbildlichkeit des Menschen primär unter dem Beziehungsaspekt zu verstehen, so kommt der Gestaltung dieses Netzwerks gerade in der diakonischen Arbeit eine zentrale Bedeutung zu. Beziehungen haben ihren eigenen Wert. Deshalb sind Barrieren, die Beziehungen zwischen Menschen verhindern, so schmerzhaft. Gut gemeinte segregierende Konzepte der Behindertenhilfe oder Sondereinrichtungen des Bildungswesens geraten dabei trotz aller Verdienste ihrer hocheffizienten Förderung unter Legitimationsdruck. Das wird nicht nur durch die Impulse der Behindertenrechtskonvention deutlich. Die sozialen Beziehungen zwischen Menschen mit und ohne Behinderung sind eben auch Ausdruck der Geschöpflichkeit des Menschen. Viele diakonische Einrichtungen haben sich schon im Sinne dieser Maßgabe weiterentwickelt. Dezentralisierung und Ambulantisierung sind Schlagworte einer Bewegung, die der selbstbestimmten Teilhabe behinderter Menschen zentrale Bedeutung zumisst. Das Anstaltssystem ist in Auflösung begriffen, Bildung geschieht in Lerngruppen mit starker innerer Differenzierung, Wohnen gelingt für behinderte Menschen immer häufiger in nachbarschaftlicher Umgebung mit Assistenz; und selbst in der Arbeitswelt fassen langsam inklusive Konzepte Fuß. Stets geht es um die Ermöglichung von Teilhabe, um Überwindung von Barrieren durch Beziehung, letztlich um die Verwirklichung der von Gott geschenkten Würde in der Gottebenbildlichkeit.

Die Trinität Gottes und das Lob der Vielfalt

Inklusion ist ein Beziehungsbegriff. Zugleich beschreibt die Theologie das Sein Gottes als Beziehungsgeschehen. Gott erschließt sich in dreifacher Gestalt als Vater, Sohn und Heiliger Geist, als Schöpfer,

Versöhner und Vollender der Welt. Das christliche Verständnis des einen Gottes hat seine Pointe darin, dass die Kategorie des Anderen bereits innerhalb des Gottesbegriffs positiv zur Geltung gebracht wird. Die Trinität beschreibt eine Verschiedenheit in Gott selbst, die seine Einheit nicht beeinträchtigt; eine Einheit, die die Verschiedenheit lobt. Denn Gott ist nicht einsam, sondern in sich selbst höchst beziehungsreich. Gottes Gottsein vollzieht sich in der wechselseitigen liebevollen Hingabe von Vater, Sohn und Heiligem Geist. Der dreieinige Gott ist in „der Identität seines göttlichen Wesens eine *personale Gemeinschaft gegenseitigen Andersseins.*"[59]

Hier ist noch einmal die Gottebenbildlichkeit des Menschen zu beachten. In Entsprechung zum „vielfältigen Sein" Gottes, in Entsprechung zur Trinität, ist auch die Existenz des Menschen zu deuten. Jeder Mensch spiegelt mit seinen vielfältigen Beziehung die Vielfalt Gottes wider. Insofern öffnet die Glaubensbeziehung zum dreifaltigen Gott die Tür zu einer Wertschätzung gesellschaftlicher Vielfalt. In der Liebe, die den Anderen in seinem Anderssein wahrnimmt und bejaht, entspricht der Mensch dem beziehungsreichen Sein Gottes. Das Bekenntnis zu dem dreieinigen Gott ermöglicht und gebietet eine menschliche Gemeinschaft gegenseitigen Andersseins. Gewiss ist Behinderung nur ein Aspekt gesellschaftlicher Heterogenität. Allerdings bedürfen Menschen mit Behinderungen zur Einbeziehung ihrer Potentiale passgenaue Formen der Assistenz und Förderung, die ihre Selbstbestimmung nicht einschränken.

Eine inklusive Gesellschaft freut sich an der Vielfalt. Damit verbunden ist die Aufgabe, Unterschiedlichkeit zuzulassen und ethische Standards für gerechte Teilhabe zu formulieren. In diakonischen Leitfäden spricht man von der Notwendigkeit, heterogenitätssensible Konzepte zu entwickeln. Annedore Prengel versteht Heterogenität als „Zusammenhang von Verschiedenheit, Veränderlichkeit und Unbestimmtheit"[60]:

Menschen sind verschieden. Sie haben sehr unterschiedliche Ressourcen und Einschränkungen. Das begründet – anthropologisch

---

[59] *Jüngel*, Die Wahrnehmung des Anderen, 214
[60] *Prengel*, Heterogenität als Theorem der Grundschulpädagogik, 12

betrachtet – keine Hierarchie. Im Rahmen der Wahrnehmung von Differenz genießen sie gleiche Freiheit.

Menschen verändern sich. Biographisch konzentrieren sich viele Unterstützungsbedarfe auf die Zeit unmittelbar nach der Geburt und am Ende des Lebens. Auch Behinderungen entstehen oft im Laufe des Lebens. Konkret muss in jeder Lebensphase von der Veränderlichkeit der Entwicklung ausgegangen werden.

Jeder Mensch ist mehr als die wahrgenommene Differenz. Ein Mensch, der eine Behinderung hat, ist auch Mann oder Frau, ist kreativ oder nüchtern, ist leidenschaftlich oder ruhig. Die Persönlichkeit eines Menschen hat viele Facetten.

Damit stellt sich die Aufgabe, Vielfalt wertzuschätzen. Eine inklusive Gesellschaft entwickelt eine Willkommenskultur, in der jeder und jede mit unterschiedlichen Neigungen, Kompetenzen und Lebenserfahrungen erleben kann: Ich werde gebraucht. Ich kann mich einbringen. Ich kann entscheiden. Ich respektiere andere. Damit dies gelingt, sind spezifische Beteiligung- und Mitwirkungsstandards gestaltet worden, die sich an der griffigen Forderung „Nichts über uns ohne uns" orientieren.

Die Wertschätzung Betroffener als Experten in eigener Sache und als Motoren einer inklusiven Weiterentwicklung des Gemeinwesens wird in der biblischen Anthropologie durch das provokante Erwählungshandeln Gottes unterstrichen. Es orientiert sich nicht an den gängigen Auswahlkriterien. Vielmehr rücken andere Gesichtspunkte ins Zentrum: „Ein Mensch sieht, was vor Augen ist; der Herr aber sieht das Herz an" (1.Sam 16,7). Ein typisches Motiv biblischer Berufungsgeschichten ist der Einwand der Erwählten selbst. Ihre Selbsteinschätzung ist: zu jung, ungeeignet, unsicher, behindert (Jer 1,6ff.). Gott lässt den Einwand nicht gelten. Die Freiheit, die er schenkt, wird allen Menschen zugetraut und zugemutet – ohne Ausnahme, ohne Sonderstatus. Die Paulusbriefe lassen z.B. erkennen, dass der Völkerapostel eine Sprachbehinderung hat. Sie schränkt ihn in der Kommunikation ein und führt wohl auch zu Abwertungen seiner Gegner. Dagegen kann Paulus auf die Zusage Gottes vertrauen: „Lass dir an meiner Gnade genügen; denn meine Kraft ist in den Schwachen mächtig" (2.Kor 12,9).

Auch die Moses-Berufung (Ex 3f., s.o.) setzt bemerkenswerte inklusive Akzente. Moses wird die Rolle als Anführer seines Volkes zugewiesen, der die Befreiung Israels aus der Knechtschaft Ägyptens auf den Weg bringen soll. Er hat eine Sprachbehinderung. Deshalb glaubt er, er sei ungeeignet. Er befürchtet, dass die Aufgabe ihn überfordern wird. Die Berufungsgeschichte stellt diese Einwände in einen anderen, Freiheit eröffnenden Sinnzusammenhang. In der Gottesrede wird hervorgehoben, dass jeder Mensch Gottes Geschöpf ist, vielfältig begabt und darum geeignet, für sich selbst und für andere Verantwortung zu übernehmen. Auch eine Behinderung ist Teil der guten Schöpfung Gottes, eine Gegebenheit, die – unabhängig davon, ob sie als leidvolle Einschränkung erlebt wird oder nicht – zur Vielfalt des Daseins gehört. Gott fragt in dem zentralen Dialog der Berufungsgeschichte: „Wer hat dem Menschen den Mund geschaffen? Oder wer hat den Stummen oder Tauben oder Sehenden oder Blinden gemacht? Habe ich's nicht gemacht, der Herr?" (Ex 4,11). Der Text gibt noch weitere interessante Hinweise eines biblischen Realismus. Die Behinderung Moses wird nicht relativiert, sie wird ernst genommen. Moses wird nicht geheilt. Er behält zudem seine Selbstzweifel. Allerdings wird Moses Bruder Aaron zu seiner persönlichen Assistenz. Aaron kann reden. Er redet anstelle seines Bruders. Mit dieser Unterstützung wird Moses zum Protagonisten der Befreiung Israels aus der ägyptischen Knechtschaft. So kann Moses die ihm zugewiesene Rolle wahrnehmen.

In diesem Text kommt eine zentrale inklusive Option in den Blick, die S. Graumann „assistierte Freiheit"[61] nennt. Assistenz ermöglicht selbstbestimmte Teilhabe. Behinderte Menschen sind Subjekte des Gemeinwesens. Sie handeln für sich und für andere in der Freiheit, die ihnen geschenkt ist. Ihr Assistenzbedarf wertet sie nicht gegenüber anderen gesellschaftlichen Akteuren ab. Denn jeder Mensch ist auf Unterstützung und Hilfe angewiesen. Schon vor 400 Jahren formulierte der englische Prediger und Schriftsteller John Donne treffend „no man is an island". Die Nähe der „assistierten Freiheit" zum reformatorischen Freiheitsbegriff ist offensichtlich. Die Vision einer inklusiven Gesellschaft und Kirche wird durch eine differenzierende

---

[61] *Graumann*, Assistierte Freiheit

Unterscheidung von äußerer und innerer Freiheit sowie ihrer Grenze und Herausforderung im sozialen Miteinander gestützt. Freiheit und Dienstbarkeit sind eben zwei Seiten der gleichen Medaille.

Der körperbehinderte Theologe Ulrich Bach hat immer wieder darauf hingewiesen, dass „das Defizitäre mit in die Definition des Humanum" gehört. „Der Mensch ist ein defizitäres Wesen; als gutes Geschöpf Gottes ist er defizitär; wir dürfen dem Traum entsagen, mehr als ein Mensch zu sein."[62] Diese Akzentuierung biblischer Rede vom Menschen ist ein deutlicher Kontrast zu perfektionistischen Menschenbildern, die Behinderung als Abweichung von der Normalität deuten. Die Wahrnehmung der Normalität des begrenzten und verletzlichen Lebens verleiht der Debatte um Vielfalt, Abbau von Barrieren und Weiterentwicklung solidarischen Miteinanders in Kirche und Gesellschaft ihre Dynamik. Jeder Mensch macht die Erfahrung: nicht alles gelingt, vieles geht verloren, Einsichten sind bruchstückhaft, Fähigkeiten begrenzt. Die schmerzhaften Brüche und Risse der Existenz, die Grenzhaftigkeit des Menschen, gehören zu jeder Biographie. Das kann dem Leben nicht die Würde nehmen. Menschliche Identität ist christlich verstanden ihrem Wesen nach fragmentarisch; und damit zugleich überraschend vielfältig und bunt. Eingebunden in die Vielfalt Gottes kann es gelingen, auch das eigene Bruchstück gebliebene Leben anzunehmen und in der Freiheit zu leben, die jedem Menschen zugemessen ist. Denn auch Gott wurde begrenzter, sterblicher Mensch und hat am Kreuz seine Liebe offenbart. In den Koordinaten des Kreuzes hat Gott sich verbunden mit Mensch und Welt. Er überwindet die Beziehungslosigkeit der Menschen, die in der Sprache der Bibel Sünde heißt und befreit zu versöhnter Verschiedenheit. Darum drängt der Glaube an den Gekreuzigten aus dem Bereich des Heiligen in den Alltag der Welt, hat also politische Wirkung. Das unterstreichen auch die Deutung der Inklusion als menschenrechtliche Leitnorm durch die Orientierungshilfe der EKD sowie theologische Zugänge des ÖRK aus dem Bereich der Befreiungstheologie.[63] Der ÖRK erinnert daran, dass Christus gekommen sei, um den Zaun abzubrechen (Eph 2,14) und Mauern der Vorurteile, Konkurrenz, Angst und Scham einzureißen.

---

[62] *Bach*, Theologie nach Hadamar, 47
[63] Vgl. *ÖRK-Zentralausschuss*, Kirche aller

Der Leib Christi und die inklusive diakonische Kirche

Welche Rolle spielen in diesem Zusammenhang Kirche und Diakonie? Sie haben ja eine doppelte Aufgabe. Einerseits stehen sie in den politischen Debatten parteilich für die Rechte behinderter Menschen ein. Sie bekräftigen damit die biblische „Option für die Schwachen" (Mt 25,40) und engagieren sich für die gerechte Teilhabe aller. Ausgehend von Bonhoeffers wirkmächtigem Wort, dass die Kirche nur Kirche ist, wenn sie für andere da ist,[64] wurde vielfach Konzepte entwickelt, die in der Anwaltschaft und im Engagement für „Arme, Kranke und Behinderte"[65] ihre Stärke haben. Die Kirche ist gerade da ganz bei sich selbst, wo sie Verantwortung für die Welt übernimmt. – Das allein kann allerdings keine ausreichende kirchlich-diakonische Antwort auf die Herausforderung Inklusion sein. Deshalb geht es ferner darum, Inklusion in den eigenen Strukturen und Handlungsfeldern umzusetzen und Menschen mit Behinderungen als Subjekte dieser Veränderungen ernst zu nehmen. Es geht darum, „Kirche mit (!) anderen" zu sein. Das Gemeinwesen Kirche wird damit selbst zum Bewährungsort für Inklusion.

Eine selbstkritische Betrachtung legt nahe, dass in Kirche und Diakonie eher Milieus dominieren, die ihre Stärke in der Fürsorge, im Engagement „für andere" haben. Allerdings tendieren bürgerliche Milieus mit paternalistischen Strategien zu Abgrenzungen; nur selten gehören arme und behinderte Menschen selbst zum gemeindlichen Kernbereich. Ulrich Bach hat für dieses Phänomen die gegensätzlichen Metaphern von „Tribüne" und „Arena"[66] verwendet. In der „Arena" wird auf Augenhöhe kommuniziert. Es gibt kein Oben und Unten, alle gehören inklusiv dazu. Das gemeinsame Ziel, die geschenkte Freiheit zu verwirklichen, steht im Zentrum. In der Perspektive der „Tribüne" allerdings gelten Menschen mit Behinderungen als Schwache, die der Fürsorge bedürfen; sie sind Objekte der Nächstenliebe. Bach nennt das Apartheitsdenken, denn es besteht ein Riss zwischen Menschen mit und ohne Behinderung, Gesunden und Kranken, Starken und Schwachen. Wie kann der Riss überwunden

---

[64] *Bonhoeffer*, Widerstand und Ergebung, 415. – Insbesondere Ernst Lange hat daraus eine Theorie kirchlichen Handelns entwickelt.
[65] *EKD*, Engagement und Indifferenz, 95
[66] *Bach*, Theologie nach Hadamar, 133ff

werden, wie können Kirche und Diakonie lernen, sich von einer „Institution für" zu einer „Institution mit" zu entwickeln?

Offenbar ist diese Herausforderung nicht neu. Die paulinische Ekklesiologie bedient sich des Bildes vom „Leib Christi" (1.Kor 12), um die Trennung von Tribüne und Arena zu überwinden. Der Konflikt in Korinth, den Paulus auch in seiner Abendmahlstheologie bearbeitet, legt den Riss zwischen Barmherzigkeit und Fürsorge einerseits und Gerechtigkeit und Teilhabe andererseits offen. Die Kirche ist ihrem Wesen nach ein Kollektiv, sie ist „Christus als Gemeinde existierend".[67] In Sorge um den Zusammenhalt der vielfältigen Gemeinschaft aus Juden und Heiden, Reichen und Armen, Starken und Schwachen beschreibt Paulus deshalb die christliche Gemeinde als eine Ergänzungsgemeinschaft, in der das wechselseitige Geben und Nehmen der unterschiedlichen Glieder selbstverständliche Funktionen des einen Leibes Christi sind. „Hier ist nicht Jude noch Grieche, hier ist nicht Sklave noch Freier, hier ist nicht Mann noch Frau; denn ihr seid allesamt einer in Christus Jesus" (Gal 3,28) Im Leib Christi haben alle vielfältige Gaben und ebenso vielfältige Unterstützungsbedarfe. Niemand lebt für sich allein. Es kann im Horizont der Freiheit eines Christenmenschen keine Aufteilung zwischen Gebenden und Nehmenden geben. Auch die „schwachen Glieder" sind unverzichtbar und leisten ihren spezifischen Beitrag zum Ganzen. Sie sind nicht Objekte der Nächstenliebe, die empfangen, was andere ihnen geben und was andere für sie entscheiden. Sie sind so frei, ihre Teilhaberechte einzufordern. Ohne ihre Begabungen ist die Kirche nicht ganz. Ulrich Bach spricht von „ebenerdiger Theologie"[68], denn Inklusion braucht Augenhöhe in den Veränderungsprozessen. Auch in die Kirche muss das vertraute Motto der Behindertenrechtsbewegung Einzug halten: Nichts über uns ohne uns! Die Analogie zum reformatorischen Priestertum aller Getauften ist nicht zufällig.

Der unter dem Inklusionsanspruch notwendige Schritt von Barmherzigkeit und Fürsorge hin zu Gerechtigkeit und Teilhabe ist unter Umständen weit. Um Gemeinden in diesem Prozess zu unterstützen, ist vom Pädagogisch-Theologischen Institut der Evangelischen Kir-

---

[67] Vgl. *Bonhoeffer*, Sanctorum Communio
[68] *Bach*, Theologie nach Hadamar, 105

che im Rheinland z.B. ein Index für inklusive Gemeindearbeit[69] erarbeitet worden, der die Einbeziehung von Menschen mit Behinderungen und die Wahrnehmung ihrer Lebenslagen schärft, damit eine neue Willkommens- und Beteiligungskultur entsteht.

Für die Diakonie ist die Entwicklung „ebenerdiger" Konzepte nicht minder schwierig. Zwar ist für die großen diakonischen Unternehmen die Zeit der Anstalt längst vorbei und mit ihr die Zeit der geschlossenen Systeme, die durch Hierarchisierung, Fremdbestimmung und Sonderwelten gekennzeichnet sind. Aber der Paradigmenwechsel hin zu mehr Selbstbestimmung und Assistenz ist aufwendig. Nicht alle diakonischen Unternehmen sind gut darauf vorbereitet, entsprechend der menschenrechtlichen Leitnorm ambulante und unterstützende Dienste aufzubauen, zumal die Lage der „Mutterhäuser" und die finanziellen Ressourcen unter dem Gesichtspunkt des notwendigen Wandels höchst unterschiedlich sind. Zugleich muss sich die Diakonie dem ökonomischen Wettbewerb im Sozialstaat stellen. Personalschlüssel und Pflegesätze bestimmen den Takt der diakonischen Arbeit. Die Sozialleistungssysteme als Grundlage für die Finanzierung der Inklusion machen es allerdings schwer, das eigene kirchlich-diakonische Profil sichtbar werden zu lassen. Im deutschen Sozialstaat begründet die Hilfsbedürftigkeit den Rechtsanspruch auf Hilfe. Damit bleiben Menschen mit Behinderungen stets Hilfeempfänger, nicht Akteure auf Augenhöhe. Sie sind Klienten, nicht Glieder am Leib Christi. Die Defizitorientierung des Systems ist offensichtlich. Zugleich entsteht unter dem Diktat der Ökonomie ein ruinöser Kostensenkungswettbewerb der Träger sozialer Arbeit, unter dem die notwendige inklusive Qualität massiv leidet. In einem „diakonischen Zwischenruf" kritisiert Uwe Becker mit Recht die „Diskrepanz zwischen einer fulminanten Programmatik und ihrer fachlich desolaten Umsetzung."[70] Er zitiert in diesem Zusammenhang den amerikanischen Psychologen Julian Rappaport mit dem ernüchternden Urteil: „Having rights but no resources and no services available is a cruel joke."[71]

---

[69] *Evangelische Kirche im Rheinland*, Da kann ja jede(r) kommen
[70] *Becker*, Behindert oder fördert Inklusion, 6
[71] *Rappaport*, In praise of paradox, 13: Rechte zu haben, aber über keine Mittel und Leistungen zu verfügen, ist ein grausamer Scherz.

Die verfasste Kirche und ihre Diakonie stehen somit vor der gleichen Herausforderung. Angesichts der realistischen Wahrnehmung, dass es nicht mehr darum geht, Menschen mit Behinderungen in das bestehende System einzubinden, sondern das System selbst inklusionstauglich zu machen, werden vielfach neue Handlungsoptionen durch die Zusammenarbeit von Kirche und Diakonie entwickelt. Dabei entdecken Kirche und Diakonie ihre je unterschiedlichen Kompetenzen und lassen eine Periode fortschreitender Entfremdung hinter sich. Besondere Beachtung finden gemeindediakonische Konzepte, die „nah dran"[72] bei den Menschen sind. Unter dem Stichwort „Kirche findet Stadt" entwickeln sich Quartiere und Nachbarschaften zu exemplarisch inklusionssensiblen Orten, in denen Kirchengemeinden und Diakonie einander ergänzend arbeiten: hier die Vernetzungskompetenz der Gemeinden und die Fähigkeit, Ehrenamtliche zu gewinnen, dort die Organisationskompetenz und Professionalität der Diakonie. Sonderwelten werden aufgelöst zu Gunsten gemeindeintegrierter Wohn- und Lebensmöglichkeiten. Gesichtspunkte des Normalisierungsprinzips und Aspekte von „Community Care" finden Eingang in die Leitbilder. Die Trends der Ambulantisierung und Deinstitutionalisierung in der Inklusionsdebatte liefern weitere Anknüpfungspunkte, um ein neues Miteinander von Kirche und Diakonie einzuüben. Gemeinsames Ziel ist es, Rahmenbedingungen zu entwickeln, in denen Menschen mit Behinderungen – wie alle anderen – ihr Menschenrecht auf gleichberechtigte Teilhabe einlösen können.

Damit ist man noch weit entfernt von einer inklusiven Gesellschaft. Auch die Vision solidarischer Gemeinde, wie sie Paulus mit seiner Leib-Christi-Theologie beschreibt, wird nicht gedeckt durch die Realität volkskirchlicher Gemeinden. Dennoch gilt es, die Spannung von geglaubter und wirklicher Kirche fruchtbar zu machen. Denn die christliche Freiheitsbotschaft drängt auf ein Leben in Freiheit. Luthers Unterscheidung zwischen äußerem und innerem Menschen, zwischen Freiheit und Dienst, wehrt allerdings der naiven Auffassung, als ließe sich das Reich Gottes in unmittelbarer Identität mit den Verhältnissen unserer Wirklichkeit herbeiführen. „Eine wichtige Orientierung auf dem Weg zu einer inklusiven Gesellschaft gibt die

---

[72] Vgl. *Schäfer*, Nah dran

Unterscheidung von Letztem und Vorletztem, die Unterscheidung des verantwortlich Machbaren und der Vision, die dem Machbaren Richtung gibt. Sie hilft uns, jetzt das Rechte zu tun und zu wagen...“[73] Inklusion als menschenrechtliche Leitnorm kann zum zentralen Anstoß für einen gesellschaftlichen und kirchlich-diakonischen Entwicklungsprozess werden. Kirche und Diakonie sollten dafür „das Rechte tun und wagen".

Literatur:

Bach, Ulrich, Ohne die Schwächsten ist die Kirche nicht ganz. Bausteine einer Theologie nach Hadamar, Neukirchen-Vluyn 2006

Becker, Uwe, Behindert oder fördert Inklusion? Eine Kritik an Irrwegen der Inklusionsdebatte, Düsseldorf 2014

Bonhoeffer, Dietrich, Sanctorum Communio. Eine dogmatische Untersuchung zur Soziologie der Kirche (1930), München 1969

Bonhoeffer, Dietrich, Widerstand und Ergebung, hg. von Eberhard Bethge, München 1970

Ebach, Jürgen, Biblische Erinnerungen im Fragenkreis von Krankheit, Behinderung, Integration und Autarkie, in: Handbuch Integrative Religionspädagogik, Gütersloh 2002, S. 98 ff.

Eiesland, Nancy L., The Disabled God, Nashville/USA, 1994

Eiesland, Nancy L., Dem behinderten Gott begegnen, in: *Stephan Leimgruber* u.a. (Hg.): Der Mensch lebt nicht vom Brot allein, Münster 2001, S. 7ff

EKD, Herz und Mund und Tat und Leben. Grundlagen, Aufgaben und Zukunftsperspektiven der Diakonie. Denkschrift des Rates der EKD, Gütersloh 1998

EKD, Engagement und Indifferenz. Kirchenmitgliedschaft als soziale Praxis. V. EKD-Erhebung über Kirchenmitgliedschaft, Hannover 2014

EKD, Es ist normal, verschieden zu sein. Inklusion leben in Kirche und Gesellschaft. Eine Orientierungshilfe des Rates der Evangelischen Kirche in Deutschland, Gütersloh 2014

EKD, Kundgebung „Frei und engagiert – in Christus. Christlicher Glaube in offener Gesellschaft", 2. Tagung der 12. Synode der EKD, Bremen 11.11.2015

---

[73] *EKD*, Orientierungshilfe Inklusion, 185

Evangelische Kirche im Rheinland (EKiR), Da kann ja jede(r) kommen. Inklusion und kirchliche Praxis. Eine Orientierungshilfe, Düsseldorf 2013

Graumann, Sigrid, Assistierte Freiheit. Von einer Behindertenpolitik der Wohltätigkeit zu einer Politik der Menschenrechte, Utrecht 2009

Huber, Wolfgang und *Tödt, Heinz Eduard*, Menschenrechte. Perspektiven einer menschlichen Welt. Stuttgart 1977

Jüngel, Eberhard, Die Wahrnehmung des Anderen in der Perspektive des christlichen Glaubens, in: *Eberhard Jüngel*, Indikative der Gnade – Imperative der Freiheit, Tübingen 2000, S. 205ff.

Kliesch, Klaus, Blinde sehen, Lahme gehen. Der heilende Jesus und seine Wirkungsgeschichte. In: *Johannes Eurich* u.a. (Hg.), Inklusive Kirche, Stuttgart 2011, S. 101ff

Liedke, Ulf, Gegebenheit – Gabe – Begabung? PT 98 (2009), S. 466-482

Liedke, Ulf, Inklusion in theologischer Perspektive, in: *Ulf Liedke/Ralph Kunz* (Hg.), Handbuch Inklusion in der Kirchengemeinde, Göttingen 2013, S. 37

Luther, Martin, Von der Freiheit eines Christenmenschen, in: *Martin Luther*, Werke Bd. 1, hg. von Karin Borkamm und Gerhard Ebeling, Frankfurt/M 1982, S. 238ff

Oeming, Manfred, Zum theologischen Umgang mit Behinderung im Alten Testament. In: *Johannes Eurich* u.a. (Hg.): Inklusive Kirche, Stuttgart 2011, S. 81ff

ÖRK-Zentralausschuss, Kirche aller. Genf 2003.

Prengel, Annedore, Heterogenität als Theorem der Grundschulpädagogik, in: Zeitschrift für Grundschulforschung 3 (2010), H.1, S. 12.

Rappaport, Julian, In praise of paradox. A social policy of empowerment over prevention, in: American Journal of Community Psychology, 9/1981, 1-25

Schäfer, Gerhard K. u.a. (Hg.), Nah dran. Werkstattbuch für Gemeindediakonie, Neukirchen-Vluyn 2015

Vereinte Nationen, Convention on the Rights of Persons with Disabilities (CRPD). Resolution 61/106 der Generalversammlung der Vereinten Nationen vom 13.12.2006

Westermann, Claus, Schöpfung, Stuttgart 1971

III. Kirchentag
... Leichte Sprache

Soviel du brauchst.
Bibelarbeit in leichter Sprache zu Dtn 15,1-11[74]

Allen ein herzliches Willkommen!
Es ist Freitag-Morgen.
Der Tag fängt an. Mit der Bibel.
Man trifft sich.
Und hört einen Bibel-Text.
Man spricht über den Text.
Das heißt: Bibel-Arbeit.
Es gibt viele Bibel-Arbeiten.
Eine ist in leichter Sprache.
Es gibt auch Musik.
Zum Zuhören und Mitsingen.
Eine Band hilft beim Singen.
Sie heißt Kreuzweise.

Jetzt singen wir zusammen
aus dem Liederbuch „Und ein neuer Morgen"

Lied (Bandbegleitung Kreuzweise) „Und ein neuer Morgen"

Unser Bibel-Text steht im 5. Buch Mose.
Im 15. Kapitel.
Der Text beginnt mit Vers 1. Er geht bis Vers 11.
Das ist der Inhalt:

DER TEXT

Da ist ein Gesetz für Menschen in Israel. [75]

---

[74] Kirchentag Hamburg, 3.5.2013
[75] Luther-Übersetzung: 1 Alle sieben Jahre sollst du ein Erlassjahr halten. 2 So aber soll's zugehen mit dem Erlassjahr: Wenn einer seinem Nächsten etwas geborgt hat, der soll's ihm erlassen und soll's nicht eintreiben von seinem Nächsten oder von seinem Bruder; denn man hat ein Erlassjahr ausgerufen dem HERRN. 3 Von einem Ausländer darfst du es eintreiben; aber dem, der dein Bruder ist, sollst du es erlassen. 4 Es sollte überhaupt kein Armer unter euch sein; denn der HERR wird dich segnen in dem Lande, das dir der HERR, dein Gott, zum Erbe geben wird, 5 wenn du nur der Stimme des HERRN, deines Gottes, gehorchst und alle diese Gebote hältst, die ich dir heute gebiete, dass du danach tust! 6 Denn der HERR, dein Gott, wird dich segnen, wie er dir zugesagt hat. Dann wirst du vielen Völkern leihen, doch du wirst von niemand borgen; du wirst über viele Völker herrschen, doch über dich

Das Gesetz kommt von Gott:
Alle sieben Jahre ist ein neuer Anfang.
Dann hat kein Mensch mehr Schulden.
Wer Geld verliehen hat, verschenkt es dem Schuldner.
Alle sieben Jahre.
Die Schulden sind gestrichen.
Dann kann er aufatmen und frei sein.

Anders ist es für Menschen aus dem Ausland.
Ihnen leiht man nicht in der Not.
Ihnen leiht man, um Handel zu treiben.
Sie darf man an ihre Schulden erinnern.
Weil ihnen nicht in ihrer Not geliehen wurde.

Stell dir vor:
Es gibt keine armen Menschen mehr im Land.
Weil alle freundlich zu den Armen sind.
Geld ist ein Geschenk.
Auch Land ist ein Geschenk.
Von Gott.
Gibt den Armen, soviel sie brauchen.
Nicht mehr, nicht weniger.
Dann wird alles gut.

Aber du weißt:
Noch gibt es Arme.
Habe kein hartes Herz.
Öffne deine Hände.
Sie sind deine Geschwister.

---

wird niemand herrschen. 7 Wenn einer deiner Brüder arm ist in irgendeiner Stadt in deinem Lande, das der HERR, dein Gott, dir geben wird, so sollst du dein Herz nicht verhärten und deine Hand nicht zuhalten gegenüber deinem armen Bruder, 8 sondern sollst sie ihm auftun und ihm leihen, soviel er Mangel hat. 9 Hüte dich, dass nicht in deinem Herzen ein arglistiger Gedanke aufsteige, dass du sprichst: Es naht das siebente Jahr, das Erlassjahr –, und dass du deinen armen Bruder nicht unfreundlich ansiehst und ihm nichts gibst; sonst wird er wider dich zu dem HERRN rufen und bei dir wird Sünde sein. 10 Sondern du sollst ihm geben und dein Herz soll sich's nicht verdrießen lassen, dass du ihm gibst; denn dafür wird dich der HERR, dein Gott, segnen in allen deinen Werken und in allem, was du unternimmst. 11 Es werden allezeit Arme sein im Lande; darum gebiete ich dir und sage, dass du deine Hand auftust deinem Bruder, der bedrängt und arm ist in deinem Lande.

Gib Geld an arme Menschen in Not.
Auch wenn bald das siebte Jahr beginnt.
Ein Jahr, in dem Schulden erlassen werden.
Auch wenn dann Geld verschenkt wird.
Das will Gott.
Das steht im Gesetz.

Menschen ohne Geld gibt es immer.
Sie haben Not.
Schenke das Geld. Streiche die Schulden.
Sei großzügig.
Gott findet Geiz schlimm.
Helfen macht glücklich.
Alle können aufatmen und frei sein.
Da ist Gott bei den Menschen.

Band Kreuzweise: Soviel du brauchst

DIE SIEBEN

Sieben ist meine Lieblingszahl.
Jemand ist schnell.
Dann sagt man:
Er läuft auf Siebenmeilenstiefeln
Jemand ist verliebt.
Dann sagt man:
Sie ist im siebten Himmel.
Das tapfere Schneiderlein erledigt sieben auf einen Streich.
Die Woche hat sieben Tage.
Es gibt sieben Tugenden.
Sieben
ist meine Lieblingszahl.

Die Menschen in Israel wussten:
Die sieben ist besonders.
Eine heilige Zahl.
Warum?
Weil die Bibel erzählt:
Gott hat sich am siebten Tag der Schöpfung ausgeruht.
Nachdem er in sechs Tagen die Welt erschaffen hat.

So hat Israel sich das vorgestellt.
Sechs Tage Arbeit.
Am siebten Tag Ruhe.
Deshalb gibt es bei Juden den Sabbat.
Deshalb gibt es bei Christen den Sonntag.
Der Tag der Auferstehung Jesu.
Ein freier Tag.
Ein Tag zum Aufatmen.
Sieben ist wirklich meine Lieblingszahl.

SABBAT UND SONNTAG

Was machen Sie Sonntags?
Wie viel Sonntag brauchen Sie?
Ich erinnere mich an die Sonntage meiner Kindheit.
Da war morgens der Gottesdienst.
Manchmal besuchten wir die Großeltern.
Mein Vater war Schichtarbeiter.
Er arbeitete hart.
Überstunden waren normal.
Nur der Sonntag war frei.
Ein Tag der Ruhe.
Genug gearbeitet.
Jetzt: Aufatmen.
Zeit haben.
Besuche machen.
Manchmal ein Frühschoppen.
Dann wurde über Politik gesprochen.
Schon als Kind habe ich verstanden:
Es gibt viele arme Leute.
Arbeit finden ist schwer.
Manche Leute Schulden müssen machen.
Oft können sie das Geborgte nicht zurückzahlen.
Dann sind sie traurig.
Nicht nur in Deutschland.
In fernen Ländern ist es noch schlimmer.
Menschen verhungern.
Menschen haben kein Dach über dem Kopf.
Menschen leben ohne Hoffnung.

Die Welt ist schrecklich unbarmherzig.
Das habe ich schon als Kind verstanden.

Uns ging es gut.
Sonntags kochte meine Mutter besonders gut.
Und es wurde Kuchen gebacken.
Wir hatten Glück.

Trotzdem mochte ich den Sonntag nicht.
Als ich ein Kind war.
Man musste schöne Kleidung anziehen.
Man durfte sich nicht dreckig machen.
Alles, was Spaß macht, schien verboten zu sein.

Heute vermisse ich solche Sonntage.
Ich vermisse den Takt des Lebens.
Ich vermisse die heilsame Ordnung.
Sechs Tage – und am siebten Tag Ruhe.
Das ist gut.
das ist Freiheit.
Da kann ich aufatmen.
Der siebte Tag soll anders sein.
Das war eine gute Idee in Israel.
Manchmal habe ich Sehnsucht nach dem Sonntag.
Wenn alles zu viel ist.
Wenn ich müde bin.
Wenn ich meine Aufgaben nicht schaffe.
Wenn ich mich selbst nicht leiden kann.
Wenn ich ungerecht und herzlos werde.
Ich brauche den Sonntag.
Dann denke ich über Gott und mein Leben nach.
Die Arbeit unterbrechen,
innehalten,
die Gedanken ordnen.
beten,
Gott danken,
das Leben feiern.
Mit der Familie zusammen sein.
Sich mit Freunden treffen.

Dafür ist der Sonntag da.
Er macht alles neu.
Der siebte Tag.
Sieben
ist meine Lieblingszahl.

Band Kreuzweise: Gott lädt alle ein

DIE SCHÖPFUNG

Ich glaube:
Auch für Gott ist sieben eine Lieblingszahl.
Die Bibel erzählt:
Gott hat alles gut gemacht
Die Schöpfung:
Ein Kunststück in sieben Tagen
Am ersten Tag:
Erst ist alles durcheinander,
Dann:
Licht und Finsternis werden getrennt.
Am zweiten Tag macht Gott den Himmel.
Am dritten Tag macht Gott das Meer und die Erde
und die Pflanzen auf der Erde.
Am vierten Tag macht Gott die Sterne.
Am fünften Tag die Fische im Meer
und die Vögel in der Luft.
Am sechsten Tag macht Gott die Tiere
und die Menschen,
Männer und Frauen.
Die sollen für alles sorgen.
Der siebte Tag ist der beste.
Gott ruht sich aus.
Er freut sich an der Welt.
Dann feiert Gott ein Fest.

So hat Israel sich das vorgestellt.
Alles kommt von Gott:
die Zeit,
das Land,
das Leben.

Alles ist geliehen von Gott.
Gott ist großzügig.
Gott ist nicht geizig.

Ich staune über Gott:
So viel Vertrauen in die Welt!
So viel Vertrauen in die Menschen!
Dafür gibt es keinen Grund:
Menschen machen vieles falsch.
Gott weiß: Jeder braucht einen neuen Anfang.
Die Schuld ist erlassen.
Menschen sind ungerecht zueinander.
Gott weiß: Jeder braucht einen neuen Anfang.
Die Schuld ist erlassen.
Menschen wollen lieben. Sie schaffen es nicht.
Gott weiß: Jeder braucht einen neuen Anfang.
Die Schuld ist erlassen.
Menschen haben ein hartes Herz.
Sie nehmen mehr als sie brauchen.
Gott weiß: Jeder braucht einen neuen Anfang.
Die Schuld ist erlassen.
Gott ist großzügig.
Gott ist nicht geizig.

Gott ist anders.
Jeder Mensch bekommt seine Liebe.
Wir brauchen sie.
Jeder Mensch ist wichtig und Gottes Kind.
Er sagt es uns.
Jeder Mensch soll bekommen, was er braucht.
Gott macht es vor.

Aber:
Viele Menschen wollen viel Geld.
Sie wollen reich sein.
Sie wollen Reichtum einsammeln.
Immer mehr.
Sie wollen nicht abgeben.
Sie sagen:

Wir haben lange gelernt.
Wir haben hart gearbeitet.
Wir sind besonders fleißig.
Wir sind sehr klug.
Wir haben viel verdient.
Wir brauchen auch viel.
Wir wollen nicht abgeben.
Aber Geld kann man nicht essen.

Ich habe eine alte Geschichte gelesen.
Da ist ein König in einem fernen Land.
Er heißt Midas.
Er hat nur einen Wunsch:
Alles soll zu Gold werden.
Die Zweige am Baum,
Die Steine auf dem Boden.
Das Brot.
Der Wein.
Alles soll zu Gold werden.
Dann ist Midas reich.
Dann hat er mehr als er braucht.
Der Wunsch wird erfüllt.
Midas berührt etwas –
es wird zu Gold.
Er schaut es nur an –
es wird zu Gold.
König Midas im Goldrausch.
Ein dummer Wunsch.
Gold kann man nicht essen.
Gold kann man nicht trinken.
Der König verhungert fast.
Midas ist verzweifelt.
Der Wunsch ist zum Fluch geworden.
Der Geiz ist zum Verhängnis geworden.
So kann man nicht leben.
In letzter Sekunde wird er vom Wunsch erlöst.
Ein Glück!
Auch er kann neu anfangen.

Er wird ganz frei.
Vielleicht ist auch seine Lieblingszahl sieben.

Band Kreuzweise: Wann hört das Elend auf

DAS SABBATJAHR

Aufatmen und frei werden.
Bekommen, was man braucht.
Das geschieht nicht von selbst.
Freundlichkeit ist ein kostbares Gut.
Der Großzügige wird oft vergeblich gesucht.
Manchmal verschenkt jemand etwas.
Er hat ja viel.
Er wird satt.
Er braucht nicht mehr.
Er ist glücklich.
Er gibt Brot und Geld an Arme.
Aber das reicht nicht aus.
Es gibt nicht genug Freundlichkeit auf der Erde.
Liebe ist wertvoll - und selten.
Die Not wird übersehen.
Zu viele Menschen sind arm.
Sie bekommen nicht genug zum Leben.
Sie können keine gute Schule besuchen.
Sie bekommen keine Arbeit.
Oder nur schlecht bezahlte Arbeit.
Die Eltern waren arm.
Die Kinder bleiben arm.
So geht das immer weiter.
Ein Kreislauf ohne Hoffnung.
Es ist schrecklich.
Niemand kommt da allein heraus.
Das ist ungerecht.
Das hat Gott nicht gewollt.

Menschen haben ein hartes Herz.
Sie denken nur an sich selbst.
Sie übersehen andere in Not.
Ihre Freundlichkeit braucht eine Hilfe.

Sie braucht eine Regel.
Alle müssen sich an die Regel halten.
Das ist ein Gesetz.
Mitleid ist gut.
Gerechtigkeit ist besser.
Dafür braucht man ein Gesetz.
Dieses Gesetz kommt von Gott selbst:

Alle sieben Jahre ist ein Sabbatjahr.
Die wunderbare Zahl sieben kennen wir schon.
Und wir kennen den Sabbat.
Alle sieben Jahre ist ein Sabbatjahr.
Ein Ruhejahr für das Ackerland.
Auch im Ruhejahr bringt der Acker Früchte.
Aber:
Im siebten Jahr können die Armen die Früchte ernten.
Im siebten Jahr kommen Menschen in Not.
Sie leben von diesem Acker.

Immer ist ein Acker im Sabbatjahr.
Manchmal dieser.
Manchmal ein anderer.
Irgendwo in der Nähe ist immer ein Acker für die Armen da.

Das ist ein gutes Gesetz in Israel.
Eine soziale Ordnung.
Den Armen wird geholfen.
Niemand soll Hunger leiden.
Die große Not soll gelindert werden.
Nicht nur Mitleid macht sie satt.
Es gibt ein Gesetz.
Das Gesetz sagt:
Jeder bekommt, soviel er braucht.

Wir haben ähnliche Gesetze.
Man nennt sie Sozialgesetze.
Oder auch Hartz IV
Oder auch Sozialhilfe.
Oder auch Wohngeld.

Es gibt viele Hilfen in Deutschland.
Niemand muss verhungern.
Trotzdem geht es vielen Menschen schlecht.
Sie kommen nicht aus der Armut heraus.
Sie sehen traurig auf andere Leute.
Die werden immer reicher.
Die wollen nicht teilen.
Die leben in großem Luxus.
Gerecht ist das nicht.
Die Ungerechtigkeit schreit zum Himmel.

In Israel war das Sabbatjahr nicht nur ein Gesetz.
Wie unsere Sozialgesetze.
In Israel war das Sabbatjahr ein Gesetz - von Gott!
Sechs Jahre lang soll der Acker bebaut und abgeerntet werden.
Das siebte Jahr ist ein Erholungsjahr.
Ein Erholungsjahr für den Acker und für die Menschen.
Im siebten Jahr ernten die Armen.
Eine allererste Sozialhilfe.
Der Grund für das Gottesgesetz ist einfach.
Die Erde gehört Gott – nicht den Menschen.
Die Ernte gehört Gott – nicht den Menschen.
Beides ist den Menschen nur geliehen.
Um Gutes zu tun.
Um Gerechtigkeit zu schaffen.
Um Notleidenden zu helfen.
Das siebte Jahr ist besonders.

Band Kreuzweise: Vorbei sind die Tränen

DAS ERLASSJAHR

Das Gesetz in Israel war gut.
Ein Gesetz zur Hilfe für Arme.
Die Not wurde gelindert.
Der Brotkorb wurde gefüllt.
Der Durst wurde gestillt.
Nicht mehr und nicht weniger.
Niemand musste mehr hungern.
Es gab keinen Kuchen.

Es gab keinen Wein.
Es gab keine schönen Kleider.
Aber:
Niemand musste verhungern.
Das ist nicht wenig.
Das ist schon etwas.

In Deutschland gibt es heute Lebensmittel im Überfluss.
Dennoch herrscht bei vielen Menschen Mangel.
Seit einigen Jahren werden Tafeln organisiert.
Auch in der Kirche.
In jeder Stadt gibt es Tafeln.
Übriggebliebene Lebensmittel werden verteilt.
In den Supermärkten bleibt viel übrig.
Das wird an Arme gegeben.
Bedürftige Menschen können sich versorgen.
Dazu gibt es die Tafeln.

Unsere Gemeinde hat ein Haus.
Auch da gibt es eine Tafel.
Vor der Tür warten immer viele Menschen.
Ich kenne sie gut.
Eine alte Frau hat eine kleine Rente.
Sie erhält Kartoffeln, Gemüse, Eier.
Daraus kann sie ein gutes Essen kochen.
Ein Mann ist schon viele Jahre arbeitslos.
Er bessert seine Unterstützung auf.
Eine Familie mit vielen Kindern wird entlastet.
Kinder kosten Geld.
In der Mitte des Monats ist das Geld oft aufgebraucht.
Tafeln lindern die Armut.
Tausende freiwillige Helfer machen das möglich.
Das ist nicht wenig.
Das ist schon etwas.
Die Ursachen der Armut werden nicht beseitigt.
Die Ungerechtigkeit bleibt.

Auch die Schulden bleiben.
Aus dem Kreislauf der Armut kommt niemand allein heraus.

Die Verzweiflung bleibt.
Aus dem Kreislauf der Hoffnungslosigkeit kommt niemand allein heraus.
Das war schon in Israel so.

Da gab es ein neues Gesetz.
Auch dieses Gesetz kommt von Gott:
Alle sieben Jahre ist ein neuer Anfang.
Dann hat kein Mensch mehr Schulden.
Wer Geld verliehen hat, verschenkt es dem Schuldner.
Alle sieben Jahre.
Die Schulden sind gestrichen.
Dann kann er aufatmen und frei sein.
Nicht nur die Not lindern.
Sondern:
Neu anfangen und frei sein.
Das will Gott.

Es gab in Israel viele Gründe für Schulden.

Ein Bauer braucht Saatgut.
Er leiht Geld.
Davon kauft er Samen ein.
Aber das Wetter ist schlecht.
Ein Unwetter kommt.
Die Ernte verdirbt.
Er kann kein Saatgut für das nächste Jahr zurücklegen.
Auch die Schulden kann er nicht zurückzahlen.
Im neuen Jahr macht er mehr Schulden.
Die Ernte ist nicht besser.
Immer weiter macht er sich abhängig.
Immer mehr Schulden.
Am Ende verliert er alles.
Auch seinen Acker.
Auch sich selbst und seine Kinder.
So etwas ist passiert.

Es gibt heute viele Gründe für Schulden.

Arme Länder haben sich in der Not Geld geliehen.

Vielleicht war die Ernte schlecht.
Die Menschen mussten hungern.
Vom geliehenen Geld wurden Lebensmittel gekauft.
Vielleicht hat man Schulen gebaut.
Auch in armen Ländern weiß man:
Eine gute Ausbildung ist wichtig.
Vielleicht hat man Maschinen gekauft.
Die armen Länder dachten:
Mit den Maschinen werden wir reich.
Vielleicht hat man mit geliehenem Geld etwas gesucht.
Zum Beispiel Gold, Edelsteine, Öl.
Aber der Hunger blieb.
Die ausgebildeten Schüler zogen in reichere Länder.
Die Maschinen arbeiteten nicht richtig.
Gold, Edelsteine und Öl wurde nicht gefunden.
Aber die Schulden blieben.
Sie mussten zurückgezahlt werden.
Nicht nur die Schulden mussten zurückgezahlt werden.
Noch viel mehr wollten die Reichen haben.
Dieses Mehr nennt man Zinsen.
Schulden und Zinsen.
Das ist zu viel.
Das kann niemand zurückzahlen.

Menschen wollen überall auf der Welt Handel treiben.
Sie nehmen sich mehr als sie brauchen.
Sie wollen kaufen und verkaufen und reich werden.
Sie nehmen sich mehr als sie brauchen
Sie wollen Geld leihen und Geld geben.
Sie nehmen sich mehr als sie brauchen.
Sie bauen Fabriken und suchen billige Arbeiter.
Sie nehmen sich mehr als sie brauchen.

Deshalb bleiben viele arm.
Deshalb müssen Menschen hungern.
Deshalb bleiben Länder auf ihren Schulden sitzen.

Da hilft keine Freundlichkeit.
Da hilft keine großzügige Geste.

Brot für die Welt ist gut.
Wir brauchen das Geld zur Linderung der Not.
Aber Gerechtigkeit ist besser.
Gerechtigkeit brauchen wir.

Wir brauchen das Gesetz von Gott:
Alle sieben Jahre.
Dann hat kein Mensch mehr Schulden.
Dann kann er aufatmen und frei sein.

Ist das nur ein Gesetz für Menschen in Israel?
Nein!
Es ist auch ein Gesetz für uns.
In Hamburg.
In Deutschland.
In Europa.
Die Schulden erlassen.
Einen neuen Anfang machen.

Wir wollen immer mehr.
Das ist unsere Schuld.
Wir brauchen wenig - wir haben viel.
Das ist unsere Schuld.
Auch wir haben ein hartes Herz.
Oft.
Das ist unsere Schuld.

Eines bitte ich von Gott.
Bitte erlasse auch unsere Schuld.
Wir brauchen Vergebung.
Denn die Ungerechtigkeit kommt von uns.
Dann können wir aufatmen und frei sein.
Einen neuen Anfang machen.
Mit Gottes Gesetz.
Alle sieben Jahre
oder alle sieben Tage.
Sieben ist eben meine Lieblingszahl.

Lied (Bandbegleitung Kreuzweise) „Allens wat Du bruukst"

... damit wir klug werden
Bibelarbeit in leichter Sprache zu Lk 16,1-13[76]

Lied „Und ein neuer Morgen" (Bandbegleitung Kreuzweise)

Der Tag fängt mit der Bibel an.
Das ist kurz der Inhalt unserer Geschichte:
Ein Mann arbeitet für einen reichen Herrn
Der Mann hat Angst.
Er hat schlecht gearbeitet.
Er soll seine Arbeit verlieren.
Er hat dann kein Geld für Essen und Wohnen.
Deshalb betrügt der Mann seinen reichen Chef.

Aber Jesus sagt: Dieser Mann ist klug.

Jesus erzählt für uns.
Es geht um Geld.
Es geht um richtiges Tun.
Und um Freunde.
Darum, was klug ist.
Es gibt auch Musik.
Zum Zuhören und Mitsingen.

Kreuzweise: Damit wir klug werden

1. DER TEXT[77]

---

[76] Kirchentag Stuttgart 2015

[77] (Luther-Bibel:)1 Er sprach aber auch zu den Jüngern: Es war ein reicher Mann, der hatte einen Verwalter; der wurde bei ihm beschuldigt, er verschleudere ihm seinen Besitz. 2 Und er ließ ihn rufen und sprach zu ihm: Was höre ich da von dir? Gib Rechenschaft über deine Verwaltung; denn du kannst hinfort nicht Verwalter sein. 3 Der Verwalter sprach bei sich selbst: Was soll ich tun? Mein Herr nimmt mir das Amt; graben kann ich nicht, auch schäme ich mich zu betteln. 4 Ich weiß, was ich tun will, damit sie mich in ihre Häuser aufnehmen, wenn ich von dem Amt abgesetzt werde. 5 Und er rief zu sich die Schuldner seines Herrn, einen jeden für sich, und fragte den ersten: Wie viel bist du meinem Herrn schuldig? 6 Er sprach: Hundert Eimer Öl. Und er sprach zu ihm: Nimm deinen Schuldschein, setz dich hin und schreib flugs fünfzig. 7 Danach fragte er den zweiten: Du aber, wie viel bist du schuldig? Er sprach: Hundert Sack Weizen. Und er sprach zu ihm: Nimm deinen Schuldschein und schreib achtzig. 8 Und der Herr lobte den ungetreuen Verwalter, weil er klug gehandelt hatte; denn die Kinder dieser Welt sind unter ihresgleichen

Der Text steht in der Bibel.
Er ist aus dem Buch Lukas.
Aus dem Kapitel 16.
Der Text beginnt mit dem Vers 1 und endet mit dem Vers 13.

Da ist ein Mann.
Der ist sehr reich.
Er hat sehr viel Land.
Und viele Dörfer.
Das macht Arbeit.
Deshalb hat der reiche Mann einen Verwalter.
Der zählt das Geld.
Und zählt das Land.
Und er spricht mit den Menschen in den Dörfern.
Aber:
Der Verwalter arbeitet schlecht.
Der Verwalter zählt falsch.
Das merkt der reiche Mann.

Der reiche Mann sagt zum Verwalter:
Du musst gehen!
Du verwaltest schlecht.
Du zählst das Geld falsch.
Du zählst das Land falsch.
Zähle ein letztes Mal richtig.
Und mach alles für einen neuen Verwalter fertig.
Denn du verlierst deine Arbeit.

Der Verwalter denkt nach:
Was soll ich tun?
Ich verliere meine Arbeit.

---

klüger als die Kinder des Lichts. 9 Und ich sage euch: Macht euch Freunde mit dem ungerechten Mammon, damit, wenn er zu Ende geht, sie euch aufnehmen in die ewigen Hütten. 10 Wer im Geringsten treu ist, der ist auch im Großen treu; und wer im Geringsten ungerecht ist, der ist auch im Großen ungerecht. 11 Wenn ihr nun mit dem ungerechten Mammon nicht treu seid, wer wird euch das wahre Gut anvertrauen? 12 Und wenn ihr mit dem fremden Gut nicht treu seid, wer wird euch geben, was euer ist? 13 Kein Knecht kann zwei Herren dienen; entweder er wird den einen hassen und den andern lieben, oder er wird an dem einen hängen und den andern verachten. Ihr könnt nicht Gott dienen und dem Mammon.

Dann bin ich bin in Not.
Was esse ich dann?
Wo wohne ich, wenn ich arm bin?

Ich habe eine Idee.
Ich brauche Freunde.
Freunde helfen mir.
Mit Essen und beim Wohnen.

Der Verwalter spricht mit den Menschen aus den Dörfern.
Die Menschen haben Schulden bei dem reichen Mann.
Sie müssen die Schulden zurückzahlen.
Der Verwalter hofft:
Diese Menschen werden meine Freunde.

In einem Dorf:
Da muss man dem reichen Mann viel Öl geben.
Der Verwalter sagt:
Wir betrügen den reichen Mann.
Wir machen die Schulden klein.
Wir geben nur die Hälfte von dem Öl.

Im anderen Dorf:
Da muss man dem reichen Mann viel Weizen geben.
Der Verwalter sagt:
Wir betrügen den reichen Mann.
Wir machen die Schulden klein.
Wir geben weniger von dem Weizen.
Der Verwalter zählt falsch.
Und er betrügt.

Aber Jesus lobt den Verwalter.
Weil der Verwalter auch klug ist.
Weil der Verwalter in der Not etwas für die Zukunft tut.
Das ist das Ende der Geschichte

Der Bibeltext geht noch weiter.
Jetzt wird über das Geld nachgedacht:

Eine Idee:
Nimm das Geld.

Mache dir Freunde.
Freunde helfen.
Beim Wohnen.
Und mit dem Essen.
Wenn das Geld zu Ende ist.
Oder wenn die Welt zu Ende geht.

Eine andere Idee:
Wer ehrlich ist, ist es immer.
Bei kleinen und bei großen Dingen.
Wer falsch ist, ist es immer.
Bei kleinen und bei großen Dingen.

Noch eine Idee zum Geld:
Geld ist Gott egal.
Es ist nur ein Mittel um das Richtige zu tun.
Aber: Mit Geld soll man ehrlich sein.
Gott vertraut euch.
Sei darum ehrlich.
Dann sind es andere auch.

Eine letzte Idee:
Man soll wissen, was wichtig ist.
Man soll sich entscheiden.
Was ist wichtig?
Geld oder Gott?

Band Kreuzweise: Das Leben feiern

2. ES GIBT VIELE „KLUG"

Beim Kirchen-Tag wird die Bibel gelesen.
Ein Satz ist in Stuttgart besonders wichtig.
Der steht in der Bibel.
Der Satz heißt: Damit wir klug werden.

Damit wir klug werden.
Über diesen Satz reden wir.
Mit vielen Menschen gemeinsam.
Klug werden?
Was bedeutet das?

Das soll jeder für sich selbst herausfinden.

Man kann denken:
Man muss lange in der Schule lernen.
Man muss viele Bücher lesen
und gute Zeugnisse in der Schule haben.
Dann wird man klug.

Oder: Man muss viel Erfolg haben.
Und viel Geld verdienen.
Ein schnelles Auto und ein großes Haus besitzen.
Dann war man klug.

Oder: Jemand ist begabt und schlau.
Alle bewundern ihn.
Alle finden ihn toll.
Dann muss der klug sein.

Das ist ein sehr einfaches Denken über Klug-Sein.
Das ist zu einfach.

Denn so kann man auch denken:
Klug werden!
Da vertraut jemand Gott.
Das macht ihn weise und froh.
Vertrauen ist klug.
Wenn man Gott vertraut.

Oder: Da lebt eine ihr Leben.
Und ist glücklich dabei.
Sie denkt:
Das Leben ist kurz.
Einmal werde ich sterben.
Sie weiß: Jeder einzelne Tag ist wichtig.
Jeder einzelne Tag ist ein Geschenk.
Das macht klug.
Gott danken.
Zufrieden sein.
Und das eigene Leben leben.
Das ist klug.

Oder: Das sieht jemand die Not anderer.

Kümmert sich um Kranke oder Arme.
Er hilft Flüchtlingen
Er sieht Tränen und Verzweiflung.
Er hilft Menschen, die es schwer haben.
Er setzt auf die Liebe.
Auch das ist klug.

Oder:
Manche Dinge sind an einem Tag klug.
Am nächsten Tag sind sie dumm und falsch.
Jeder muss selbst entscheiden.
Was soll ich tun?
Was will ich erreichen?
Wohin führt das alles?
Welche Folgen hat es für andere?

Ich habe eine Wahl.
Das ist schön.
Und das ist schwer.
So vieles ist zu bedenken.

Auch die Menschen in unserer Bibel-Geschichte haben eine Wahl.
Es sind kluge Menschen.
Jeder anders.
Jeder auf seine Weise.
Wir werden sie kennenlernen.

Kreuzweise: Es gibt mehr

3. DER REICHE MANN

Zeichenhandlung: Der „reiche Mann" sammelt die Kartons ein und türmt sie auf.

Da ist der reiche Mann.
Ihm gehört viel Land.
Ihm gehört ein Berg Geld.
Er hat Öl und Weizen und vieles mehr.
Vielleicht Häuser und Wagen.
Vielleicht einen Palast.
Vielleicht Gold und Edelsteine.
Das hat er verdient.

110

Er ist sehr klug.
Er hat genau überlegt.
Scharfsinnig trifft er seine Entscheidungen.
Er ist schlau.
Manche denken über ihn nach.
Sie sagen:
Er ist gerissen und clever.

Wie macht er das?
Er fragt sich:
Was brauchen die Menschen?
Wie kann ich mein Geld vermehren?
Was soll ich tun?
Das Geschäft muss gut laufen.
Alles gelingt ihm.

In einem Jahr ist das Wetter schlecht.
Das Getreide verdirbt.
Den Bauern fehlt Saatgut für den Acker.
Er hat Saatgut.
Er kann leihen.
Dafür nimmt er Zinsen.
Das ist der Preis fürs Leihen.
Die Bauern müssen mehr zurückzahlen,
als sie bekommen haben.
Das macht ihn reich.

Genauso ist es mit dem Öl.
Die Ernte ist dürftig.
Das Öl wird überall knapp.
Aber die Menschen brauchen Öl.
Der reiche Mann hat Öl genug.
Er erhöht den Preis.
Das Öl ist nun doppelt so teuer.
Aber die Menschen haben keine Wahl.
Sie müssen teuer einkaufen.

Genauso ist es mit dem Geld.
Ein Mensch in den Dörfern muss ein Haus bauen.
Die Familie ist groß.

Die Kinder brauchen ein Dach über dem Kopf.
Häuser sind teuer.
Man braucht Steine und Zement.
Man braucht Dachziegel und Holz.
Und vieles mehr.
Das kostet viel Geld.
Der Mensch hat nicht so viel Geld.
Er leiht sich Geld vom reichen Mann.
Später muss er es zurückzahlen.
Das ist kein Problem.
Aber:
Er muss auch Zinsen zurückzahlen.
Das ist viel.
Eines Tages ist es viel zu viel.
Dann gehört auch das Haus im Dorf dem reichen Mann.

In jedem Jahr kann der reiche Mann mehr einsammeln.
Arbeiten muss er nicht mehr selbst.
Er lässt andere arbeiten.
Klug, sehr klug ist er.
Und korrekt.
Er befolgt die Gesetze genau.
Er ist verlässlich.
Alles muss seine Ordnung haben.

Längst wohnt der reiche Mann nicht mehr im Lande.
Er steuert sein Vermögen aus der Ferne.
Er kommt nur zum Zählen vorbei.
Alles zieht er an sich.
Alles gehört ihm allein.
Über die Folgen muss er sich keine Gedanken machen.
Er sieht es ja nicht.
Nicht die armen Bauern und ihre Kinder im Dreck.
Nicht den Mann, der sein Haus nicht bezahlen kann.

Auch seine Mitarbeiter müssen verlässlich sein.
Sie müssen die Regeln einhalten.
Sie müssen genau zählen.
Das kann er erwarten.

Das Recht ist auf seiner Seite.
Die Gesetze sind so gemacht.
Er ist eben schlauer als andere.
Seine Verwalter sollen klug sein wie er.
Seine Verwalter sollen sein wie er selbst.

Aber ein Verwalter zählt schlecht.
Er zählt falsch.
Er vertritt nicht die Interessen des reichen Mannes.
Das darf nicht sein.
Das kann der reiche Mann nicht zulassen.
Da kann ja jeder kommen.
Wo kommen wir da hin.
Das hat es noch nie gegeben.

Der reiche Mann entlässt den Verwalter.
Das ist gerecht.
Strafe muss sein!
Der Verwalter hält sich nicht an die Ordnung.
Er veruntreut das Geld.
Er zählt falsch.
Das ist eine Straftat.
So steht es im Gesetz.
Bis heute ist das so.
Der Verwalter soll ein letztes Mal die Abrechnung machen.
Dann weg mit ihm!
Er hat es nicht anders verdient.
Er war nicht so klug wie der reiche Mann.

4. DER VERWALTER

Zeichenhandlung: Der „Verwalter" entreißt die Kartons den „armen Bauern" im Publikum und türmt sie zusätzlich auf.

Kreuzweise: Kehrt um

Da ist der Verwalter.
Auch er ist klug.
Er hat die Verwaltung gelernt.
Lange schon arbeitet er für den reichen Mann.
Er kennt seinen Chef gut.

Der ist genau.
Der achtet auf jede Kleinigkeit.
Der ist misstrauisch.
Deshalb zählt der Verwalter richtig.
Er kann gut zählen.
Verwalter sind verlässliche Menschen.
Sie halten sich an die Gesetze.
Die Ordnung ist ihnen lieb.

Der Verwalter kennt auch die Bauern in den Dörfern gut.
Sie sind Pächter des reichen Mannes.
Manchmal kommt der Verwalter in ihr Haus.
Dann muss Weizen zurückgezahlt werden.
Oder Olivenöl.
Oder Geld.
Der Verwalter sieht:
Die Bauern haben wenig Weizen.
Sie haben nur Öl für ihre eigene Nahrung.
Und Geld haben sie gar nicht.
Das ist schlimm.
Aber:
Der Verwalter kann darauf keine Rücksicht nehmen.
Die Ordnung bestimmt:
Alles muss zurückgezahlt werden.
Und die Zinsen kommen noch hinzu.
Und die Gebühr für den Verwalter kommt hinzu.
Das ist sehr viel.
Für manche ist es zu viel.
Die Bauern weinen und flehen.
Sie sind verzweifelt.
Der Verwalter sieht das.
Er kann es nicht ändern.

Der Verwalter geht in viele Dörfer.
Er kennt alle Schuldner des reichen Mannes.
Immer sitzt er zwischen allen Stühlen.
Da der reiche Mann, dort die armen Leute in den Dörfern.
Und er dazwischen.
Er arbeitet viel und hart.

Wer viel arbeitet, macht Fehler.

Auch der Verwalter macht Fehler.
Einmal, zweimal, öfter.
Er muss schnell arbeiten.
Er muss schnell zählen.
Weizen und Öl und Geld holen.
Er ist klug, er ist nicht schnell.
Der reiche Mann treibt ihn an:
Schnell, schnell, du Taugenichts!
Du kannst nichts!
Aus dir wird nichts!
Du bist ein Faulpelz!

Der Verwalter strengt sich an.
Schneller, immer schneller arbeitet er.
Er ist ganz außer Atem.
Da unterlaufen ihm Fehler.
Kleine und große.
Dort fehlt etwas Weizen, hier etwas Öl.
Geld fällt auf den Boden.
Manchmal verrechnet er sich.
Manchmal verliert er etwas.

Der reiche Mann merkt das.
Er ruft ihn zu sich.
Er sagt:
Du bist ein untreuer Verwalter.
Du verschleuderst mein Geld.
Du hältst dich nicht an die Gesetze.
Du bist nicht klug, du bist dumm.
Ich werde dich entlassen.
Denn alles Geld und Gut gehört mir.
Mach eine letzte Abrechnung.
Für deinen Nachfolger.
Dann weg mit Dir!

Der Verwalter ist verzweifelt.
Was soll er tun?
Er will nicht bettelarm sein wie die Leute in den Dörfern.

Seine Hände sind ungeschickt.
Die Klugheit der Hände hat er nicht geerbt.
Damit kann er nicht arbeiten.
Er hat Angst zu verhungern.
Auch ein Haus fehlt ihm.
Nachts wird er frieren.
Alles ist schrecklich.
Ohne Hoffnung denkt er nach.
Was soll ich tun?

Da hat er eine Idee:
Es geht auf das Ende zu.
Da mache ich mir Freunde mit dem Geld des reichen Mannes.
Ich gehe in die Dörfer
und erlasse den armen Bauern die Schulden.
Ich kenne die Not in den Dörfern.
Ich kenne die Verzweiflung in den Häusern.
Jetzt will ich nicht mehr wegsehen.
Der reiche Mann hat ein zu großes Vermögen.
Da bleibt für die Armen nichts übrig.
Er hat ihnen alles weggenommen.
Und ich habe ihm dabei geholfen.
Das ist nicht gerecht.
Ich war nicht gerecht.
Der Verwalter macht sich Vorwürfe.
Er denkt:
Jeder Mensch muss in Sicherheit leben können.
Ich will von den Schulden etwas zurückgeben.
Davon wird der reiche Mann nicht arm.
Es ist die letzte Gelegenheit.
Gerechtigkeit ist klug.
Freunde haben ist klug.
Er weiß jetzt, was er tun soll.

Zeichenhandlung: Der „Verwalter" nimmt vier Kartons weg und verteilt sie im Publikum an die „Pächter".

Kreuzweise: Steh auf

5. DIE ARMEN BAUERN

Da sind sind die Bauern.
Sie sind Pächter.
Arme Leute in den Dörfern.
Sie ernten die Oliven.
Sie bauen Getreide an.
Sie halten ein paar Ziegen, einige Schafe.
Dabei wird man nicht reich.
Im Gegenteil!
Oft ist hier der Hunger zu Hause.
Ihre vielen Kinder brauchen Essen.
Nachts können sie nicht schlafen.
Hunger tut weh.
Hunger macht krank.
Es fehlt am Nötigsten!

Dabei sind die Pächter klug.
Sie wissen, wie man den Acker bestellt.
Sie kennen sich aus mit dem Vieh.
Sie können Häuser bauen.
Handwerk fällt ihnen leicht.
Viele Stunden am Tag schuften sie.
Sie arbeiten hart.
Aber die Ernte ist karg.
Und dann kommt der Verwalter
und nimmt alles weg.
Er sagt:
Alles gehört dem reichen Mann.
Auf seinem Acker arbeitet ihr.
In seinem Auftrag erntet ihr.
Der reiche Mann ist schlau
und hat ein hartes Herz.

Am Ende bleibt wenig übrig zum Leben.
Für die Bauern.
Manchmal gar nichts.
Ihre Klugheit nützt ihnen nichts.
Der Verwalter nimmt alles weg

und gibt es dem reichen Mann.
Ist das gerecht?
Ist das eine kluge Ordnung?
Hat das Gott so bestimmt?
Für alle Zeiten?
Die armen Bauern zweifeln.
Aber was sollen sie tun?

Eines Tages kommt der Verwalter
und er macht alles anders.
Die Bauern wundern sich.
Diesmal mach der Verwalter alles anders.
Er fälscht den Schuldschein.
Er rechnet falsch.
Er betrügt.
Er streicht einfach einen Teil der Schuld.
Jetzt bleibt genug übrig für die Bauern.

In einem Haus streicht der Verwalter die Schuld an Weizen.
Jetzt kann der Pächter für seine Familie Brot backen.
Alle werden satt.
Ein Fest wird gefeiert.
Freunde werden eingeladen.
In diesem Haus ist jeder willkommen.
Und für die nächste Saat reicht es auch.

In einem anderen Haus wird die Schuld an Öl erlassen.
Mit Öl kann man viel machen.
Man kann kochen und backen.
Es ist auch Medizin.
Die Kinder werden nicht mehr krank.
Sie können besser lernen.
Das Glück ist hier eingezogen.

Im nächsten Haus wird das geborgte Geld erlassen.
Der Pächter war sehr verzweifelt.
Seine Angst:
Ich verliere alles.
Jetzt kann er aufatmen.
Jetzt kann er wieder planen.

Er ist ein freier Mensch.
Er denkt:
So hat Gott mich gewollt.
So vergnügt, erlöst, befreit.

Der Verwalter weiß, was er tut.
Er ist klug.
Früher hat er die Ungerechtigkeit verwaltet.
Jetzt verwaltet er Gerechtigkeit.
Früher hat er alles weggenommen,
jetzt fragt er: Was brauchst du zum Leben.
Ein letztes Mal rechnet er.
Er nutzt die Gelegenheit.
Er rechnet falsch.
Damit jeder bekommt, was er zum Leben braucht.
Damit jeder aufatmen kann.
Damit jeder Zukunft hat.

Die Pächter wundern sich.
Sie merken:
Der Verwalter hat sich geändert.
Der Feind ist ein Freund geworden.
Er steht auf unserer Seite.
Er steht auf der Seite der Armen.
Er hat sich entschieden.
Das war schwer für ihn.
Er hat uns in der Not geholfen.
Wir werden das auch für ihn tun.
Sich gegenseitig helfen.
Das ist klug.
Freundschaft ist klug.
Bei uns soll der Verwalter zu Hause sein.
Er ist immer willkommen.
Wir vertrauen ihm.
Er kann uns vertrauen.

*Zeichenhandlung: Die „Pächter" kommen mit ihren Kartons aus
dem Publikum und umrahmen den „Verwalter" wie in einem Haus.*

Kreuzweise: Jetzt und in Ewigkeit

6. WER IST KLUG

Wer ist klug
Was ist klug?
Wie wird man klug?
Davon erzählt die Bibel.

Klug ist ganz unterschiedlich:
Manchmal ist Wissen klug.
Aber:
Welches Wissen brauchen wir?
Manchmal ist Ehrlichkeit klug.
Aber:
Es gibt auch Ehrlichkeit, die der Ungerechtigkeit dient.
Manchmal ist Freundschaft klug.
Aber:
Wer sind die richtigen Freunde?
Manchmal ist Gerechtigkeit klug.
Aber:
Schützt die Gerechtigkeit die Schwachen?

Klugheit, die von Gott kommt,
ist nicht in Stein gemeißelt.
Sie fragt:
Was ist nötig?
Jetzt und hier?
Sie ist überraschend,
manchmal ärgerlich und anstößig.

Gott kennt keine zeitlose Wahrheit.

Eine ewige Moral hilft nicht zum Leben.
Gottes Wort ist lebendig.
Deshalb muss jeder wissen, was er tut.
Jeder muss sich entscheiden.
Immer wieder neu.

Ich gehe zum Beispiel in ein Geschäft.
Ich brauche ein neues Hemd.
Das Hemd ist billig.
Das ist schön.

Ich spare mein Geld und freue mich.
Ganz schön schlau, nicht wahr?
Nein, ganz schön dumm!
Ich vergesse, wer das billige Hemd nähen muss.
Arme Leute, weit weg in Bangladesh.
Sie nähen sich die Finger wund.
Sie bleiben bettelarm und ausgebeutet.
Und der Fluss neben der Fabrik ist krank
wie die Menschen.
Die Abwässer werden nicht gereinigt.
Ich befürchte: Ich bin wie der reiche Mann.
Sein Reichtum wird größer.
Und die Armen werden ärmer.

Ich wohne in einem schönen Haus.
Da ist es herrlich warm,
auch wenn der Sturm tobt.
Kluge Menschen haben sich etwas ausgedacht.
Strom aus Atom und Wärme aus Kohle.
Das ist eine feine Sache.
Aber: Wohin mit dem Müll?
Und was wird aus unserer Erde?
Sie wird wärmer und wärmer.
Wer wirklich klug ist,
bedenkt die Folgen.
Alles hängt mit allem zusammen in unserer kleinen Welt.
Schlau sein ist nicht genug.

Geld bestimmt die Welt.
Und der Schlauste hat am meisten davon.
In den Nachrichten geht es immer uns Geld.
Der Euro geht hoch, der Euro geht runter.
Griechenland ist pleite.
Europa ist am Ende.
Über Afrika wird nicht gesprochen.
Da ist kein Geld.
Nur über die Flüchtlinge spricht man.
Sie sind verzweifelt.
Sie riskieren ihr Leben.

Sie setzen alles auf eine Karte.
Sind wir ihre Freunde?

Man glaubt es nicht:
Mit Geld wird sogar gehandelt!
Wie mit Kartoffeln oder Reis oder Getreide.
Aber Geld können wir nicht essen.
Mit Geld kann man kein Vertrauen kaufen.
Auf einem Sack Geld wächst keine Liebe.
Und auch kein Glaube an Gott.

Dabei wird auch in der Kirche über Geld gestritten.
Wofür sollen wir es einsetzen?
Wo müssen wir sparen?
Kann Geld der Gerechtigkeit dienen?
Oder dem Frieden?
Was soll ich tun?
fragt der Verwalter.
Was soll ich tun?
frage ich, fragt jede und jeder von uns.

Du musst dich entscheiden, sagt der Bibeltext.
Für Gott oder das Geld.
Geld oder Leben!
Das hört man manchmal im Krimi.
Aber es stimmt.
Gott wählt das Leben.
Geld ist nur ein Mittel.
Für Gerechtigkeit.
Für Frieden.
Für Freundschaft.

Setz' alles auf die Liebe, sagt Gott.
Wähle das Leben.
Du kannst dich entscheiden.
Du kannst es.
Ich vertrau dir!
Sagt Gott.

Lied 92, 1+2+7 Sonne der Gerechtigkeit (Begleitung Kreuzweise)

IV Geistliches Wort
... auf Sendung

Krimi[78]

Blei für den Oberkirchenrat. Einen Krimi mit diesem Titel schenkte mir vor einigen Monaten ein Freund mit einem gewissen Augenzwinkern zur Wahl in die Leitung der Evangelischen Kirche im Rheinland.

Guten Morgen, liebe Hörerinnen und Hörer. Ich bin Klaus Eberl, Pfarrer und seit einem halben Jahr Oberkirchenrat in Düsseldorf.

Und ich liebe Krimis. Nicht im Fernsehen. Da fließt zu viel Blut. Aber als Geschichte, als Roman. Es geht darum, das Leben in aller Schuldverstricktheit zu verstehen. Im Krimi wie in der Kirche geht es um Schuld und Vergebung, um Gerechtigkeit und verlorene Illusionen, um Angst und Befreiung. Der Krimi bietet Lebensbewältigung im Reagenzglas.

Da ist der Reiz des Ratens. Mit dem Lesen beginnt ein Wettlauf zwischen Autor und Leser. Fährten werden ausgelegt. Sie sollen den Leser in die Irre führen, sollen ihn verzweifeln lassen bei der Suche nach dem versteckten Wer. Wahrheitsfindung ist selten. Oft wird jemand als Täter entlarvt, der von allem Verdacht frei schien. Denn Menschen tarnen sich im Spiel des Lebens.

Krimis sind eine Schule für die Augen. Man lernt, genau hinzusehen. Die kleinen Zeichen und Indizien sind wichtig. Sie offenbaren den wahren Sachverhalt.

Schließlich geht es darum, den dunklen Punkt in der Geschichte zu finden, von dem aus alles Unheil seinen Anfang nimmt. Jede Detektivgeschichte hat ihren Sündenfall. Krimis sind ein Spiegel unserer Welt. Wer ist der Schurke, wer das Opfer? Wie können die dunklen Mächte der Angst vertrieben werden? Wem kann man trauen? Worauf darf ich hoffen, wenn alles zerbricht?

Der Sinn des Lebens als das große Rätsel, das es zu entschlüsseln gilt. Es wäre ja denkbar, dass auch die Suche nach Gott Momente einer Detektivgeschichte aufweist. Fährten werden aufgenommen und verworfen, Experten befragt. Letzte Beweise fehlen immer. Man ist auf Indizien angewiesen. Verlässlich sind allein die Zeugen. Ihre

---

[78] WDR 5, Geistliches Wort, 14.10.2007

Texte als Ur-Kunden des Glaubens haben entscheidendes Gewicht in der Beweisführung. Christenmenschen sind eben Spurensucher. Vielleicht lesen sie deshalb so gern Krimis.

Zwischenmusik So what - A. Jackson, M. Petrucciani and St. Gadd, Trio in Tokyo

Im vierten Kapitel des Buches Genesis wird Kains Brudermord erzählt. Ein Krimi. Kain und Abel sind ungleiche Brüder. Die Namen geben Hinweise auf ihre Persönlichkeit. Kains Name erinnert an Kraft, Stärke und Geschicklichkeit. Abel - das bedeutet so viel wie Hauch - oder: Nichts. Kein Wunder, dass Abel im Schatten seines großen Bruders lebt. Ich stelle ihn mir etwas blass vor. Er versucht, den Menschen aus dem Wege zu gehen. Nur bei seinen Tieren fühlt er sich sicher. Denen ist er gewachsen. Kain dagegen ist jemand auf der Überholspur des Leben. Immer der Erste. Immer der Stärkste. Immer der Beste. Zupackende Hände hat er. Auf ihm ruht der Stolz der ganzen Familie.

Es begab sich aber nach etlicher Zeit, dass Kain dem HERRN Opfer brachte von den Früchten des Feldes. Und auch Abel brachte von den Erstlingen seiner Herde und von ihrem Fett. Und der HERR sah gnädig an Abel und sein Opfer, aber Kain und sein Opfer sah er nicht gnädig an. Da ergrimmte Kain sehr und senkte finster seinen Blick.

Das ist ein Schock! Da wird ja alles auf den Kopf gestellt! Abel, dieser Nichts, kommt bei Gott gut an. Und Kain, der starke Typ, der geborene Gewinner, geht leer aus. Wenn das keinen Ärger gibt!

Es gibt Ärger. Die beiden ungleichen Brüder streiten um die Gunst des Himmels. Sie ringen um Anerkennung. Ich muss daran denken, wie es mir geht, wenn ich mich anstrenge, wenn ich für etwas Opfer bringe, und am Ende nichts herauskommt. Was macht man nicht alles, um anerkannt zu werden und Erfolg zu haben! Wie strengt man sich an, um geliebt zu werden! Kain will die Liebe herbeizwingen. Er meint, er hätte sie verdient. Er meint, er hätte doch alles vorzuweisen, was zählt: Kraft, Intelligenz, Geld, Männlichkeit. Er ist der aufbegehrende Mensch, der einfallsreiche. Er weiß, was er wert ist. Wie kann Gott das übergehen? Wie kann er Abel auch nur ansehen.

Gott durchkreuzt Kains Maßstäbe. Die Regeln der Weltkinder sind ihm egal. Er erwählt das Schwache, Verletzliche, Unvollkommene. Er zerbricht nicht das geknickte Rohr, sondern richtet es auf. Erstgeburtsrechte und die Pose der Macht sind ihm egal. Seine Liebe ist unberechenbar dem Schwachen zugewandt.

Kain kann das nicht akzeptieren. Er will es auch nicht. Wie wahnsinnig steigt die Wut in ihm hoch. Er kocht richtig. Da nimmt das Unheil seinen Lauf. Im Affekt schleift er seinen Bruder aufs Feld hinaus. Er erschlägt ihn. Und Blut tränkt die Erde.

Da sprach Kain zu seinem Bruder Abel: Lass uns aufs Feld gehen! Und es begab sich, als sie auf dem Felde waren, erhob sich Kain wider seinen Bruder Abel und schlug ihn tot.

Jetzt ist es passiert. Der Krimi der Weltgeschichte nimmt seinen Anfang. Offenbar halten uns die ersten Kapitel der Bibel vor Augen, dass die Entfremdung des Menschen von Gott und die Vertreibung aus dem Paradies ihre Entsprechung findet in Mord und Todschlag, in einer Blutspur, die sich durch die Jahrhunderte zieht.

Genau betrachtet ist der starke Kain zu schwach, eine friedliche Lösung des Geschwisterkonfliktes zu finden. Es wäre ja durchaus eine hoffnungsvolle Variante der Geschichte denkbar gewesen. Kain erschlägt den Bruder nicht. Er traut sich die Lektion des Lebens zu, dass nicht alles machbar, kaufbar, erreichbar ist. Er lernt, stockend, mühsam vielleicht, dass Liebe nicht verrechenbar ist, dass Gottes Gnade frei ist. Das Wort Verantwortung erscheint hier am Horizont des Denkens. Gerechtigkeit und Friede scheinen auf. Wir wissen, dass diese Variante der Geschichte selten ist. Die Tageszeitung präsentiert andere Schlagzeilen: Der Friede wird nicht gewagt. Die Falken jagen die Tauben. Die Reichen teilen ihren Überfluss nicht mit denen, die nichts haben und nichts sind. Die Starken leihen ihre Kraft nicht den Schwachen. Es herrscht auf der Erde eben Krimizeit und nicht Heimatfilm.

Zwischenmusik Till Brönner; Bumpin´, Album Oceana

Die Suche nach dem Mörder ist kurz und prägnant. Wir sind schon im Bilde. Gott kommt dem Übeltäter mit einer Fangfrage auf die Spur. Es ist die Nagelprobe auf unser Menschsein. Denn da, wo die

Stimme des Blutes schreit, kann niemand recht leben. Kann niemand Vertrauen entwickeln. Kann niemand Zukunft planen. In einer Welt des Tötens und Hassens hat keiner Heimat. Also fragt Gott den Kain:

Wo ist dein Bruder Abel? Er sprach: Ich weiß nicht; soll ich meines Bruders Hüter sein? Er aber sprach: Was hast du getan? Die Stimme des Blutes deines Bruders schreit zu mir von der Erde. Und nun: Verflucht seist du auf der Erde, die ihr Maul hat aufgetan und deines Bruders Blut von deinen Händen empfangen. Wenn du den Acker bebauen wirst, soll er dir hinfort seinen Ertrag nicht geben. Unstet und flüchtig sollst du sein auf Erden. Kain aber sprach zu dem HERRN: Meine Schuld ist zu schwer, als dass ich sie tragen könnte.

Der Mörder ist gestellt. Vielleicht kann man vor der Polizei weglaufen, manchmal auch vor sich selbst. Aber vor Gott? Vor Gott kann man nicht weglaufen. Er stellt uns mit der Frage nach dem anderen, nach dem Bruder und der Schwester. Er fragt so beharrlich, weil es eine Illusion ist, allein das Leben bestehen zu wollen. Ohne Ergänzung. Ohne ein Gegenüber. Ohne ein Du. Ohne die Nachbarin, den Kollegen am Arbeitsplatz, den Mitbürger, den Gegner, die Freundin, den Nächsten, die Fernste. So kann niemand leben. Weil Gott den Menschen kennt und ihn liebt, schweigt er nicht zu Mord und Unrecht. Er bindet sogar die Glaubensfrage unlösbar an das Gelingen der menschlichen Beziehungen. Wo ist dein Bruder Abel?

Nun steht Kain mit leeren Händen vor Gott. Nun ist es vorbei mit Stärke und Souveränität. Die Siegerpose ist vergangen. Er ist eine Karikatur seiner selbst. Von der Überholspur des Lebens ist er auf den Standstreifen geraten. Das Wort Schuld wiegt tonnenschwer. Kaum zu ertragen. Kain sieht glasklar: Wer so scheitert, hat keine Zukunft verdient. Wer so viel Schuld auf sich geladen hat, muss daran zerbrechen. Es ist die gleiche Logik, mit der er um Gottes Liebe gebuhlt hat: Nur der Sieger ist Gott nahe. Nur der Starke hat einen Platz in der Welt. Wer ein Nichts ist, hat verspielt. Diese Logik sagt ihm: Es ist alles aus, alles vorbei.

Zwischenmusik Till Brönner; Love Theme from Chinatown

Es ist ein Mord geschehen. Die Motive konnten entlarvt werden. Der Mörder ist überführt. Er bekommt seine gerechte Strafe. Alles wird gut. Im Krimi wäre dies ein Happy End. Aber der Bibel geht es nicht nur um Gerechtigkeit, es geht ihr auch um Zukunft. Deshalb findet die Geschichte von Kain und Abel einen gnädigen Schluss.

Der HERR sprach zu ihm: Nein, sondern wer Kain totschlägt, das soll siebenfältig gerächt werden. Und der HERR machte ein Zeichen an Kain, dass ihn niemand erschlüge, der ihn fände. So ging Kain hinweg von dem Angesicht des HERRN und wohnte im Lande Nod, jenseits von Eden, gegen Osten.

Gott durchbricht die Kette der Schuld, indem er selbst den Mörder schützt. Das ist ein ungeheuerlicher Gedanke. Gott bleibt auch dem Sünder zugewandt. Er schützt ihn vor denen, die alles richtig machen, die sich auf ihre Anständigkeit etwas einbilden. Kain sieht nur noch die Scherben seines Lebens. Gerade da, wo für ihn alles verspielt scheint, schenkt Gott ihm seine freie, unverfügbare Liebe. Ein Zeichen wird ihm angeheftet. Ein Schutzzeichen. Später, viel später, haben Christen dieses Zeichen als das Kreuz gedeutet. In der Tat: in Jesu Kreuz wird unsere Schuldverstricktheit durchbrochen.

Kain jedenfalls darf einen neuen Anfang wagen. Gott gibt ihn nicht auf. Nicht den schwachen Abel, nicht den starken Kain, der zum Mörder wird. Gott hält an seinem Versprechen fest, dass das Leben gelingen kann. Unser klägliches Versagen ist nur ein schwacher Einwand gegen seine Hoffnung. Jenseits von Eden gibt es erstaunliche Neuanfänge, von denen Krimis nichts wissen, - aber der Glaube vertraut darauf, dass Gott sie in seiner Liebe zu den Menschen wagt.

Ich verabschiede mich von Ihnen, liebe Hörerin und lieber Hörer, und wünsche ihnen noch einen schönen Sonntag, vielleicht mit einem Krimi in der Hand - oder der Bibel.

SCHLUSSMUSIK

Ein Grab und eine Liebesgeschichte[79]

Guten Morgen, liebe Hörerinnen und Hörer! Ich bin Klaus Eberl, Pfarrer und Oberkirchenrat in Düsseldorf.

In der Evangelischen Kirche im Rheinland bin ich für Schulen zuständig. Wenn ich mit offenen Augen durch die Welt gehe, kann ich aber überall etwas entdecken und lernen. Ich möchte Ihnen von einem Friedhof erzählen, der mich fasziniert. Friedhöfe sind normalerweise traurige Stätten. Es wird geweint und Abschied genommen. Aber manchmal sind sie auch eine Schule für's Leben. So wie der Psalmist sagt: „Herr, Lehre uns bedenken, dass wir sterben müssen, auf dass wir klug werden" (Ps 90,12). Hinter den Steinen und Kreuzen, den Namen und Daten, ist oft noch eine andere Botschaft verborgen. Ich erfahre, was den Menschen wichtig war, wofür sie gelebt und gekämpft haben. Und was der einzige Trost im Leben und im Sterben ist.

Mein liebster Friedhof befindet sich in Roermond, kurz hinter der Grenze in der niederländischen Provinz Limburg. Der alte Kirchhof ist ein ehrwürdiger Ort, mehr als zweihundert Jahre alt. Im Schatten der Kapelle von „Onze Lieve Vrouw in t'Zand" stehen pompöse Mausoleen neben unscheinbaren Gräbern. Und imposante Denkmale erinnern an die Großen der Stadt. Selbstdarstellungen in Stein und Marmor wollen in rührender Naivität Ruhm und Ehre der Vergänglichkeit entgegensetzen.

Zwischenmusik: Ufermann: Befiehl du deine Wege

Natürlich werden auf Friedhöfen auch Liebespaare zu Grabe getragen. An einer abgelegenen Stelle des Roermonder Friedhofs befindet sich ein besonderes Grab. Es erzählt von der Liebe zweier Menschen

---

[79] WDR 5, Geistliches Wort, Juni 2008

aus dem 19. Jahrhundert - als Zeichen für die Nachwelt, als Schule für's Leben.

Friedhöfe sind ein Spiegel der Zeiten. Und weil die Welt - und darum auch der Tod - geordnet sein muss, trennt seit alters her auf dem Roermonder Friedhof eine Backsteinmauer den großen katholischen Teil vom kleinen protestantischen - und beide zusammen vom winzigen jüdischen. Eine Mauer zwischen den Konfessionen und Religionen. Heute, im Zeichen der Ökumene, scheinen die Grenzen zwischen den Kirchen nicht mehr so wichtig zu sein. Im 19. Jahrhundert trennten sie Welten und Menschen. Ältere Paare in konfessionsverschiedenen Ehen können durchaus ein Lied davon singen, dass es noch vor wenigen Jahrzehnten nicht leicht war, diese Grenze zu überspringen. Sie sehnen sich nach Gemeinschaft, die das Trennende überwindet. Denn die Liebe macht solche Mauern lächerlich.

Jacobus und Josefine Gorkum liebten sich so, dass keine Mauer sie trennen konnte. Jacobus wurde 1803 in Amsterdam geboren. Seine Familie war - wie die meisten Leute in der Hauptstadt - protestantisch. Wie seine Vorfahren schlug er die Militärlaufbahn ein. Irgendwann muss es ihn nach Roermond verschlagen haben, wo er seine große Liebe traf: Josefine. Josefine wurde 1820 als Tochter des Freiherrn van Aefferden geboren. Eine streng katholische Limburger Familie von adligem Stand. So steht es auf dem Grabstein. Keine guten Voraussetzungen für eine Ehe im Zeitalter konfessioneller und sozialer Trennungen. Aber das ungleiche Paar überwand alle Widrigkeiten und heiratete. Adlig oder bürgerlich - was spielt das für eine Rolle? Grenzen der sozialen Ordnung - egal. Mauern zwischen den Kirchen - belanglos. Die Liebe von Jacobus und Josefine war legendär in Roermond. Ich kann mir ausmalen, was es im 19. Jahrhundert bedeutete, nicht der Konvention zu folgen. Ein Skandal! Die Familien werden nicht begeistert gewesen sein. Was ist nur in Jacobus gefahren, dass er sich Hals über Kopf in eine Katholikin verliebt! werden die Gorkums gedacht haben. Und die hohe Familie des Freiherrn van Aefferden war entsetzt: Wie kann sich Josefine einem Protestanten, noch dazu einem Bürger, an den Hals werfen! Eine Schande!

Zwischenmusik: Stacy Kent, What the world needs now is love

130

Der Grabstein belegt: Diese ungleiche Liebe war stark und fest und ließ sich durch die schwierigen Umstände nicht beirren. Die Ehe hielt bis ans Lebensende. Fünf Kinder bekam das Paar, und alle waren glücklich miteinander. Wenn es Märchen wäre, würde man sagen: Und wenn sie nicht gestorben sind, dann leben sie noch heute. Aber es war kein Märchen. Nur eine starke Liebe. Jakobus starb im Jahre 1880.

Mit dem Tod von Jacobus stellte sich ein neues Problem. Hatte das Ehepaar im Leben eine kunstvolle Brücke zwischen den Konfessionen gebaut, so drohte es im Tod entzweit zu werden. Die starre Ordnung der Stadt Roermond ließ keine gemeinsame Grabstätte für die katholische Josefine und den protestantischen Jacobus zu. Der katholische und der protestantische Teil des Kirchhofs war durch eine hohe Backsteinmauer getrennt. Was tun? „Mit meinem Gott kann ich über Mauern springen", bekennt ein Beter Israels (Ps 18,30). Und tatsächlich sprang auch die Familie Gorkum. Denn Liebe sucht immer ungewöhnliche Wege. In einem abgelegenen, ärmeren Teil des Friedhofs bekam Jacobus eine Grabstätte direkt an der Mauer. Und Josefine sicherte sich ein Grab genau auf der anderen Seite. Wenn sie nicht in ewiger Ruhe nebeneinander liegen konnten, so doch wenigstens Kopf an Kopf. Als Josefine einige Jahre später starb, wurde sie genau gegenüber begraben. Die Kinder, die in die Schule dieser Grenzen überwindenden Liebe gegangen waren, ließen auf beiden Seiten zwei gleiche, schneeweiße Grabmale errichten. Sie sind gut drei Meter hoch und überragen die trennende Mauer nicht wenig. Und aus jedem Grabstein ragt ein Arm über die Mauer hinweg. Josefine und Jacobus halten seither ihre Hände fest verschlungen. Ein Grab, das eine Schule für's Leben ist. Es zeigt, wie die Liebe Grenzen überwindet. Zu Recht schwärmt das Hohelied der Bibel: „Liebe ist stark wie der Tod!" (Hld. 8,6)

Eigentlich müssten Christenmenschen besonders kreativ sein, wenn es darum geht, Mauern zu überspringen und Trennendes abzubauen. Wie Jacobus und Josefine. Denn sie wissen: wir sind geliebte Söhne und Töchter Gottes. Aber das ist nicht einfach. Wer Schlagbäume zersägt und Mauern einreißt, geht Risiken ein. Liebe ist immer ein Wagnis.

Wenn ich das „Grab mit den Händen", wie es in Roermond heißt, betrachte, muss ich an die vielen Grenzen denken, die es noch in der Welt gibt und an all das Trennende, das Jesus überwinden musste. Auch seine Liebe zur Welt: Ein Wagnis! Es hat ihn nicht davon abgehalten, Barrieren mutig einzureißen oder sie phantasievoll zu überwinden. Und Brücken zu bauen, wo andere nur tiefe Gräben sehen. Das hat ihn leiden lassen. Das hat ihn an's Kreuz gebracht. Aber es hat uns die Freiheit geschenkt, fröhlich auf Mauern zu balancieren, die sich unnötig wichtig nehmen.

Die Urkunden des Glaubens zeugen davon, dass er die Grenze zwischen den Völkern und Kulturen auflöst, indem er sein Heil allen zusagt. Der ganzen Welt. Nicht einer exklusiven Gruppe Auserwählter. Gottes Liebe schließt nicht aus. Sie stiftet Gemeinschaft, die tragfähig ist auch in den Krisen und Auseinandersetzungen des Alltags. Gott liebt die ganze Welt mit all ihren Brüchen und Unzulänglichkeiten, mit Schuld und Versagen.

Er verbindet Reiche und Arme - und macht das Teilen zu einer Angelegenheit des Glaubens.

Gottes Liebe hebt die Grenze zwischen den Geretteten und Verlorenen auf, weil sich ja niemand am eigenen Schopfe aus dem Sumpf ziehen kann. Keiner kommt ohne Hilfe und Vergebung aus.

Gottes Liebe kommt uns sogar entgegen. Der Sohn, der aufbricht, um seine Freiheit zu erproben, muss im Scheitern nicht zu Kreuze kriechen. Der Vater wartet mit offenen Armen. Denn jedem steht in der Perspektive des Glaubens mehr Anerkennung, mehr Zukunft zu, als er nach rein menschlichem Maß verdient.

Zuletzt und endgültig hebt die Liebe Gottes auch die bitterste Grenze auf, den Abgrund zwischen Tod und Leben. Eine Grenze, die wehtut wie ein Stachel im Fleisch. Jesus, der Gekreuzigte, wird auferweckt. Wo alle das Ende sehen, blüht ein neuer Anfang. Christus lebt und ist in seiner Gemeinde gegenwärtig.

Zwischenmusik: Hans Zimmer: Now we are free

An all das muss ich denken, wenn ich auf das „Grab mit den Händen" schaue. Auch an die Mauern, die es noch immer gibt. Sie sind meist nicht aus Steinen gebaut. Aber sie trennen schmerzhaft die

Welt, in der wir leben. Unsichtbar zerschneiden sie, was Gott zusammengefügt hat. Die Beispiele sind den meisten Menschen bewusst und gerade deshalb ein Skandal!

In kaum einem Land sind Bildungschancen der Kinder so abhängig vom Einkommen der Eltern wie bei uns. Ohne eine abgesicherte Familie sinken die Perspektiven von Schülern dramatisch. Die Aussortierung ist früh abgeschlossen. Nach wenigen Schuljahren sind die Fronten im Großen und Ganzen abgesteckt. Die Schulversager erkennen sich selbst bereits als Schulversager. Die Sieger enteilen mit Siebenmeilenstiefeln. Lernen, das auf die Bedürfnisse des Einzelnen eingeht - wie ist das mit 35 Schülern in einer Klasse möglich? Durchlässigkeit der Schulformen oder eine Schule für alle, die jedem Kind die Förderung zukommen lässt, die es braucht - wer will das wirklich bezahlen? Dazu wäre eine große Liebe nötig wie die von Jacobus und Josefine - und die Phantasie, Mauern zu überspringen - zumindest aber den eigenen Schatten.

Das Wagnis der Einheit ist ein schwieriges Projekt: Einheit in der Vielfalt. Gemeinschaft mit ganz unterschiedlichen Profilen im Wissen, dass wir der Ergänzung bedürfen. Niemand ist ganz und vollkommen ohne den anderen.

Ich schaue auf die Mauern und denke an das, was Menschen sichtbar und unsichtbar trennt. Wer streckt die Hand aus, um Grenzen zu überwinden? Wer hat die Phantasie, Trennungen lächerlich zu machen? Wer traut der Liebe mehr als allem Streit? Wer glaubt Gott? Im Johannesevangelium lese ich von der Liebesgeschichte Gottes mit den Menschen: „Denn also hat Gott die Welt geliebt, dass er seinen eingeborenen Sohn gab, damit alle, die an ihn glauben, nicht verloren werden, sondern das ewige Leben haben." (Joh 3,16). Wer das lernen will, kann bei Jacobus und Josefine in eine gute Schule gehen.

Schlussmusik: Hans Zimmer: Now we are free

Conny zieht aus[80]

Conny zieht aus. Große und kleine Kisten werden in den kurzfristig gemieteten Lieferwagen geladen. Der Schrank wurde sorgfältig zerlegt, damit er transportiert werden kann. Sitzmöbel und ein nagelneues Bett kommen hinzu. Dann schließt sich die Heckklappe und es geht los.

Guten Morgen, liebe Hörerin und lieber Hörer, mein Name ist Klaus Eberl. Ich bin evangelischer Pfarrer und Oberkirchenrat in Düsseldorf. Ich weiß nicht, welche Erinnerungen Sie mit Umzügen verbinden. Für die meisten ist es eine Last. Eine Strapaze.

Für Conny nicht. Sie freut sich riesig. Lange hat sie auf diesen Tag gewartet. Und sich vorbereitet. Gemeinsam mit sieben weiteren jungen Leuten für die Wohngemeinschaft, in der sie einziehen wird. Schon vor einigen Jahren haben die Planungen begonnen. Trotzdem haben alle nur eine vage Vorstellung von dem, was auf sie zukommt. Die Freude unbändig: Endlich raus aus der Umklammerung der Eltern! Endlich frei sein! Endlich auf eigenen Füßen stehen! Conny ist Anfang zwanzig. Sie und ihre Freunde haben eine geistige Behinderung.

Musik: Stacey Kent: What a Wonderful World

Conny und ihre Freunde ziehen in eine Wohngemeinschaft in der Mitte der Stadt. Menschen mit Behinderungen haben ganz ähnliche Bedürfnisse und Probleme wie ihre übrigen Altersgenossen, wenn sie den Sprung aus der behüteten Atmosphäre des Elternhauses wagen. Das Leben organisieren, für sich selbst sorgen, der Sehnsucht nach Zärtlichkeit Ausdruck verleihen, verantwortlich miteinander umgehen, kochen, waschen, Hausarbeit ... Einige Mitbewohner Connys waren vorher stationär untergebracht. Der Wechsel vom Heims ins ambulant betreute Wohnen war mit einem intensiven Trainingsprogramm verbunden. Nun kann es losgehen. Mitten in der Stadt entsteht ein Projekt, das für die betroffenen jungen Leute, die Eltern, die Nachbarn, aber auch für die Kirchengemeinde vor Ort und die diakonische Einrichtung, die die Assistenz organisiert, ein Abenteuer

---

[80] WDR 5, Geistliches Wort, 18.1.2009

ist. Auf alle Beteiligten wartet eine Zeit voller Überraschungen und neuer Erfahrungen.

Selbstständiges Wohnen ist für Menschen mit Behinderungen auch heute keine Selbstverständlichkeit. Schon in den 60er Jahren entwickelte sich in den USA die Independent-Living-Bewegung. Rollstuhlgerechte Wohnungen wurden gesucht, ein Helferpool aufgebaut. Jedem Menschen mit Beeinträchtigungen sollte die Entscheidungsfreiheit gegeben werden, wo er leben will: Im Heim, in der Familie oder unabhängig. Es dauerte lange, bis diese Bewegung auch in Deutschland an Bedeutung gewann. Viele Eltern opfern sich auf, um ihr Kind zu betreuen und ihm die nötige Geborgenheit zu geben. Sie haben Angst vor dem Zeitpunkt, an dem sie dazu nicht mehr in der Lage sind. Noch vor 20 Jahren gab es dann kaum eine Alternative zum Heim oder zur Anstalt. Im 19. Jahrhundert war die Anstalt ein fortschrittliches Modell. Hier konnten pädagogische Anstrengungen, Arbeits- und Wohnmöglichkeiten miteinander verbunden werden. Allerdings war die Entwicklung einer Sonderwelt für Menschen mit Behinderung die Folge. Oft wurden sie zu bedürfnislosen „Sorgenkindern" gemacht, die christliche Nächstenliebe brauchen, aber nicht eigene Wege gehen können. Die einen geben, die anderen empfangen. Die einen sind stark, die anderen schwach. Die einen sind gesund, die anderen krank und - ziemlich arm dran. Hilfe als Einbahnstraße. Das hat sich geändert. Auch bei uns ist das Bild von Behinderung im Umbruch. „Nichts über uns ohne uns" heißt nun das Leitmotiv. Oder auch: „Es ist normal, verschieden zu sein." Selbstbewusst werden solche Sätze gesprochen. Denn Menschen mit Behinderung sind Experten in eigener Sache. Deshalb wird über kurz oder lang Gras über die Anstalt zu wachsen. Immer mehr Großeinrichtungen werden aufgelöst. Gleichzeitig werden dezentrale Wohnprojekte geschaffen. „Daheim statt Heim" nennt sich die Initiative, die Behindertenhilfe mitten in der Bürgergesellschaft ansiedeln will.

Mit Connys Auszug hat auch für ihre Mutter eine spannende Zeit begonnen, die von einem Wechselbad der Gefühle begleitet wird. Fragen über Fragen! Ist es nicht zu früh für den Auszug aus der Familie und der vertrauten Umgebung? Wird sie glücklich (ohne die Eltern)? Gelingt es, Verantwortung abzugeben und trotzdem die Bindung zu behalten? Den offenen Fragen stehen die Chancen gegenüber. Denn die Eltern freuen sich auch auf die Entlastung von der Sorge, die sie schon so lange tragen. Alle Eltern der neuen Wohngruppe setzen ihre Hoffnung auch auf die Menschen, die ihre Kinder begleiten werden: die Assistenten, die Nachbarn, die gesellschaftlichen Institutionen, die Kirchengemeinde. Neue Brücken sollen gebaut und ihre Tragfähigkeit erprobt werden. Wird alles gut? Connys Mutter weiß: Zum Normalisierungsprinzip gehört auch die Bereitschaft, Risiken in Kauf zu nehmen.

Musik: Chris Botti: What'll I Do

Ich sehe den Lieferwagen vor dem Haus von Connys Eltern und muss an Abraham im Anfangsbuch der Bibel denken. Da zieht jemand aus. Nicht um das Fürchten zu lernen, wie es im Märchen heißt, sondern um etwas Neues zu suchen, das er noch nicht kennt. Eine seltsame Geschichte ist das. Abraham macht sich auf den Weg und verlässt seine Heimatstadt. In Haran geht es ihm gut, sehr gut sogar. Er hat alles, was man sich wünschen kann: Liebe Menschen, die sich um ihn kümmern. Genug Geld, um sorgenfrei zu leben. Alles ist ihm vertraut. Jede Straße. Jedes Haus. „Warum machst Du das, Abraham?" werden die Leute gefragt haben. „Mach' keinen Quatsch!" „Wer weiß, was auf dich zukommt." „Wirst du das überhaupt schaffen?" Lange hat Abraham überlegt, was richtig ist. Mit seiner Frau und seinen Freunden hat er alles besprochen, das Für und Wider abgewogen. Jetzt ist die Entscheidung reif.

Abraham ist neugierig auf das Leben, das Gott ihm verspricht. Jedes Wort, das Gott gesagt hat, bewegt er in seinem Herzen: „Geh aus deinem Vaterland … in ein Land, das ich dir zeigen will. Und ich will dich segnen und du sollst ein Segen sein." Lange hat Abraham über diese Worte nachgedacht. Kann ich mir das zutrauen? Soll ich mich nicht zufrieden geben mit meinem kleinen Glück, das ich in Haran erlebe? Da packt Abraham packt seine Sachen, bricht auf und macht sich auf den Weg. Er träumt von einem Ort, der genau zu ihm passt. Er sucht eine Geborgenheit, die seine Freiheit respektiert. Seine Vorstellungen von Heimat und Fremde werden dabei kräftig durcheinander gewirbelt. Es gibt keine Sicherheit, an der er sich festhalten kann. Nur die Zusage Gottes: Ich bin mit dir auf dem Wege.

Bei der Suche nach dem versprochenen Land bist du nicht allein. Ich will dich segnen.

Musik: Hans-Jürgen Hufeisen: Kanon

Ich bin sicher: Auch Connys Aufbruch steht unter dem Segen Gottes. Als wir die ersten Kisten in die Wohnung tragen, steht im leeren Zimmer zunächst nur ein einsamer Stuhl. Der Stuhl ist für mich ein Symbol. Es geht um eine Kultur, in der jeder Mensch einen Platz hat. Es geht um eine Kultur des Zusammenlebens von Menschen mit sehr unterschiedlichen Bedürfnissen. Jeder und jede soll mit den eigenen Fähigkeiten und Grenzen ganz dabei sein. Einen festen Platz in der Gesellschaft haben, der der eigenen Persönlichkeit Rechnung trägt.

Conny ist jedenfalls schnell in der neuen Umgebung heimisch geworden. Die Kontakte bereiten ihr viel Freude. Sie ist freier geworden. Mit ungeahnter Selbstverständlichkeit geht sie auf andere Menschen zu, macht neue Erfahrungen. Dabei wächst das Selbstvertrauen mit jedem Schritt, der gelingt. Das Wagnis steht deutlich vor Augen. Für alle Beteiligten. Besonders den Eltern ist das bewusst. Sie geben ein Stück weit das zukünftige Leben ihrer Kinder aus der Hand, in der Hoffnung, dass andere Menschen dieses Leben akzeptieren, damit das eintreten kann, was jeder Mensch sich wünscht: angenommen und geliebt zu sein. Sie hoffen auf Integration oder - besser ausgedrückt - Inklusion. Denn verändern müssen sich bei diesem Aufbruch alle Beteiligten.

Kirchengemeinden bieten für diese Integrationsaufgabe gute Voraussetzungen. Es gehört zu den biblischen Grundlagen ihrer Arbeit, dass die Wertschätzung eines jeden Menschen, seine Würde, eine unverfügbare und unverlierbare Gabe Gottes ist:

- Wir sind von Gott gewollt. Das heißt: Jeder einzelne Mensch hat Würde und Persönlichkeit. Behinderung ist kein Makel, kein Defizit. Leistungen sind wichtig, aber an ihnen entscheidet sich nicht, ob jemand ein sinnvolles Leben führt.

- Wir sind von Gott geliebt. Das heißt: Gott kennt keine hoffnungslosen Situationen. Behinderung ist eine Herausforderung, die entstehenden Aufgaben solidarisch zu bewältigen.

- Wir sind von Gott befreit. Das heißt: Die Regeln, die für ein „normales" Leben bereitstellt werden, habe keine endgültige Bedeutung.

Der Integration ist nämlich wechselseitig zu verstehen. Nicht (allein) Menschen mit Behinderungen bedürfen des Lernens und - z.B. - der Einstellung auf eine neue Wohnsituation, sondern auch die Gesellschaft, in der sie leben. Um das zu verstehen, genügt eine einfache Erinnerung. In christlicher Perspektive ist jeder (!) Mensch auf Hilfe angewiesen, ein imperfektes Wesen. Kein Mensch ist eine Insel. Menschsein heißt „In-Beziehung-Sein". Wir sind eingebunden in lokale und globale Zusammenhänge, ein Netz, das uns tragen kann, das uns aber auch verwundbar macht. Nicht aus den Fähigkeiten des Menschen resultiert seine Würde, sondern aus der Bejahung, die von Anfang an für jeden gilt. Wo dies gelebt wird, entsteht etwas neues, das wir noch nicht kennen.

Conny ist ausgezogen. Das Abenteuer selbstbestimmten Lebens beginnt täglich neu.

Musik: Máire Brennan: Follow The Word

Offen ist gut[81]

Guten Morgen, liebe Hörerin und lieber Hörer! Ich bin Klaus Eberl, Pfarrer und Oberkirchenrat in Düsseldorf.

Sind Sie eigentlich ein offener Mensch? Offen ist gut. Offene Augen blicken uns an. Offene Arme empfangen uns. Ein offenes Haus strahlt Gastfreundlichkeit aus. Eine Kirche, die vom offenen Himmel erzählt, lädt zum Glauben ein. Und ein offenes Wort und offene Ohren sind Voraussetzung für gelungene Gespräche. Offen ist gut.

Aber Offenheit ist nicht selbstverständlich. Manchmal schaffe ich es nicht, offen zu sein. Alles ist zu und versperrt. Dann kann ich einfach nicht mehr. Ich finde den Schlüssel nicht und möchte mich am liebsten verkriechen. Wir alle kennen solche Situationen. Hindernisse stellen sich in den Weg. Einfach so. Ohne dass jemand Schuld trägt. Ein Unglück, fatale Fehler, Schicksalsschläge, Krankheiten. Barrie-

---

[81] WDR 5, Das Geistliche Wort, 25.4.2010

ren, die niemand überwinden kann. Dann ist die Tür zu. Die Zukunft verschlossen. Dann geht nichts mehr rein noch raus. Wenn dann einer käme, um uns zu öffnen ...

Musik: Keith Jarrett, The Köln Concert, Part I

Sie brachten zu Jesus einen, der taub und stumm war, und baten ihn, dass er die Hand auf ihn lege. Jesus nahm ihn aus der Menge beiseite und legte ihm die Finger in die Ohren und berührte seine Zunge mit Speichel. Er sah auf zum Himmel, seufzte und sprach zu ihm: Hefata!, das heisst: Tu dich auf! Und sogleich taten sich seine Ohren auf, und die Fessel seiner Zunge löste sich, und er redete richtig.

Das Markusevangelium erzählt, dass Jesus sich in einer Gegend mit schwierigen Menschen befindet. Verschiedene Kulturen, Religionen und Denkweisen prallen aufeinander. Dekapolis, das Gebiet der Zehn Städte, ist eine fremde Welt, ein unwirtliches Land. Vorurteile verhindern Begegnung. Jesus sieht Leute, denen nichts zugetraut wird, die nichts von Glaube, Hoffnung und Liebe verstehen.

Ihnen, die weder mit den Ohren noch mit dem Herzen gut hören, pflanzt Jesus eine neue Erfahrung ins Ohr: Alles wird gut. Ihr seid geliebt. Das Zerbrochene und Zerstörte wird heil. Taube hören, Sprachlose reden. Wir werden nicht auf unsere Fehler festgelegt. Nicht auf unsere Defizite. Nicht auf unsere Krankheit. Nicht auf unsere Begrenzungen. Plötzlich steht die Tür für einen Neuanfang offen. Denn es gibt keine hoffnungslosen Situationen. Nicht für den Glauben. Kein Wunder, dass darüber das große Sich-wundern ausbricht, in einer Welt, in der das Geld regiert und die Leistung, in der aufgerechnet und abgerechnet wird, in der viel gesprochen aber wenig gesagt und noch weniger zugehört wird. In einer Welt des „da kann man nichts machen".

Die Öffnung beginnt damit, dass Jesus die Grenzen und Mauern auf den Straßen und in den Köpfen nicht beachtet. Er geht einfach auf die Menschen zu, so wie sie sind, mit ihrer Lust und ihrer Last, mit Glauben und Zweifel, mit Glück und Krankheit. Seine Öffnung hat Folgen. Sie fassen Vertrauen ins Dasein. Die Leute öffnen sich.

Deshalb bringen sie zu Jesus einen Menschen, der nicht hören und nicht sprechen kann. Jesus nimmt ihn beiseite. Beiseite genommen -

das ist die alte Bedeutung des Wortes heilig. Nicht im Lärm der Menge, nicht einsam, sondern nahe bei Gott ist dieser Mensch. Er hat es nur noch nicht gemerkt. Und Jesus flüstert dem Taubstummen ein wundersames Wort ins Ohr: Hephata – öffne dich! Er berührt den Menschen. Er überwindet die Distanz. Zum Wort kommt die Tat. Er öffnet sich selbst und damit den anderen Menschen. Öffnung - das ist das Wunder, das in dieser Heilungsgeschichte geschieht – damals in den zehn Städten, heute dort, wo Barrieren mutig überwunden werden.

Musik: CD Keith Jarrett, The Köln Concert, Part II a

Die Bibel will mit dem Rätsel der Heilung nicht unsere rationale Erklärungssucht füttern. Aber sie provoziert eine Antwort auf die Frage, wie wir denn zu dem stehen, der diese Öffnung möglich macht: Jesus, der Heiland. Es geht um die Frage, wem wir Vertrauen schenken: Den Einteilungen, Barrieren, Vorurteilen, die falsche Sicherheit vorgaukeln? Geben wir der Resignation das letzte Wort? Oder dem, der uns öffnet für das Wagnis der Offenheit? Die Entscheidung ist schwieriger als wir glauben. Denn wir sind ständig von abgestumpfter Taubheit und kultivierter Sprachlosigkeit bedroht. Offenheit ist alles andere als selbstverständlich.

Was also ist zu tun in der Nachfolge Jesu, der sich und damit die Welt für Gott geöffnet hat? Viel und wenig zugleich: Die Ohren spitzen, um die ungeschrienen Schreie und ungesprochenen Worte der Menschen wahrzunehmen. Den Mund auftun für die Verstummten und stumm gemachten. Für die Sprachlosen, Elenden und Gequälten. Nähe wagen, wo sich alle abwenden. Um von der Hoffnung zu zeugen, die wir gehört und gesehen haben.

Hephata – öffne dich! Das Wort ist Programm. Vor gut 150 Jahren haben sich Gemeindeglieder in Rheydt für Menschen mit Behinderungen geöffnet. Hephata - das Wort wurde der Name für eine evangelische Stiftung, die sich der Förderung von Menschen mit Behinderungen widmet. Das war neu und bahnbrechend. Es ging um Achtsamkeit für die Gaben und Fähigkeiten, die in jedem Menschen stecken – ohne Ausnahme. Niemand konnte sich seinerzeit vorstellen, dass behinderte Menschen lernen und arbeiten können. Dass sie ein Recht auf Förderung haben. Auf Würde. Auf ein schönes Leben.

Damals schufen die Leute in Rheydt einen Ort, wo man das alles gemeinsam tun konnte: leben, lernen, wohnen, arbeiten. Anstalten waren im 19. Jahrhundert ein wegweisendes Modell der Behindertenhilfe. Sie wollten eine Gegenwelt zur Industriegesellschaft sein, eine „Stadt der Barmherzigkeit". Mit der Herausnahme aus den „normalen" sozialen Bezügen sollte alles Störende ferngehalten werden und ein Schonraum entstehen, in dem die Bewohner und Bewohnerinnen sich positiv entwickeln konnten. Aus Hephata wurde im Laufe der Jahrzehnte eine große Anstalt, eine Welt für sich, in der Menschen mit ungewöhnlichen Einschränkungen unter sich bleiben.

Heute geht die Stiftung andere Wege. Die Zeit der Anstalt vorbei. Heute öffnet sich Hephata erneut: mit der Auflösung dieser Sonderwelt. Eingeschlossen sein, isoliert von Nachbarn und Freunden, ausgeschlossen von alltäglichen Freuden und Leiden – das soll es nicht mehr geben. Seit dezentrale Projekte selbstbestimmten Wohnens ein Leben in der Nachbarschaft ermöglichen, ein Leben daheim statt im Heim, ist eine neue Lebendigkeit zu spüren. Ein Konzept, das allen Beteiligten zutraut und zumutet, sich zu verändern. Eine anspruchsvolle Aufgabe! Hephata öffnet sich mit Konzepten der sog. Inklusion, mit kleinen Wohnhäusern im Zentrum der Dörfer und Städte. Weil Menschen eben verschieden sind. Und Verschiedenheit eine Bereicherung ist. Weil jeder Mensch, unabhängig von seinen Fahigkeiten, ein Teil der guten Schöpfung Gottes ist. Ein Geliebter. Einer, dem Christus nahe ist. Einer, der von ihm berührt ist. Hephata löst die Anstalt auf, damit ein Leben ohne Barrieren möglich wird. Offen eben.

Musik: Keith Jarrett, The Köln Concert, Part II b

Offen ist gut. Was die Evangelische Stiftung Hephata als Institution leistet, muss jeder und jede immer wieder neu dem Leben abringen. Gut, wenn wir dann den Ruf Jesu hören: Hephata – öffne dich! Bei der Geschichte von der Heilung des taubstummen Jungen im Markusevangelium muss ich immer an meinen Freund Martin denken. Es ist vielleicht falsch, wenn ich jetzt sage, dass Martin auch nicht sprechen konnte. Denn: Er konnte sprechen! Sogar sehr gut! Was ist schon ein Pfarrer, der nicht sprechen kann? Erst recht ein Superintendent! Aber am Ende konnte er nicht sprechen. Besser gesagt: Er war ein Sprachloser, der redete. Und er redete viel und schön - und anders, als ich dachte.

Ich war Martins Stellvertreter und sein Freund. Am Ende seines viel zu kurzen Lebens erkrankte er an Kehlkopfkrebs. Eine schreckliche, tückische Krankheit, die dazu führte, dass man ihm den Kehlkopf wegoperieren musste. Da konnte er, der so wunderbar erzählen konnte, dass man sich sofort in eine andere Welt versetzt fühlte, nicht mehr sprechen. Was sollten wir tun? Viel zu schnell breitete sich die Krankheit aus – und mit ihr das Gift der Einsamkeit. Emails gab es damals noch nicht. Erst recht nicht die neuen elektronischen Erfindungen wie Facebook oder Chat Rooms und was es sonst noch so gibt. Ich griff regelmäßig zum Hörer und rief ihn an, um alles zu erzählen, was geschehen war. In der Kirche, in der großen und der kleinen Welt, in der Familie. Ich redete an gegen die Depression, gegen die Wut, gegen die Einsamkeit. Es ist furchtbar anstrengend, jemandem etwas zu erzählen und zu wissen, er antwortet nicht. Furchtbar anstrengend. Doch eines Tages antwortete er. Mit einer anderen Sprache. Mit seiner Sprache.

Martin war ein glänzender Pianist. Irgendwann hatte er am Ende meines Monologs die Idee, den Telefonhörer auf den Flügel zu legen und mir mit einem Musikstück zu antworten. Und dann machten wir das immer wieder. Er spielte mal fröhlich, mal deprimiert. Mal herausfordernd, mal beschwichtigend. „Er redete richtig" – so verstehe ich das heute mit dem Markusevangelium im Ohr. Er redete und ich hörte, wir redeten miteinander und hörten aufeinander. Er hat mir gezeigt, dass man auch mit Grenzen, mit Angst, mit Krankheit erfüllt leben kann.

Als Martin starb, gab mir seine Frau den Flügel. Zur Erinnerung. Er steht in unserem Wohnzimmer. Manchmal spielen die Kinder darauf. An Martin muss ich denken, wenn ich auf Jesus höre, wie er dem Taubstummen sagt: Hephata – öffne dich! Martin, stumm gemacht durch unheilbare Krankheit, hat am Ende seines Lebens noch einmal das Wort ergriffen. Die Ohren geöffnet für das Wort Gottes, das Kreuz Jesu vor Augen, war er gefeit für immer, nicht gegen das Sterben, wohl aber gegen den Tod. Er konnte es nicht lassen, davon zu reden, indem er in die Tasten griff. So offen war er – bis zuletzt.

Liebe Hörerin und lieber Hörer, ich wünsche ihnen noch einen schönen Sonntag. Öffnen Sie sich für das, was Gott Ihnen heute schenken will. Denn offen ist gut.

Musik: Keith Jarrett, The Köln Concert, Part II c

Betty Reis[82]

In den vergangenen Monaten ist häufig über Integration und den Dialog der Religionen diskutiert worden. Eine wichtige Aufgabe in einem Land, das sich rasant verändert. Das zwischen Traditionsabbruch und Beschwörung der christlichen Wurzeln taumelt. Unsere Gesellschaft lernt nur mühsam, wie unterschiedliche Kulturen und Glaubensüberzeugungen respektvoll miteinander umgehen können. Welche Rahmenbedingungen dabei zu beachten sind.

Guten Morgen, liebe Hörerin, lieber Hörer, mein Name ist Klaus Eberl. Ich bin evangelischer Pfarrer und Oberkirchenrat der Rheinischen Landeskirche. Während der hitzigen Debatten um die fragwürdigen Thesen eines ehemaligen Bundesbankers habe ich oft an die Geschichte jüdischer Bürger in Wassenberg denken müssen - eine Kleinstadt nahe der niederländischen Grenze, wo ich wohne. Seit Jahrhunderten hatten sie hier ihr Zuhause. Sie erlebten Zeiten verheerender Verfolgungen und rassistischer Repressalien, aber auch Phasen der Anerkennung und fröhlicher Gemeinschaft. Mitte des 19. Jahrhunderts schenkte ihnen der Bürgermeister ein Grundstück, auf dem sie ihre kleine Synagoge errichten konnten, unmittelbar neben der evangelischen Hofkirche. Die gute Nachbarschaft wirkte sich positiv aus. Um 1900 trafen sich der Synagogenvorsteher, der evangelische Pfarrer und der katholische Propst häufig zum Frühschoppen. Auch die anderen Mitglieder der jüdischen Gemeinde waren gut integriert. Sie arbeiten als Kaufleute, Viehhändler, Schneider. Sie engagierten sich im Heimatverein. Als der Erste Weltkrieg ausbrach, zogen sie mit ihren Nachbarn an die Front. Sie waren respektierte Mitbürger - bis sich 1933 alles änderte.

Musik:Comedian Harmonists, Irgendwo auf der Welt

---

[82] WDR 5, Das Geistliche Wort, 16.1.2011

Betty Reis war ein jüdisches Mädchen aus Wassenberg. Sie wurde 1921 geboren. Das kleine Haus, in dem sie zur Welt kam, steht noch. Sie wohnte dort mit ihren Eltern, ihrem Bruder Walter und einem Onkel. Hinter dem Haus gab es Ställe für Kühe, Kälber und Ziegen, die der Vater auf den Viehmärkten verkaufte.

1928 kam Betty in die Schule, wie alle jüdischen Kinder in die einklassige evangelische Volksschule. Denn die jüdische Gemeinde war nur knapp 30 Mitglieder stark. Die Synagoge wurde geachtet, der Sabbat treu gehalten. Das Wort Antisemitismus war damals noch ein Fremdwort. Die Kinder der Stadt spielten miteinander. Betty war eine gute Schülerin – mit ein paar Schwächen in Mathe und Erdkunde.

Mit der Machtübernahme Hitlers änderte sich die Situation schlagartig. Ihr Lehrer, der vorher freundlich mit ihr umgegangen war, entwickelte sich zum fanatischen NS-Jugendführer und Antisemiten. Als Mitglied der Deutschen Christen bekämpfte er - wie er sagte - das „jüdisch verseuchte Christentum" und ersetzte die Kreuze in den Schulen durch Hitler-Bilder. Sein schlechter Einfluss machte den jüdischen Kindern das Leben schwer. Die Stimmung in der Stadt kippte. Zunehmend mieden die Mitschüler den Kontakt mit Betty. Noch schlimmer wurde es, als das Fach Rassekunde auf den Lehrplan kam. Der Lehrer mißbrauchte Betty und ihren Bruder Walter als Anschauungsobjekte einer absurden Rassentheorie. Gleichzeitig wurden Hunger und Armut zu Hausgenossen der Familie Reis. Sie fanden keine Arbeit mehr, wurden vom öffentlichen Leben ausgeschlossen. Hätten nicht einige Nachbarn ihnen heimlich Milch, Mehl oder Kartoffeln zugesteckt, wäre ein Überleben nicht möglich gewesen. Ende 1937 gelang es Betty endlich, eine Stelle in Solingen als Dienstmädchen anzunehmen. Das Glück währte aber nur kurze Zeit. Die systematische Verfolgung jüdischer Bürger griff immer weiter um sich.

Trauriger Höhepunkt vor dem Krieg war die Reichspogromnacht im November 1938. Auch in Wassenberg zogen SS und SA zur Synagoge, zerstörten das Portal, schändeten die Thora-Rollen und zündeten das kleine Gebäude an, das für die jüdische Gemeinde 100 Jahre lang religiöse Heimat war. Vom Rauch angelockt strömten die Leute neugierig herbei, ohne die Brandstifter zu hindern. Nur von einem ist überliefert, dass er ausrief: „Ihr Verbrecher! Der Gott der Juden ist auch unser Gott!"

Betty und ihr Bruder Walter erlebten die Pogromnacht in Solingen. Walter war dort nicht bekannt. Betty aber war als Jüdin gemeldet, wurde aus dem Haus gerissen, in einen Keller verschleppt und machte dort körperlich und seelisch Unvorstellbares durch. Als gebrochene junge Frau kehrte sie nach Wassenberg zurück und wurde von ihrer Mutter gesundgepflegt.

Fortan gab es nur noch einen Gedanken: Weg aus Deutschland! Walter gelang es, im März 1939 über die Niederlande nach England zu fliehen. Aber Bettys Fluchtversuche scheiterten. Der beginnende Krieg machte ihre Situation nicht einfacher. Die gesamte Habe der Familie Reis wurde beschlagnahmt. Sie wurde mit anderen Juden in einem Ghetto in Heinsberg zusammengepfercht.

Nach der Wannseekonferenz und der dort beschlossenen „Endlösung der Judenfrage" nahm das Grauen seinen erbarmungslosen Lauf. Auch für Betty. Ihr Leidensweg brachte sie nach mehreren Deportationen über das Ghetto im polnischen Lodz nach Auschwitz und Bergen-Belsen. Dort kam sie im Dezember 1944 um. Niemand kennt ihr Grab.

Jan Gabarek: Legend of the Seven Dreams

Wahrscheinlich wäre das Schicksal der Betty Reis längst vergessen, hätte nicht Heribert Heinrichs[83], der Chronist der Stadt Wassenberg, ihre Geschichte recherchiert und Kontakt mit dem inzwischen in Kanada lebenden Bruder Walter aufgenommen. Zum Gedenktag der Pogromnacht 1988 hat die Theatergruppe der Evangelischen Kirchengemeinde die Geschichte der Synagoge und das Schicksal Bettys bearbeitet und in einer historischen Revue dargestellt.

Ein Jubiläum hätt' es sein können.
Und war nur das Jahr des Endes.
Oder war's der Anfang vom Ende?

---

[83] Heribert Heinrichs: Wassenberg. Geschichte eines Lebensraumes, Mönchengladbach 1987

In 18-38 ward ich in die Welt geworfen.
Die Synagog' in Storms-Jätzke.
Nicht an der Hauptstraß',
das war' der Liebe zu viel,
sondern abseits in der Gasse.
Gepriesen seiest du, Packenius,
liberaler Bürgermeister der Stadt,
weil du 35 Juden das Grundstück schenktest.
Gepriesen ihr aufgeklärten Bürger,
die ihr den Kindern Israel das Recht erstrittet,
ihr Freunde Lessings und des weisen Nathan.
Gepriesen die Französische Revolution;
mit ihr sprangen wir
aus finsterem Mittelalter
in die Neuzeit.
Hundert Jahre währte mein Leben
und diente nur der Ehre des Herrn,
dessen Name unaussprechlich ist,
der geführt hat aus mancherlei Sklaverei
und Not
und Unmündigkeit,
der Herr Abrahams, Isaaks und Jakobs.
Hundert Jahre nur,
da kamen die braunen Hemden
und rissen mir die Rollen der Thora
wie Gedärme aus dem Bauch.
Es riecht nach Benzin
in der Nacht,
da mehr als Kristall zerbrach.
Die raschen Flammen
brennen mir den Leib herunter
und künden von noch schlimmerem Rauch,
der emporsteigen wird.
Verweht?
Vergessen?
Der Schrei verhallt?
Die Tränen ungeweint?
Oder hab ich,

da die Mauern mir gebrochen sind,
einen Ort
bei euch
in eurem Gedenken?

Ein Theaterstück mit Folgen. Das Presbyterium der evangelischen Gemeinde beantragte, der neu errichteten Gesamtschule der Stadt den Namen von Betty Reis zu geben. Um die Erinnerung an den Nationalsozialismus und seine Greueltaten wach zu halten. Um ein Leitbild des Respekts vor Minderheiten zu entwickeln. Um zum interreligiösen Dialog zu ermutigen. Der Stadtrat stimmte zu. 1990 wurde die Betty Reis Gesamtschule gegründet.

Da geschah, was niemand zu hoffen wagte: Walter Reis, Bettys Bruder, meldete sich aus Kanada und besuchte die Schule. Nach dem Holocaust wollte er Deutschland eigentlich nie mehr betreten. Jetzt kam er, da seine ermordete Schwester ja in gewisser Weise eine Mitschülerin sei. Walter Reis diskutierte mit der Schulgemeinde über den Nationalsozialismus; über den notwendigen Dialog der Religionen, in den er wie selbstverständlich auch den Islam einbezog; über die Würde des Menschen. Eine Brücke in die Vergangenheit. Eine Furt in die Zukunft. Er lehrte Respekt vor dem Anderen und Toleranz. Unterschiedliche Begabungen und Kulturen sind keine Barriere. Sie können Bereicherung sein. - Er kam immer wieder. Jedes Jahr. Er bekräftigte alte Freundschaften mit den wenigen, die Familie Reis in der Zeit der Not unterstützt hatten. Er knüpfte neue. Er sorgte dafür, dass alte Wunden heilen und vernarben konnten.

Walter Reis war ein weiser Mann, ausgestattet mit einer großen Menschenfreundlichkeit. Seiner Heimatstadt, die ihm und seiner Familie so viel Leid zufügte, machte er ein unverfügbares Geschenk: Versöhnung.

Als Walter 2006 verstarb, wurde er seinem Wunsch gemäß auf dem alten jüdischen Friedhof in Wassenberg beerdigt. Schülerinnen und Schüler der Betty Reis Gesamtschule besuchen noch immer regelmäßig das Grab. Dort steht mittlerweile auch ein Gedenkstein für Betty und ihre Familie.

Jan Gabarek: He Comes From The North

Nein, Deutschland schafft sich nicht ab, wenn es den Dialog der Religionen voranbringt. Der Lernprozess ist kompliziert und mühsam. 1980 entschloss sich die Evangelischen Kirche im Rheinland „Zur Erneuerung des Verhältnisses von Christen und Juden". Ihr gleichnamiger Synodalbeschluss war damals wegweisend und ist es bis heute. Er hat großes Aufsehen erregt und vor einigen Jahren zur Änderung des Grundartikels der Kirchenordnung geführt. Dort heißt es nun:

„(Die Evangelische Kirche im Rheinland) bezeugt die Treue Gottes, der an der Erwählung seines Volkes Israel festhält. Mit Israel hofft sie auf einen neuen Himmel und eine neue Erde."

Gewiss, der Dialog mit dem Islam, der heute als große Aufgabe vor Augen steht, ist ungleich schwieriger. Kulturelle und institutionelle Hürden sind zu überwinden. Enttäuschung und Misstrauen machen sich immer wieder breit. Ein guter Anknüpfungspunkt für eine hoffnungsvolle Veränderung ist auch hier die Schule. Deshalb unterstützen die Kirchen einen islamischen Religionsunterricht in deutscher Sprache, der nach den Regelungen des Grundgesetzes „in Übereinstimmung mit den Grundsätzen der Religionsgemeinschaften" erteilt wird. Das bedeutet zweierlei: Erstens ist es staatliche Angelegenheit, solch einen Religionsunterricht zu ordnen und durchzuführen sowie die Lehrer an deutschen Universitäten auszubilden. Zweitens ist es Aufgabe der Religionsgemeinschaften Ziele und Inhalte nach ihren Grundsätzen zu bestimmen. Der - weltanschaulich neutrale - Staat hat sich aus den Fragen nach dem Sinn des Lebens und dem Grund der Hoffnung herauszuhalten - eine Erkenntnis aus der Zeit des Nationalsozialismus. Der konfessionelle Religionsunterricht ist nämlich Ausdruck des Rechts auf Religionsfreiheit.

Dadurch kann gelingen, was Ziel des Religionsunterrichts ist: Religiöse Identität zu stärken und die Verständigung der Religionen zu ermöglichen. Walter Reis hat gewußt, dass es keine Alternative zum Leitbild versöhnter Verschiedenheit gibt. Er hat diese Versöhnung gelebt.

Klangfarben. Musik für Raum und Zeit. Magenta

Der Mond ist aufgegangen[84]

Improvisation André Enthöfer

Guten Morgen, liebe Hörerin, lieber Hörer,

haben Sie die Melodie erkannt? Der Mond ist aufgegangen... Ein Lied nicht nur für den Abend und eines der bekanntesten Volks- und Kirchenlieder.

Mein Name ist Klaus Eberl. Ich bin Pfarrer und Oberkirchenrat der Evangelischen Kirche im Rheinland. Musikalisch begleitet werde ich von André Enthöfer. Der Mond ist aufgegangen. Matthias Claudius hat das Gedicht 1778 geschrieben. Johann Schulz hat es vertont. Noch heute hat es seinen festen Platz - am Bett eines Kindes, leise gesummt in der Nacht, wenn man nicht schlafen kann, als Trostlied, im Abendgottesdienst. Ganz traditionell oder auch modern verjazzt. Die erste Strophe kennen viele auswendig:

Improvisation André Enthöfer

1. Der Mond ist aufgegangen, die goldnen Sternlein prangen am Himmel hell und klar. Der Wald steht schwarz und schweiget, und aus den Wiesen steiget der weiße Nebel wunderbar.

Matthias Claudius schaut auf den Mond. Der ist ein Sinnbild für's Leben, das oft ein Rätsel ist. In der Nacht muss man genau hinsehen. Ich konzentriere mich auf das Wesentliche. Welch ein Gegensatz zum Lärm des Alltags! Stimmen und Geräusche. Informationen und Schlagzeilen. Bilanzen und Prognosen. Bei so viel Lärm: Wie soll da das Vertrauen ins Dasein wachsen? In der Fülle der Worte überhöre ich das eine Wort, das Gott mir ins Ohr flüstert. In der Fülle der Aufgaben übersehe ich das Wichtige. Gut, wenn dann einer sagt: Keine Angst! Alles wird gut.

Improvisation André Enthöfer

2. Wie ist die Welt so stille und in der Dämmrung Hülle so traulich und so hold als eine stille Kammer, wo ihr des Tages Jammer verschlafen und vergessen sollt.

---

[84] WDR 5, Das Geistliche Wort, 28.10.2012

Zu Matthias Claudius Zeiten war sie am Abend noch still, die Welt. Sie ist wie eine samtene Hülle, ein Ruheraum, in den ich mich zurückziehen kann. Laut und breit haben am Tag die Sorgen und die kleinen und großen Katastrophen meine Gedanken beherrscht. Am Abend aber: Raus damit. Vergiss „des Tages Jammer", schreibt Matthias Claudius. Sein persönlicher „Jammer" hatte einen Namen: elf Kinder und einen leeren Geldbeutel. Als Journalist und Theologe geht er mit offenen Augen durch die Welt. Ein Jahr bevor sein Mondgedicht entsteht, bricht ein Krieg aus und er schreibt sein Gedicht „S' ist Krieg, S' ist Krieg, o Gottes Engel wehre."

Dennoch glaubt er, dass Gottes neue Welt schon da ist. Verborgen, oft übertönt. Aber für dieses Neue will er Augen und Ohren haben.

Improvisation André Enthöfer

3. Seht ihr den Mond dort stehen? Er ist nur halb zu sehen und ist doch rund und schön. So sind wohl manche Sachen, die wir getrost belachen, weil unsre Augen sie nicht sehn.

Das Leben ist mehr als ich sehe. Denn das, was ich sehe, ist ja nur die halbe Wahrheit. Der Mond steht halb am Himmel, aber jeder weiß, dass er tatsächlich ganz und rund und schön ist. Man sieht es nur nicht. Matthias Claudius ruft mir zu: „Bedenke, dass Du immer nur Teile der Wirklichkeit wahrnimmst, wie den halben Mond." Sei also vorsichtig in deinem Urteil und sei barmherzig mit den Menschen. In jedem steckt auch etwas Geheimnisvolles, Unsichtbares. So spricht Matthias Claudius von Sichtbarem und Unsichtbarem, von Zeit und Ewigkeit. Vom Rhythmus des Lebens.

Ich erlebe das selbst immer wieder. Oft kenne ich nicht die ganze Wahrheit, wenn ich eine Entscheidung treffen muss. Wenn ich jemandem begegne, weiß ich nicht: Was treibt ihn an? Was ist seine Motivation, seine Angst, seine Leidenschaft. Manchmal gerate ich in Streit und verstehe nicht, warum jemand so heftig reagiert. Vielleicht hat er gerade eine schlechte Nachricht zu verarbeiten. Schlägt sich mit einer Erkrankung herum. Oder einer Enttäuschung. Wie auch immer: Ich sehe nur einen Teil. Das prägt jede Beziehung, auch Freundschaften oder Familien. Jeder Mensch ist unendlich viel mehr als ich sehe. Manchmal erschließt die Liebe dieses Verborgene. Das

Abendlied übt mit mir ein, behutsam mit dem Leben und den Menschen umzugehen, dem Leben das Geheimnisvolle zu lassen. Ich sehe nicht alles, ich kenne nicht alles. Auch Gott nicht und seine Wahrheit. Aber wie die Liebe Vertrauen wagt, so wagen Christen den Glauben an Gott.

Improvisation André Enthöfer

4. Wir stolzen Menschenkinder sind eitel arme Sünder und wissen gar nicht viel. Wir spinnen Luftgespinste und suchen viele Künste und kommen weiter von dem Ziel.

Ich strenge mich an. Will alles gut machen. Die Menschen heute sind scheinbar viel weiter als zu Matthias Claudius' Zeiten: Sie wissen mehr als damals. 100 Jahre nach Matthias Claudius Mondgedicht hat Jules Verne eine Mondreise in einem Roman beschrieben. Und wieder 100 Jahre später hat Neil Armstrong als erster Mensch tatsächlich den Mond betreten. Ist die Welt seitdem besser geworden? Gehen die Menschen friedlicher miteinander um? Ist der Hunger besiegt? Geht es gerechter zu?

Was wird nicht alles unternommen, damit das Leben gut wird. Viele kaufen sich das Leben schön. Was nützt es einem Kind, wenn es alle Spielsachen hat, aber keinen Menschen, der ihm ein Lied vorsingt. Was nützt es der Welt, wenn wir ins All fliegen, aber unseren Heimatplaneten zerstören. Was nützt alles Lernen und Forschen, wenn wir nicht besser verstehen, wer wir sind, woher wir kommen, wohin wir gehen. Wir haben keinen Grund, stolz zu sein, meint Matthias Claudius. Wir sind – Sünder. Getrennt von Gott, getrennt vom richtigen Leben. Wir sind noch nicht wir selbst. Wir kommen weiter von dem Ziel. Aber was ist das Ziel?

Improvisation Enthöfer

5. Gott, lass dein Heil uns schauen, auf nichts Vergänglichs trauen, nicht Eitelkeit uns freun; lass uns einfältig werden und vor dir hier auf Erden wie Kinder fromm und fröhlich sein.

Gottes Heil ist das Ziel – Ewigkeit fällt in die Zeit. Gottes Heil - hier in unserem Leben wird es sichtbar. Und es weist zugleich darüber hinaus. In den ersten Strophen war das Mondlied noch eine Beschreibung. Jetzt wird es zu einem Gebet. "Gott, schenke mir Vertrauen in das, was trägt. Lass mich einfältig wie Kinder leben, wenn es um den Glauben geht."

Ich weiß nicht, ob ich das mitbeten kann. Will ich das überhaupt – wie Kinder fromm und fröhlich sein? Anrührend ist das Bild, ist die Melodie. Aber den Tag über lebe ich doch lieber anders. Wozu habe ich denn das alles gelernt: Denken, Lesen, Schreiben – Arbeiten, schaffen, erfinden – Planen, analysieren, verstehen. War das alles umsonst? Soll ich das alles vergessen?

Was bringt mir diese „Einfalt"? In der Musik habe ich eine Antwort gefunden.

Man kann eine Melodie einfach spielen:

Enthöfer: einfache Melodie

Oder sehr virtuos:

Enthöfer: Improvisation

Die perfekteste Fingerfertigkeit allein macht noch keine große Musik, eine Musik, die mein Herz erreicht und es öffnet. Deshalb kann das einfache, von der Mutter gesungene Abendlied am Bett des Kindes von keinem Konzert übertroffen werden. Für das Kind jedenfalls nicht.

Oder: Der scharfsinnigste Verstand weckt noch keine menschliche Einsicht oder gar die Liebe in mir. Nur mit meiner Vernunft und meinem Können allein komme ich nicht weiter. Ich brauche den Glauben, der in die Tiefe der Seele reicht. Ich brauche das Vertrauen darauf, dass Gott die Welt im Innersten zusammenhält. Es hängt nicht alles vom menschlichen Wissen und Können ab. Gott sei Dank. Da kann ich gelassener – wie Kinder – fromm und fröhlich sein.

Improvisation André Enthöfer

6. Wollst endlich sonder Grämen aus dieser Welt uns nehmen durch einen sanften Tod; und wenn du uns genommen, lass uns in' Himmel kommen, du unser Herr und unser Gott.

Bisher konnte man fast den Eindruck bekommen, Matthias Claudius beschreibt eine Abendidylle. Der Mond und die Welt, Mensch und Religion, humorvoll, schlicht, naiv. Aber er beschreibt keine Idylle.

Dazu kannte er Vergänglichkeit und Tod viel zu gut: Seine Geschwister sterben, als er ein kleiner Junge ist. Sein Heimatort wird von einer Seuche heimgesucht. Der frühe Tod des Vaters erschüttert ihn. Drei seiner Kinder sterben. Nicht ohne Grund atmet das Abendlied eine gewisse Melancholie.

Der Abend ist ja auch ein Bild für den Tod. So wie ich mich im Schlaf bei Gott geborgen fühle, kehre ich am Ende des Lebens heim in seine Liebe, die größer ist als alle menschliche Vernunft. Leben und Sterben, gehören zum Rhythmus unseres Daseins, der hier besungen wird. Ein Swing der besonderen Art.

Improvisation André Enthöfer

7. So legt euch denn, ihr Brüder, in Gottes Namen nieder; kalt ist der Abendhauch. Verschon uns, Gott, mit Strafen und lass uns ruhig schlafen. Und unsern kranken Nachbarn auch!

Mit dem Schauen hat Matthias Claudius begonnen. Am Anfang blickt er nach oben. Er sieht den Mond, die Nacht, allen Jammer des Lebens und das verborgene Glück. Jetzt schauen seine Augen auf die Nachbarhäuser. Da sind Menschen, die genauso wie er mit dem Leben ringen, um ein wenig Glück kämpfen. Wir sind nicht einsam, sondern eine große Gemeinschaft, wenn wir füreinander da sind. Der Glaube ringt nicht um das Glück des Einzelnen, sondern um das Heil der Welt. Niemand darf verloren gehen. Jeder soll eine gute Zukunft haben. Dafür setzen sich Christen ein. Konkret und ohne romantische Umwege.

Der Mond ist aufgegangen – ein Lied nicht nur für den Abend. Ein Lied über den Rhythmus des Lebens, über den liebenden Herzschlag Gottes, der alles durchdringt.

Improvisation André Enthöfer

Klaus Eberl und André Enthöfer verabschieden sich von Ihnen. Wir wünschen einen gesegneten Sonntag.

Improvisation André Enthöfer

Erinnern - gedenken[85]

Guten Morgen, liebe Hörerin, lieber Hörer. Mein Name ist Klaus Eberl. Ich bin Oberkirchenrat und Pfarrer der Evangelischen Kirche im Rheinland.

Lieben sie auch alte Fotoalben? Beim Blättern reisen die Gedanken in die Vergangenheit. Für mich gibt es nichts Schöneres als an einem grauen Januarmorgen alte Fotos zu betrachten und sich zu erinnern. Schau, das war bei der Taufe unseres Sohnes! Oder die Konfirmation unserer Tochter. Oder alte Hochzeitsfotos. Wie jung wir damals waren! Kaum zu glauben! Das ist lange her. Manche Leute auf den Fotos leben nicht mehr. Wir vermissen sie. Das Bild ist eine Brücke in die Vergangenheit. Glänzende Farbfotos und - je weiter wir zurückgehen - schwarz-weiße oder bräunliche. Alle fein säuberlich eingeklebt.

Erinnerungen sind wichtig. Jeder Mensch kommt aus einer unverwechselbaren Geschichte. Ich muss meine Herkunft, meine Geschichte kennen, wenn ich nicht blind durch die Zeit rasen will. Wenn ich nicht alte Fehler wiederholen will, sondern das Leben und die Zukunft positiv gestalten. Alte Fotos helfen dabei. Alle Stationen meines Lebensweges, alle großen und kleinen Ereignisse, haben mich geprägt und beeinflusst. Ob sie schön oder schwierig waren. Nichts ist überflüssig. Nichts vergeblich. Nach und nach verstehe ich, warum ich bin wie ich bin. Alte Fotos erinnern mich an meine Wurzeln.

The Beatles: Yesterday

In Fotoalben werden ja oft nur die schönen, glanzvollen Erinnerungen festgehalten. Feste, Urlaube, besondere Begegnungen und Ereignisse. Die Sonnenstunden überlagern dunkle Erfahrungen. Eine solche Fotoalben-Erinnerung schönt und entlastet. Manches wird einfach ausgeblendet, woran niemand erinnert werden möchte. Aber manchmal wird sie zum Anlass, tiefer zu graben.

Beim Blättern in einem sehr alten, abgegriffenen Album meiner Eltern fand ich ein Foto meines Vaters in Wehrmachts-Uniform. War

---

[85] WDR 5, Das Geistliche Wort, 20.1.2013

Opa auch im Krieg? fragten mich meine Kinder, als sie das Bild sahen. Ja, er war im Krieg. Und er hat den Krieg gehasst. Zeitlebens. Denn er war erst 18 Jahre alt, als er nach Stalingrad geschickt wurde. Hitlerdeutschland hatte 1941 die Sowjetunion überfallen. Ein Vernichtungskrieg. Ein Verbrechen. Das russische Volk sollte ausradiert werden. Die Schlacht von Stalingrad war eine der größten Schlachten des Zweiten Weltkrieges. Und die Niederlage der deutschen 6. Armee in Stalingrad vor ziemlich genau 70 Jahren gilt als Wendepunkt des Krieges. Es war der Anfang vom Ende. Nach hohen Verlusten durch Kampf, Kälte und Hunger kapitulieren die Reste der deutschen Armee im Februar 1943. Über 700.000 Menschen kamen auf beiden Seiten ums Leben. Opa überlebte, weil er sich nicht in der eingekesselten Stadt befand. Er gehörte einer Heeresgruppe an, die die eingeschlossenen Kameraden befreien sollte. Vergeblich. - Der tägliche Kampf ums nackte Überleben. Die Angst. Die allgegenwärtige Brutalität. Überall lauerte der Tod. Nie hat er diese schreckliche Erinnerung vergessen. Opa wurde durch diese Erfahrung zu einem konsequenten Gegner jeder Gewalt. Im Kleinen wie im Großen.

Meine Kinder haben ihren Großvater nicht mehr kennengelernt. Aber sie haben verstanden, wie sein Gedenken mich geprägt hat. Meine Werte, meine Ziele. Und das Bewusstsein, dass Krieg nach Gottes Willen nicht sein soll.

Auch wenn die Erinnerungen verblassen: das Gedächtnis bleibt genau. Es ist auf Konsequenzen aus. Peter Beier, der ehemalige rheinische Präses, hat das mit der ihm eigenen Poesie so formuliert:

„Gedenkt!
Erinnert nicht nur!
Erinnerung atmet flach.
Gedächtnis atmet tief.
Erinnerung spielt sentimental.
Gedenken arbeitet schwer
und ist ein Werk des Glaubens,
der weiß: Vergangenheit ist nie vergangen,
Tote sind nicht nur tot,
im Haus wohnt das Gestern,

und die Zukunft braucht ein langes Gedächtnis."[86]

Ich glaube, Peter Beier meinte damit: Bloße Erinnerung kann sich aus der Gegenwart und der Verantwortung stehlen. Sie schaut Daten und Fakten wie vorübergehende Schatten an, die keinen Anlass zu Veränderungen mit sich führen. Das Gedenken geht andere Wege. Es lässt zu, dass ich das Vergangene in die Gegenwart hole und mich davon berühren lasse bis in die Tiefen der Seele. Das Gedenken - es verändert und befreit, das Leben neu in die Hand zu nehmen. Und die Welt, in der wir leben, besser zu gestalten, gerechter, friedlicher. Der Begriff des Gedenkens hat in der Bibel deshalb eine besondere Qualität. Gott, der Lebendige, ist nicht einer, der nur erinnert und vergangen sein lässt, was vergangen ist. Gott gedenkt der Menschen - ohne Unterschied. Vor ihm ist nichts vergangen und nichts gleichgültig. Die Bibel staunt immer wieder darüber, dass Gottes Liebe so groß ist: "Was ist der Mensch, dass du seiner gedenkst und des Menschen Kind, dass du dich seiner annimmst?" heißt es im 8. Psalm.

BAP: Jupp

Gott gedenkt - und Christen gedenken. Sie erinnern nicht nur. Vor gut 20 Jahren - kurz nach der Wende, wurde vielen Menschen bewusst: Nach den Jahren des kalten Krieges ist jetzt die Chance, den Ost-West-Konflikt beizulegen. Die evangelische Landessynode im Rheinland hatte einen Beschluss zur Versöhnung mit der Sowjetunion gefasst. Und daraufhin begannen Besuchsreisen: Menschen aus Deutschland und Russland begegneten sich, um einander kennenzulernen, Erinnerungen auszutauschen, das Gedenken einzuüben und Wege zu finden, wie Versöhnung möglich wird, die nicht nur auf dem Papier steht.

In meiner Gemeinde in Wassenberg fand 1991 ein ökumenischer Gedenkgottesdienst statt - evangelisch, katholisch, russisch-orthodox. Die Kirche war überfüllt. Der orthodoxe Priester hatte sich extra aus Russland aufgemacht, um zu uns zu kommen. Gemeinsam gedachten wir des 2. Weltkrieges. Wir baten Gott, dass er uns auf dem Weg der Versöhnung helfen möge, damit eine Brücke zwischen ehemaligen Feinden entstehen kann. Ein schwieriges Unterfangen.

---

[86] Peter Beier: Übergänge, Düsseldorf 1999, S.140.

Denn immer noch gab und gibt es Menschen, die lieber vergessen als gedenken wollen. Die sagen: Einmal muss Schluss sein. Menschen, die die Geschichte verzerren und ausblenden, wer Verursacher des Krieges war. Die alten und neuen braunen Parolen nachlaufen.

Aber die Mühe des Gedenkens führt Menschen zusammen. Sie laufen vor ihrer Geschichte nicht weg, sondern stellen sich ihr. Sie gestehen ihre Schuld und die ihrer Vorfahren ein und erbitten das, was niemand fordern kann: Vergebung. Wo Menschen sich versöhnen, ist das stets ein kleines Wunder.

In diesem Gedenkgottesdienst geschah nach der Predigt etwas, das ich nie vergessen werde. Es kommt ja selten vor, dass jemand ungeplant während eines Gottesdienstes aufsteht, an den Abendmahlstisch tritt und etwas sagt. Zunächst war ich etwas beklommen. Was wollte der Mann da vorne, den ich nicht kannte? Unsicher zog er ein kleines Foto aus seiner Jackentasche, das er aus seinem Fotoalbum herausgenommen hatte. Es zeigte ihn in Uniform. Er hielt es hoch und begann von seiner Zeit als deutscher Soldat während des Weltkriegs in Russland zu erzählen: „Ich habe immer auf eine Gelegenheit gewartet, um um Vergebung zu bitten für all das Schlimme, das wir euch angetan haben.", sagte er. Es wurde ganz still in der Kirche. Alle hielten den Atem an. Da stand der russisch-orthodoxe Priester auf, ging auf ihn zu und segnete den Mann.

Loreena McKennitt: Dante's Prayer

Der Gedenkgottesdienst hatte Folgen. Unerwartete Folgen. Niemand konnte damals ahnen, dass dieser Gottesdienst der Auftakt zu einer Hoffnungsgeschichte war. Denn die Evangelische Kirchengemeinde Wassenberg entschloss sich danach, in der russischen Stadt Pskow ein konkretes Zeichen der Versöhnung zu setzen: Das Heilpädagogische Zentrum Pskow. Menschen taten sich mit Eltern von Kindern und Jugendlichen mit Behinderungen in der russischen Stadt zusammen und hoben das Projekt aus der Taufe. Und der Mann, der in dem Gedenkgottesdienst das Wort ergriffen hatte, Anton aus der Kirchengemeinde Wilms, wurde regelmäßiger Unterstützer dieser Arbeit.

Heute werden etwa fünfzig Kinder und Jugendliche mit schweren und mehrfachen Behinderungen im Heilpädagogischen Zentrum

Pskow gefördert und betreut. Es braucht dazu unsere Unterstützung, weil in Russland Menschen mit Behinderungen über Jahrzehnte hinweg als hoffnungsloser Störfall im System galten. Sie wurden weggeschlossen - zu Hause oder in Anstalten. Kategorie: nicht förderfähig! Sie sind bis heute die Verlierer in der sich dramatisch schnell wandelnden russischen Gesellschaft.

Im Heilpädagogischen Zentrum erleben sie etwas anderes: Sie werden wertgeschätzt und nach ihren jeweiligen Fähigkeiten und Bedürfnissen gefördert. Sie lernen, sich selbst zu versorgen und sich im Alltag zu orientieren. Sie singen zusammen, spielen und feiern – gemeinsam mit ihren Lehrern und Therapeuten.

Längst zieht das Projekt Kreise. In unmittelbarer Nachbarschaft ist durch die „Initiative Pskow" eine Werkstatt für Menschen mit Behinderung entstanden, die zum Beispiel Holzspielzeug und Textilien produziert. Dadurch haben nun auch die Schüler eine Perspektive, die das Heilpädagogische Zentrum mit 18 Jahren verlassen müssen.

Mitten in der Stadt wurden Wohnungen gekauft, in der junge Leute mit Behinderung das selbstbestimmte Wohnen in einer Wohngemeinschaft ausprobieren können. Und über Pskow hinaus vernetzen sich engagierte Mitstreiter in ganz Russland, um tragfähige Konzepte auszutauschen und die politischen Rahmenbedingungen für Menschen mit Behinderungen zu verbessern.

Aus Erinnerung ist Gedenken geworden. Aus beidem eine hoffnungsvolle Zukunft. Ob Anton Wilms geahnt hat, dass ein altes Foto und ein Gedenkgottesdienst solche Folgen haben?

"Erinnerung atmet flach, Gedächtnis atmet tief", hat Peter Beier gesagt. Wenn Sie, liebe Hörerin, lieber Hörer, noch einmal ihre alten Fotoalben zur Hand nehmen und Ihre Erinnerungen schweifen lassen, denken Sie auch an die Geschichten, die hinter den Bildern stehen. Geschichten, die Vergegenwärtigung brauchen, damit aus Erinnerung Gedenken wird. Ganz gleich ob es sich um Kriegserfahrungen früherer Generationen handelt, um Wendepunkte der Weltgeschichte oder um wichtige Stationen des eigenen Lebens. Lassen Sie die alten Fotos zu sich sprechen. Sie helfen, richtige Entscheidungen zu treffen, auf andere zuzugehen und Versöhnung zu wagen. Die Menschen in Wassenberg und Pskow können davon ein Lied singen.

Keith Jarrett: Over the Rainbow

Johannes Löh – Bildung an Geist und Herz[87]

Guten Morgen und frohe Pfingsten, liebe Hörerin, lieber Hörer.

Kennen Sie eigentlich Pastor Johannes Löh? Nein? Nie gehört? Ein Mann, dem Herzensbildung und Geistesgegenwart wichtig waren. In Burscheid, im Bergischen Land, ist er sehr bekannt.

O-Ton Schülerin: Ja klar, kenne ich Johannes Löh. Schließlich wohne ich ja schon seit ganz langer Zeit in der Pastor-Löh-Straße.

O-Ton Schüler: Er war auch Theologe. Aber er hat sich auch sehr stark mit Medizin beschäftigt. So dass er dafür gesorgt hat, dass Burscheider Kinder gegen Pocken geimpft wurden. Und dass er eine Augensalbe erfunden hat, die relativ berühmt wurde.

O-Ton Schülerin: Ich kenn Johannes Löh ein bisschen durch die Straße, die ja durch Burscheid führt. Und da steht auch eine bronzene Statue von dem.

Es sind Schülerinnen und Schüler, die sich hier an Pastor Löh erinnern. Denn nach ihm soll nun die neue evangelische Schule in Burscheid benannt werden. In den Räumen der Evangelischen Realschule und der benachbarten städtischen Hauptschule entsteht eine evangelische Gesamtschule für alle Kinder und Jugendlichen in der Stadt. Ihr Profil: Offenheit und Toleranz. Dafür haben sich viele Leute eingesetzt. Auch ich. Mein Name ist Klaus Eberl, ich bin Pfarrer und Oberkirchenrat der Evangelischen Kirche im Rheinland, unter anderem zuständig für Bildung und Schulen.

In Burscheid ist eine spannende Zusammenarbeit der Evangelischen Landeskirche mit Stadtverwaltung, Kirchengemeinde, Vereinen, Einrichtungen und natürlich vielen Bürgerinnen und Bürgern ent-

---

[87] WDR 5, Das Geistliche Wort, 9.6.2014

standen. Und als wir nach einem Namen für die Schule suchten, wurde sofort Pastor Johannes Löh genannt. Und das, obwohl sein Wirken schon zweihundert Jahre zurückliegt und man ihn in den großen Werken der Kirchengeschichte vergeblich sucht.

Was macht die seltene Faszination dieses Bergischen Pastors aus, dass er den Leuten in Burscheid bis heute im Gedächtnis ist? Johannes Löh war das, was es heute kaum noch gibt: ein Universalgelehrter. Er war evangelischer Pastor, Lehrer, Berater, Astronom, Mathematiker, Politiker, Philosoph, Botaniker, Arzt. Er hat eine heilende Salbe erfunden und ein Augenwasser. Er wirkte als Volksaufklärer. Und - er war ein Menschenfreund. Nach dem biblischen Motto: Gott lieben und den Nächsten lieben wie dich selbst.

„Ode an die Freude", Ludwig van Beethoven, Berliner Philharmoniker, Herbert von Karajan

Johannes Löh wurde Mitte des 18. Jahrhunderts geboren und starb 1841, 89 Jahre alt, in Burscheid. Das waren Jahrzehnte gewaltiger Umbrüche, das Zeitalter der Aufklärung. Die französische Revolution riss die Paläste ein. Freiheit, Gleichheit, Brüderlichkeit stand auf ihren Fahnen. Emanzipation war angesagt! Aufbruch aus Unmündigkeit! Wissen für alle! Die großen Umwälzungen fanden aber nicht nur in den Metropolen und Hauptstädten statt, sondern auch auf dem Land. So wurde Johannes Löh zum wichtigsten Repräsentanten geistiger Liberalität in der Bergischen Provinz. Es ging um Freiheit des Denkens, um Solidarität - und bei Löh vor allem um Gottes Menschenfreundlichkeit! Das neue Lebensgefühl dieses Zeitalters klingt in der „Ode an die Freude", die Friedrich Schiller gedichtet und Ludwig van Beethoven in seiner 9. Sinfonie vertont hat:

Symphony No. 9 In D Minor, Op. 125, Choral: Ode an Die Freude; David Parry, London Philharmonic Choir & The London Chorus

Pastor Johannes Löh war ein theologischer Aufklärer. Er hielt zusammen, was bis heute allzu oft getrennt wird: Glauben und Verstehen. Ich bin überzeugt: Der Mensch braucht beides. Wenn nur der Verstand wichtig wäre, nur das, was man sehen, zählen, machen, berechnen, kaufen kann, wäre das Leben gefühllos und kalt. Ein gottvergessenes Leben. Ohne Gott fehlt der Funke, der jedem Menschen Würde verleiht, ihn unverwechselbar und wunderbar macht. - Andererseits: Wenn ich glaubensselig den Verstand ausschalte, übersehe ich weltvergessenen zu leicht die Not der Menschen. Und lebe an der Wirklichkeit vorbei. Weltvergessen glauben – das wäre falsch. Denn Gott kommt doch in die Welt! Christus begegnet mir in jedem Notleidenden, lese ich in der Bibel.

Nicht gottvergessen, nicht weltvergessen leben - Johannes Löh hielt Glauben und Verstehen zusammen. Er setzte auf ein aufgeklärtes Christentum. Er meinte: Schließlich hat Gott auch den Verstand geschaffen! Deshalb hat Löh den Text der Bibel historisch-kritisch erforscht. Wenn er an seinem Schreibtisch saß und über einen Bibeltext nachdachte, fragte er: In welcher Zeit ist das aufgeschrieben worden? Wie lebten die Menschen? Zu wem sprach Jesus? Zu Armen oder Reichen? Zu Juden oder zu Heiden?

Von der alten Burscheider Kanzel predigte Johannes Löh eine weitherzige Toleranz. Er war überzeugt: Die Suche nach der Wahrheit gelingt nur im Dialog und im Respekt vor den anderen und ihren Erfahrungen. Löh kannte seine bunt zusammengewürfelte Gemeinde genau. In der Kirchenbank saß die Magd neben dem Fabrikarbeiter, der Lehrer neben dem Müller, der Soldat neben dem Bauern und seiner Familie. Das Tagebuch des Pastors erzählt von den Geschichten dieser Menschen. Löh kannte ihre Fragen, Sorgen und Hoffnungen. Ihren Glauben an Gott - und ihren Zweifel. Er liebte alle, die ihm anvertraut waren – für ihn waren sie Gottes Kinder.

Da wundert es nicht, dass er versuchte, die auseinanderstrebenden evangelischen Glaubensrichtungen der Lutheraner und Reformierten zusammenzuführen. Dazu engagierte er sich kirchenpolitisch. Doch nicht nur die evangelischen Glaubensrichtungen wollte er vereint wissen. Darin sah er nur eine Vorstufe zur Einigung aller christlichen Kirchen. Sein Interesse ging noch weiter. Er studierte auch die außerchristlichen Religionen, obwohl er die nur aus Büchern kannte. Der Grund für dieses leidenschaftliche Ringen um einen toleranten Glauben liegt auf der Hand: Der Glaube war für Löh immer eine Angelegenheit aller Menschen. Denn es geht dabei um ein gutes Leben. Da muss jeder Position beziehen, aber auch den anderen respektieren und – vielleicht – von ihm lernen.

Ode an die Freude, Jazzkantine (feat. Nils Landgren)

Gott lieben – und die Menschen, das bedeutete für Pastor Löh auch: Den Menschen wichtige Erkenntnisse zu vermitteln. Deshalb betätigte er sich auch als Wissenschaftler. Lange hatten sich Kirche und Theologie als Gegensatz zu den Naturwissenschaften verstanden. Diesen Gegensatz im 19. Jahrhundert zu überwinden, war eine weitreichende Entscheidung. Jeden Tag notierte Pastor Löh das Wetter, um Vorhersagen zu machen und meteorologische Gesetzmäßigkeiten zu entdecken. Nachts blickte er durch sein Fernrohr in den Sternenhimmel und berechnete die Planetenbahnen. Die unendliche Weite des Weltalls galt ihm als Beweis für die Größe Gottes und die faszinierende Schönheit der Schöpfung.

In seinem Garten legte Johannes Löh ein Herbarium an und experimentierte mit verschiedenen Kräutern, um Arzneimittel herzustellen. Damals gab es ja noch keine allgemeine ärztliche Versorgung für die Bevölkerung. Deshalb klopften immer häufiger Burscheider Bürger an die Tür des Pfarrhauses, um bei Krankheit schnelle Hilfe zu erhalten. Johannes Löh konnte helfen. Sein Augenwasser wurde überall gerühmt. Eine Salbe behielt bis ins 20. Jahrhundert hinein den Namen „Pastorssalbe". Aber weil Hilfe das eine und Selbsthilfe das andere ist, betätigte Löh sich als Volksaufklärer. Wie ein wandelndes Lexikon führte er die Bürger in den rechten Gebrauch der Heilkräuter ein und ermutigte die Burscheider, sie selbst zu ziehen, um sich zu kurieren. Als dann zu Beginn des 19. Jahrhunderts überall in Europa die Pocken grassierten, versuchte er auch hier zu helfen. Löh hatte gelesen, dass man sich gegen Pocken impfen lassen konnte. Und so organisierte er in der ganzen Stadt Impftermine, um die Menschen zu schützen.

Menschenliebe und Bildung – das gehörte für den Pastor zusammen. Und so gab er sein Wissen weiter. Zum Beispiel, wie man Öl herstellt oder Farbe. Der Pastor stellte eine Leihbibliothek zusammen, in der man alles nachlesen konnte, was für das Leben nützlich ist: In den Regalen standen neben religiösen Erbauungstexten auch Bücher zur Geschichte, Medizin, Astronomie, Botanik und natürlich „Schöne Literatur". Da ihm eine solche umfassende Bildung wichtig war, gründete der Burscheider Pastor nun auch eine Schule. Dass Glauben und Verstehen, Herz und Kopf, zusammengehören, lernt man am Besten von Kindheit an. Es war eine kleine Schule ohne gymnasiale Oberstufe. Aber ein Lernort mit großer Ausstrahlung. Denn Löh reiste regelmäßig ins Umland, um die dort tätigen Lehrer weiterzubilden und sie in ihrem Dienst zu unterstützen. So entstand eine frühe Form des Lehrerseminars, in dem Pastor Löh seine aufklärerischen Einsichten weitergeben konnte. Er wusste genau: Bildung ist der alles entscheidende Schlüssel, um die Lebenslagen der Menschen zu verbessern. Und eine Voraussetzung dafür sind gute Schulen.

Ode an die Freude, Xavier Naidoo

Im kommenden Schuljahr soll die neue evangelische Schule in Burscheid an den Start gehen und sie wird nach dem Burscheider Pastor den Namen „Johannes-Löh-Gesamtschule" tragen. An dieser Schule sind alle willkommen:
Evangelische und Katholische,
Muslime und die, die keine religiöse Heimat haben,
Langsame und Schnellere,
Kreative und Bedächtige,
Sprachbegabte und Rechenkünstler,
Schüler mit geistigen oder körperlichen Einschränkungen,
Kinder mit besonderen Fähigkeiten – eben: alle.

Denn Vielfalt ist eine Bereicherung. Das erfordert Toleranz, Rücksichtnahme und ein tiefes Verständnis füreinander. Also eine Menge von dem aufklärerischen Geist, den Johannes Löh vertreten hat. Ganz besonders wichtig ist es der Evangelischen Kirche, die diese Schule leitet, soziale Kompetenzen zu vermitteln. Weil es normal ist, verschieden zu sein. Auf den Spuren des alten Burscheider Pastors Johannes Löh können die Schülerinnen und Schüler viel für ein respektvolles Zusammenleben lernen:

- über den eigenen Glauben sprechen
- entdecken, was die Welt im Innersten zusammenhält
- Sachen klären und verstehen
- Verantwortung übernehmen und hilfsbereit sein
- mit anderen zusammenarbeiten und sich ergänzen

In einer Berufungsurkunde für einen Lehrer formulierte Johannes Löh schon vor zweihundert Jahren sein Schulprogramm knapp und präzise: Bildung an Geist und Herz. Damit ein neuer, ein anderer Geist einzieht unter den Menschen. Der Geist von Pfingsten. Ein Geist der Freiheit, der Liebe und der Erkenntnis. Der Toleranz und des Respekts.

Ode an die Freude, Medlz

3000 Engel im Koffer[88]

Gabriel Yared: The Unfeeling Kiss

Das fühlt sich gut an. Ein kleiner Engel aus Holz. Passt genau in die Handfläche. Er ist unregelmäßig. Ein Flügel größer als der andere. Irgendwie ist er auch einem Kreuz ähnlich. Das Holz ist schön geschmirgelt. Alles weich und rund und sehr angenehm. Meine Finger tasten neugierig, umschließen den Engel. Ich fühle seine Form, entdecke die Gestalt. Ich denke: hier kann ich mich festhalten.

Guten Morgen, mein Name ist Klaus Eberl. Ich bin Pfarrer und Oberkirchenrat der Evangelischen Kirche im Rheinland. Der kleine Holzengel lässt mich nicht mehr los. Und ich lasse ihn nicht los.

Im April war er dabei - beim ökumenischen Gottesdienst und Trauerakt im Kölner Dom für die Angehörigen der Opfer des Flugzeugunglücks in den französischen Alpen. Um Halt zu geben. Unbegreifliches war geschehen. Ein Copilot hatte in seiner Verzweiflung den Absturz der Maschine herbeigeführt. Eine schreckliche Geschichte! So viele Menschenleben ausgelöscht! So viele trauernde Angehörige und Freunde im Dom, abgeschnitten von ihren Lieben. Kummer schnürt die Kehle zu. Worte erreichen kaum noch Ohr und Herz.

Da liegt auf jedem Platz im Dom dieser Engel. Ein Engel mit einer Botschaft: Du bist gehalten! Wenn Menschen verzweifelt sind und Worte allein nicht mehr trösten können, spüren die Finger, die das Holz umschließen: Wir sind gehalten. Gott gibt uns Halt. Ein Engel für Menschen in Not. Nicht nur für die Trauergemeinde im Dom am 17. April. Die beiden Vertreter der großen Kirchen, Rainer Maria

---

[88] WDR 5, Das Geistliche Wort, 12.7.2015

Kardinal Woelki und Präses Annette Kurschus überreichen einen Engel stellvertretend für alle Angehörigen an Sarah. Sie hat ihre Schwester bei dem Unglück verloren. Und es werden die vielen bedacht, die nicht dabei sein können: Angehörige aus anderen Ländern, Rettungskräfte, freiwillige Helfer und Mitarbeiter der Fluggesellschaften. Stellvertretend für sie bekommen Bundespräsident Gauck, Ministerpräsidentin Kraft, Minister aus Spanien und Frankreich sowie der Vorstand von Germanwings je einen Engel von Notfallseelsorgern überreicht. Eine Notfallseelsorgerin erläutert:

„Dieser Engel soll uns alle, die wir hier im Dom versammelt sind, ermutigen, nach Quellen der Bestärkung und der Zuversicht für uns ganz persönlich zu suchen. Nach Menschen, die uns gut tun, nach Dingen, die uns kostbar sind und nach Orten, die uns Kraft und Zuversicht schenken."

Ein Engel als Kompass für die Suche nach Halt. Denn beides tut jetzt Not: Halten und gehalten werden. Von Menschen, die trösten können, die nicht von der Seite weichen, die Tränen abwischen und zu Helfern in der Not werden. Von Gott, von dem uns nichts trennen kann, auch der Tod nicht.

Maria Mena: Just Hold Me

Ich schaue mir den Engel genauer an:
Er ist aus Esche oder Kiefer hergestellt, sehr liebevoll bearbeitet.
In meiner Handinnenfläche berührt er den Lebensnerv.
Ein Engel, den ich fassen kann, wenn mich Unfassbares trifft.
Ein Engel, der Verletzung und Verzweiflung kennt.
Denn er hat zwei unterschiedliche Flügel.
Nein, fliegen kann er wohl nicht!
Aber er ist ein Bote, der Menschen verbindet, die einander beistehen.
Der Himmel und Erde vereint.
In ihm sind Gottes Nähe und seine Sympathie greifbar.

Der Engel liegt leicht in der Hand.
Er gibt der Sprachlosigkeit eine leise Stimme:
Gott steht für mich ein.
Das kann ich hören, das kann ich fühlen.
Gott ist nahe in der Not,

Ich bin gehalten,
ich halte durch
und ich kann anderen Halt geben.
Verzweiflung und Tränen haben nicht das letzte Wort.
Ich bin nicht allein.
Menschen sind da für mich, für andere,
sie sind Boten des Glaubens.
Auch sie sind Engel, nicht aus Holz, sondern aus Fleisch und Blut.
Ich kann sie suchen und finden.
Wir können das gemeinsam.
Davon erzählt mir der Engel in meiner Hand.

Sarah McLachlan: Angel

Entworfen wurde der Engel von dem Mülheimer Bildhauer Jochen Leyendecker für die Initiative Pskow in der Evangelischen Kirche im Rheinland. Pskow ist eine alte Stadt im Westen der russischen Föderation. Weil sie im 2. Weltkrieg besonders stark unter der deutschen Besatzung gelitten hat, engagieren sich seit vielen Jahren rheinische Christen dort in einem Versöhnungs- und Partnerschaftsprojekt. Sie kümmern sich um behinderte Menschen. Sie geben ihnen Halt und eine Perspektive. Wie Engel eben.

Über Jahrzehnte hinweg galten Menschen mit Behinderungen in Russland als Störfall. Sie wurden in Anstalten weggeschlossen. Therapie, Betreuung und Bildung – das alles gab es nicht. Es war zum Verzweifeln! Mit den Eltern entstand die Idee, eine Schule zu gründen und so dazu beizutragen, dass Kinder und Jugendliche mit einer Behinderung gefördert werden und dazugehören. Im Hintergrund aller Bemühungen stand die Gewissheit: Es gibt keine hoffnungslosen Fälle! Niemand darf verloren gehen! Inzwischen ist ein dichtes Netz der Hilfe entstanden: ein Frühförderzentrum, ein inklusiver Kindergarten, eine Schule, eine Werkstatt für behinderte Menschen, Wohnungen mit Betreuung.

Der Künstler Jochen Leyendecker hat den Engel für diese Initiative bewusst mit einer besonderen Note gestaltet: Mit seinen ungleichen Flügeln ist er selbst behindert. Jochen Leyendecker will damit sagen: Auch Engel brauchen Unterstützung.

In der Pskower Werkstatt stellen behinderte Menschen diese Holzengel selbst her. Junge und alte Menschen mit körperlichen und geistigen Einschränkungen sägen aus dicken Brettern die Engel aus, bearbeiten sie fein mit Schmirgelpapier, bis sie ganz rund und schön anzufassen sind.

Als ich zehn Tage vor dem Gottesdienst im Kölner Dom in Pskow anrief und fragte: Könnt ihr 3000 Engel anfertigen für die Menschen, die jetzt um Angehörige und Freunde des Flugzeugunglücks trauern?", wurde nicht lange überlegt. „Wir versuchen das", sagten die Mitarbeiter, „es ist schwer, aber wir haben die schrecklichen Bilder im Fernsehen gesehen. Ihr habt uns geholfen – jetzt helfen wir euch."

Eine Woche lang wurde unter Hochdruck in der Werkstatt gearbeitet. Und tatsächlich: Zwei Tage vor dem Gottesdienst lagen 3000 Engel bereit, wurden in zwei übergroße Koffer gepackt und machten sich auf die Reise nach Deutschland, um schließlich im Dom ihre Botschaft zu verbreiten. Ein Trost von behinderten Menschen aus Russland – für Menschen, die Halt suchen.

Goo Goo Dolls: Iris

So sind die Engel, die Boten Gottes: mal ein kleines Stück Holz, das mich an den Halt erinnert, der mir bisweilen abhandenkommt. Mal ist es ein menschlicher Bote, der zwar keine Flügel hat, aber hilft und meine Seele berührt. Engel sind merkwürdige Wesen. Viele Menschen glauben heute nicht mehr an Engel, schon lange nicht mehr. Engel scheinen nicht in unsere aufgeklärte Welt zu passen. Aber wir reden von ihnen, als seien sie da. Jeder weiß: So wie Maler oder Bildhauer sie gestalten, so gibt es Engel gar nicht. Auch die Bibel spricht niemals von der Existenz der Engel an sich. Das hat guten Grund: Engel sind Gottes Boten. Sie gehen in dem auf, was sie uns mitteilen. Sie sind ganz und gar Gottes Botschaft, dass wir auch im Schrecklichsten geliebt sind, auch in der Verlorenheit nicht allein sind, auch im Tod geborgen. Eine großartige Botschaft! Mir ist aufgefallen, dass die Menschen in der Bibel sehr alltäglich von Engeln erzählen. Das Wort Gottes oder die Wende der Not ereignet sich nicht auf übernatürliche, wunderhafte Art, sondern auf dem Weg, im Haus, auf dem Acker, am Arbeitsplatz. Dazu passt es, dass der Pskower Engel auf ganz profane Weise in einer Werkstatt hergestellt wurde. 3000 Engel in zwei großen Koffern verpackt. Mit Bus und Flugzeug und Taxi zu uns gebracht und in die Hand gelegt – und schon beginnt der Engel seine Botschaft zu entfalten.

Nach dem Gottesdienst haben uns viele Engelgeschichten erreicht.

Angehörige haben erzählt, dass sie diese Geste aus dem fernen Pskow sehr getröstet hat. In den Tagen nach dem Gottesdienst: Ein Engel in der Jackentasche, dann und wann ergriffen, in der Hand gewogen. Zum Festhalten, wenn der Boden unter den Füßen wankt. Da kann die Gewissheit wachsen: Auch wenn alles sehr schwer ist - ja, ich bin gehalten.

Andere haben gefragt, ob sie die kleinen Holzengel für die Beerdigung bekommen können. Natürlich war das möglich. Wieder machten sich einige Engel auf die Reise von Russland nach Deutschland.

Ein Mann schrieb: "Mein Schwager ist Pilot. Ihm hab ich einen Engel vom Trauergottesdienst geschickt...jetzt fliegt dieser Engel durch die Welt und sendet mir Fotos ... und passt hoffentlich etwas auf."

Den Piloten ist das Unglück sehr nahe gegangen. Und sie erleben: Sie werden von vielen Passagieren kritisch beäugt. Das Vertrauen hat Risse bekommen. Da kann der Engel Kraft geben, die Verantwortung für die Passagiere und die Crew zu tragen.

Eine Frau schrieb: „Ich habe einen Pskower Engel geschenkt bekommen. Der hatte in den letzten Wochen gleich viel zu tun. Er musste mich nicht nur vor Unglück bewahren, sondern auch meinen Mann begleiten, der an Krebs operiert wurde. Ich danke für dieses Symbol und hoffe, dass der Engel auch hier seine behütende Wirkung entfaltet."

Auch bei den Konfirmationen in vielen Gemeinden war der Pskower Engel am Werk. Als Bestärkung – denn das heißt Konfirmation - und als Segenswunsch. Ein Engel als Lebensbegleiter.

Viktoria Tolstoy & Jacob Karlzon: Against all odds

Ein kleiner Holzengel erinnert uns daran, dass wir beides sind: Von Gott Gehaltene und Menschen, die anderen Halt geben. Die Engel in unserem Leben haben alltägliche Gesichter. Sie haben Hände, die zupacken können, einen Mund, der die Sprache der Hoffnung kennt, ein Herz, das auch Unaussprechliches hört. So wirken sie mitten unter uns. Und helfen uns, das Leben mit allem Schönen und Schwierigen zu meistern. Manchmal kommen sie von weit her, wie die Engel aus Pskow in Russland. Manchmal scheinen sie selbst bedürftig zu sein, wie die behinderten Mitarbeiter in der Werkstatt.

Es verabschiedet sich von Ihnen Pfarrer Klaus Eberl. Ich wünsche Ihnen, dass immer ein Engel an ihrer Seite ist – und dass Sie anderen zum Engel werden.

Himmelfahrt ist Vatertag[89]

Guten Morgen, heute ist ein Feiertag. Was feiern Sie heute? Christi Himmelfahrt oder Vatertag? Oder beides? An Himmelfahrt geht es um Jesus Christus. 40 Tage nach Ostern feiert die Christenheit, dass Jesus „in den Himmel aufgefahren" ist. Er kehrt heim zu Gott, zum Vater. Wörtlich heißt es in der Bibel: „Eine Wolke nahm ihn auf und entzog ihn ihren Blicken" (Apg 1,9). Das ist heute noch ein gutes Bild. Es zeigt: Menschen, die an Jesus glauben, brauchen ihn nicht festhalten. Sie sind frei, das Leben selbst zu gestalten. Ihr Glaube kann erwachsen werden. Dabei wissen sie, der Himmel, die Wirklichkeit Gottes, ist mehr als das, was wir sehen und das Leben ist mehr als wir selber machen können. Aber Menschen können sich – wie Jesus – auf Gott, den Vater aller Dinge verlassen.

Die Wurzeln des Vatertages liegen in den USA. Die Amerikanerin Sonora Louisa Dodd rief diesen Tag zu Ehren ihres Vaters ins Leben. Er war ein Bürgerkriegsveteran und kümmerte sich nach dem Tod seiner Frau ganz allein um seine sechs Kinder. Seine Tochter wollte sich bei ihm bedanken und organisierte mit Hilfe der örtlichen Pfarrer im Jahre 1910 eine Bewegung zur Ehrung von Vätern. Das war der Ursprung des Vatertags. Allerdings nicht in Verbindung mit Christi Himmelfahrt, sondern am 3. Sonntag im Juni. Dass der Vatertag auf Christi Himmelfahrt fällt, ist eine deutsche Besonderheit. Heute scheint dieser Tag gleichberechtigt neben dem christlichen

---

[89] WDR 5, Das Geistliche Wort, 5.5.2016

Fest zu stehen. Das Argument: Wenn es einen Muttertag gibt, brauchen Männer auch einen Vatertag.

Herbert Grönemeyer: Männer

Vatertag: Ich hab' nicht nur schön Bilder vor Augen. Da ziehen bisweilen Männerhorden mit Bollerwagen und Bierfässchen durch die Landschaft. Vatertag als Herrenpartie. Manchmal peinlich, manchmal ausgelassen fröhlich. Himmelfahrt und Vatertag: das scheint sich auf den ersten Blick reiben.

Auf den zweiten Blick hat beides miteinander zu tun. Jesus kehrt heim zum Vater. Darum geht doch es in der Himmelfahrt. Jesus hat seinen eigenen Vatertag. Seine Beziehung zu Gott ist so innig, dass er sich immer auf ihn verlassen kann. Jesus nennt Gott „Abba", ein besonders vertrauensvolles, fast zärtliches Wort für „Vater". Beim Glauben geht es nämlich nicht um irgendeine Theorie, sondern um Vertrauen. Macht die Verbindung von Himmelfahrt und Vatertag dann vielleicht doch Sinn?

Jürgen Rams von der Männerarbeit der Evangelischen Kirche im Rheinland sieht jedenfalls Möglichkeiten in der Verbindung von Himmelfahrt und Vatertag.

(Rams): Ich denke, man sollte sie eher nutzen als Chance und darauf aufmerksam machen, dass Väter eine wichtige Bedeutung haben in dieser Gesellschaft natürlich auch für ihre Kinder.

Sein Kollege Dietmar Fleischer betont das neue Rollenbild der Väter heute. Die traditionelle Arbeitsteilung, nach der die Mutter für Haushalt und Kindererziehung zuständig ist, der Vater für das Familieneinkommen, hat sich für viele schon lange überholt. Allerdings: Alte Muster halten sich hartnäckig, insbesondere, wenn es um die Karriereplanung geht..

(Fleischer): Also Väter haben heute das Problem des Spagat zwischen Familie und Beruf, der da ist, den sie irgendwie miteinander händeln müssen. Sie haben eindeutig ein großes Interesse daran, ihre Kinder zu begleiten. Sie sagen: Die Zeit nehm ich mir.

Auf den Wunsch der Väter, mehr für ihre Kinder da zu sein, reagieren viele Kindergärten. Michaela Moser von der Kita Rosengarten in

Wassenberg sagt:

(Moser:) Wir laden zum Vater-Kind-Tag regelmäßig die Väter in unsere Einrichtung ein. An diesem Tag verbringen Väter und Kinder gemeinsame Zeit bei uns, weil es doch oft für die Väter schwierig ist. Vereinzelte sind auch in der Bring- und Abholphase da, das ist aber eher selten. Deshalb haben wir uns überlegt, einen besonderen Tag für Kinder und Väter in unserer Einrichtung anzubieten... An diesen Tagen finden dann gemeinsame Aktionen statt, damit die Kinder intensiv mit ihren Vätern den Kindergarten erleben können, zeigen können, wo sie ihren Alltag verbringen, die Väter Einblick bekommen, was die Kinder jeden Tag machen, aber auch etwas Besonderes erleben können.

Die Bildungsforschung weiß, dass es Kindern gut tut, wenn Vater und Mutter sich gemeinsam um ihre Erziehung kümmern. Sie bringen sich nämlich unterschiedlich ein. Gesellschaftlich gelten Männer, die sich um ihre Kinder kümmern, immer noch als Ausnahme. Übrigens auch in der Bildungsarbeit der Kindergärten und Grundschulen. Auch hier sind überwiegend Frauen Ansprechpartner der Kinder. Dabei ist offensichtlich: Männer spielen anders mit Kindern als Frauen.

(Moser:) Es sind nicht unbedingt andere Sachen, aber sie machen es anders als die Mütter. Also wenn wir beispielsweise mit Holz arbeiten, sind die Väter schon anders im Einsatz beim Sägen und Hämmern und Gestalten mit den Kindern, z.B. ein Fußballtor, das bleibt, auch beim anschließenden Fußballspiel sind die Väter mit mehr Freude und Begeisterung dabei als die Mütter. Man merkt den Unterschied im Spielverhalten der Väter.

Väter sind unterschiedlich. Sie sind immer wieder neu auf der Suche nach der für sie richtigen Rolle. Das war schon in der Bibel so. Hier finden sich Väter, die ihre Kinder darin unterstützen, die Welt mit all ihren Rätseln zu verstehen, indem sie erzählen, was ihnen selbst wichtig geworden ist (Ex 13,14). Väter, die für ihre Kinder kämpfen, wie der Hauptmann von Kapernaum mit seinem totkranken Kind (Joh 4,43ff). Manchmal ist die Beziehung zu den Kindern allerdings auch ein Ringkampf, wie bei Jakob, der seinen eigenen Weg finden will (Gen 32,23ff). Und manchmal scheitern sie. Dann bleibt die Frage, wie Versöhnung möglich wird.

Cat Stevens: Father and Son

Die schönste Vatergeschichte der Bibel ist aber die Geschichte von der Liebe des Vaters, die meist als Gleichnis vom verlorenen Sohn bezeichnet wird (Lk 15,11ff). Aber verloren ist hier niemand – wegen der Liebe des Vaters. Was war passiert? Ein Sohn zieht aus, um sein Glück zu machen. Wer das Leben lernen will, muss sich von den Eltern entfernen, das schützende Nest verlassen. Aber der Sohn gerät unter die Räder. Verliert sein Geld, hat keine Arbeit. Ist es Schuld? Unachtsamkeit? Schlechte Gesellschaft? So etwas passiert. Keiner ist davor sicher, in Abgründe zu geraten. Was können wir dann tun? Wir können uns erinnern! Der schönste Satz der Geschichte lautet: „Ich will mich aufmachen und zum Vater gehen". Und tatsächlich. Der Vater ist da, als er gebraucht wird. Der Sohn kehrt heim. Er muss nicht zu Kreuze kriechen. Stattdessen feiern sie zusammen ein Fest. Der Vater traut seinem Sohn zu, eigene Erfahrungen zu sammeln. Freiheit ist immer risikoreich. Aber ohne Freiheit wird niemand erwachsen.

Cat Stevens: Father and Son

Kinder brauchen Väter. Sie wollen vom Vater bemerkt und anerkannt werden. Sie brauchen Väter, die Zeit für sie haben. Das erwarten Kinder von ihnen. Mehr nicht. Väter müssen nicht alles richtig machen. Das kann niemand. Und was ist schon richtig oder falsch? Jeden Tag neu werden Freiräume und Grenzen ausgelotet. Da wird von den Vätern Verlässlichkeit erwartet – und Liebe.

Kinder wiederum wollen nicht Abbild ihrer Eltern sein. Sie wollen selbst ausprobieren, was im Leben trägt. Wollen die Zukunft meistern und die Gegenwart verstehen. Das schaffen sie am Besten, wenn ihr Vertrauen in die Eltern stark und belastbar ist. Dafür werden früh die Weichen gestellt. Das unspektakuläre gemeinsame Spiel ist oft Gelegenheit, miteinander zu lernen und sich im Leben zu orientieren. Und das Vertrauen ins Dasein zu stärken.

Hans-Jürgen Hufeisen: Kanon von Johann Pachelbel

(Kind:) Ich mag am meisten mit Papa im Eiscafe sein, auf dem Spielplatz da gibt's solche Seile, da kann ich mich rumschlingeln, sogar einen Salto in der Luft machen .. Mama schreckt sich immer aber Papa erlaubt's mir.

(Kind:) Ich mag mit Papa gerne Fußballspielen im SC Myhl-Verein... Sonst haben wir immer verloren, da haben wir gewonnen.

(Kind:) Ich gehe gerne mit meiner Familie ins Schwimmbad... Tauchen und Schwimmen.

(Kind:) Ich spiel immer mit meinem Vater Mau-Mau und ... ich gewinne immer ... und ... manchmal gewinnt er.

Es könnte sein, dass Christi Himmelfahrt und Vatertag mehr miteinander zu tun haben, als es ursprünglich schien. Zumindest wenn es um die innige Beziehung von Vätern zu ihren Kindern geht. Auch im Glauben geht es darum. Um die Beziehung zu Gott. Jesus hat seinen Jüngern gezeigt, wie stark diese Verbindung ist. Tragfähig und belastbar. Eine Basis, die jeder Christ immer wieder neu erproben kann. Sie ist die Voraussetzung für eine erwachsene christliche Freiheit.

Dafür hat Gott selbst den Boden bereitet. In der hebräischen Bibel begegnet uns Gott ja mit einem eigentümlichen Namen. Er heißt „Ich-bin-für-dich-da". Ein schöner Name! Eine gute Beschreibung für Väter. Zu diesem „Ich-bin-für-dich-da-Gott" kehrt Jesus am Himmelfahrtstag heim. Das ist sein Vatertag!

Ich möchte heute beides feiern, Himmelfahrt und Vatertag. Ich möchte mir meine eigene Vaterrolle vor Augen führen und mich erinnern: Ich kann Gott vertrauen, denn sein Name ist „Ich-bin-für-dich-da" ist. Und: Ich will ein Vater sein, zu dem sich Kinder aufmachen können in der Gewissheit: Ich werde mit offenen Armen empfangen. Immer!

Einen schönen Himmelfahrts- und Vatertag wünscht Ihnen Oberkirchenrat Klaus Eberl von der Evangelischen Kirche im Rheinland.

Lukas Graham: 7 Years

... und nun das Wetter[90]

„… Und nun, das Wetter" – so enden unsere Nachrichtensendungen. Das Wetter – im Nachspann der großen Themen ist bei uns in der Regel nur eine Bagatelle. Meine Eltern sagten immer: „es gibt kein schlechtes Wetter, es gibt nur falsche Kleidung."

1. Musik: Eva Cassidy: What a Wonderful World, CD Best of E.C.

In den letzten beiden Wochen ist das Wetter vom Rand der Nachrichten in die Mitte gerückt. Die Synode der Evangelischen Kirche in Deutschland und die Weltklimakonferenz tagten in Bonn nur einen Steinwurf entfernt voneinander zur gleichen Zeit. Dadurch wurden den Kirchenvertretern die verheerenden Auswirkungen der globalen Erwärmung vor Augen geführt. Das Wetter ist eine Überlebensfrage der Menschheit. Leidtragende des Klimawandels sind zur Zeit vor allem Menschen des Südens. Mit Reverend Tafue Molu Lusama, Generalsekretär der Tuvalu Christian Church, sprach ein Teilnehmer der Weltklimakonferenz ein eindringliches Grußwort zu den Synodalen. Der Inselstaat Tuvalu im Pazifischen Ozean ist dem Untergang geweiht. Schon jetzt steht den Einwohnern im wahrsten Sinne des Wortes das Wasser bis zum Hals. Menschen am anderen Ende der Erde sind vom Klimawandel unmittelbar betroffen. Durch die globale Erwärmung schmelzen Gletscher und Polkappen. Der Meeresspiegel steigt und steigt. Schon bald wird der Inselstaat überflutet sein.

Woran das liegt? Wir verheizen unsere Erde! Seit Beginn der industriellen Revolution haben die Weltmeere immer mehr vom Menschen freigesetztes Kohlendioxyd aufnehmen müssen. Die empfindliche Balance des Ökosystems ist in eine gefährliche Schieflage geraten. Fabrikschornsteine mit ihren Emissionen, Kohleheizungen, Braunkohlekraftwerke, der Automobilverkehr, die Abholzung der Regenwälder – viele Faktoren lassen uns auf eine Katastrophe zusteuern. Überschwemmungen, Stürme, Verwüstungen - wer sich die katastrophalen Folgen nicht ausmalen kann, der sollte sich von Männern und Frauen in Houston erzählen lassen, wie es ist, wenn Millionen auf der Flucht vor dem Wetter sind. Harvey, Irma, Maria – immer wieder wird die Stadt in Texas von Hurrikans heimgesucht. Gar nicht zu

---

[90] Geistliches Wort WDR5, 19.11.2017

reden von den ungleich tödlicheren Überschwemmungen und Dürren in Asien oder Afrika, die keine freundlichen Vornamen tragen. Die Betroffenen fliehen in irgendeine Sporthalle oder ein Wüstenzelt, zum Warten. Oder sie retten sich in ein Nachbarland. Oder sie machen sich auf den Weg nach Europa, weil wir noch vergleichsweise milde betroffen sind. Aber niemand sollte sich in Sicherheit wiegen. Die Namen Kyrill, Axel, Herwart klingen den Betroffenen auch hierzulande in den Ohren. Umweltkatastrophen werden nicht an uns vorübergehen.

Soll die Erde Heimat aller Menschen bleiben, muss sich ziemlich schnell ziemlich viel ändern. Wer nimmt das in die Hand, wenn sich Staaten nicht einigen oder gar der Verantwortung ganz entziehen?

2. Musik: Jan Garbarek: In Praise of Dreams, CD J.G.: In Praise of Dreams

Es war zu der Zeit, da Gott der Herr Erde und Himmel machte. Und alle Sträucher auf dem Felde waren noch nicht auf Erden, und all das Kraut auf dem Felde war noch nicht gewachsen; denn Gott der Herr hatte noch nicht regnen lassen auf Erden, und kein Mensch war da, der das Land bebaute; aber ein Nebel stieg auf von der Erde und feuchtete alles Land. (Gen 2,4b-6)

In anschaulichen Bildern beschreibt die Schöpfungsgeschichte die Welt, in der wir leben. Und sie mutet uns ein erschreckendes Experiment zu: Stell dir vor, das alles gäbe es nicht: keine Sträucher, keine Kräuter, keine Erde. Die Erde wüst und leer! Das Nichts ist ein schrecklicher Gedanke. Die Schöpfungsgeschichte will uns davor bewahren, unseren Lebensraum als Selbstverständlichkeit wahrzunehmen.

Uralte Erinnerungen scheinen in dieser Geschichte fortzuleben, Hoffnungen und Befürchtungen. Alles, was der Mensch hat und ist, verdankt er dem Schöpfer: Leben, Heimat, Gefährten. Naiv ist der Erzähler nicht. Er ahnt schon damals: Die Menschen haben ihr Glück verspielt. Sie hatten nicht auf Gott gehört. Hatten sich der Verantwortung für die Schöpfung nicht gestellt. Schon damals galt: Das Nichts ist durchaus denkbar. Doch hier, am Beginn der Bibel, wird eine Hoffnungsgeschichte erzählt für Menschen, die sich an Gott halten.

Da machte Gott der Herr den Menschen aus Erde vom Acker und blies ihm den Odem des Lebens in seine Nase. Und so ward der Mensch ein lebendiges Wesen. Und Gott der Herr pflanzte einen Garten in Eden gegen Osten hin und setzte den Menschen hinein, den er gemacht hatte. (Gen 2,7-8)

So wenig ist der Mensch? Auch der Mensch ist aus vergänglicher Materie. Er hat keinen Grund zu irgendeiner Überheblichkeit. Geadelt wird er nur dadurch, dass Gott ihm Odem einhaucht - und damit Gedanken, Liebe, Kreativität. Wir haben uns nicht selbst gemacht und haben wenig, ja, nichts vorzuweisen, worauf wir stolz sein könnten. Aber wir sind frei. Wir können Schlechtes tun oder Gutes, das Leben zerstören oder schützen. Wenige Wochen nach dem Reformationsjubiläum können wir uns daran erinnern, was christliche Freiheit bedeutet. Martin Luther schreibt uns ins Stammbuch: ein Christenmensch ist ein freier Herr und niemand Untertan. Ein Christenmensch ist ein dienstbarer Knecht und jedermann Untertan. Freiheit und Verantwortung – beides gehört zusammen! Freiheit ohne Verantwortung zerstört die Erde.

Und Gott der Herr ließ aufwachsen aus der Erde allerlei Bäume, verlockend anzusehen und gut zu essen, und den Baum des Lebens mitten im Garten und den Baum der Erkenntnis des Guten und Bösen. ... Und Gott der Herr nahm den Menschen und setzte ihn in den Garten Eden, dass er ihn bebaute und bewahrte. (Gen 2, 9.15)

Der Lebensraum, den Gott den Menschen zuweist, mag biblischen Lesern wie ein Paradies vorgekommen sein. Genau betrachtet handelt es sich nicht um ein fruchtbares Stück Erde, das es zu bebauen und zu bewahren gilt. Ein Schlaraffenland wird nicht erträumt. Bebauen und Bewahren heißt der doppelte Auftrag. Weil der Mensch die Erde nur als Leihgabe bekommt, bleibt er Gott gegenüber verantwortlich. Gute Haushalterschaft ist nicht zu vereinbaren mit Raubbau an dem anvertrauten Gut. Unsere Kinder und Enkel werden die Preise zahlen müssen für heutige Versäumnisse. Die Menschen im Süden, im Inselstaat Tuvalu, zahlen sie schon jetzt.

3. Musik: Lesley Barber: Smoke; CD Soundtrack „Manchester by the Sea"

Nicht weit von Bonn entfernt, gleichsam in Sichtweite der Weltklimakonferenz und der Synode der Evangelischen Kirche, liegt der rheinische Braunkohletagebau. Mit einigen Journalisten, die die EKD-Synode kommentieren, haben wir uns auf den Weg gemacht, um im Blick auf die Klimafrage den Tagebau zu sehen und mit Vertretern des Kirchenkreises Jülich zu sprechen, die sich hier schon lange engagieren.

(Stenzel:) „Das hat 1989 auf der Synode im Oktober begonnen. Damals war Peter Beier Superintendent. Damals fiel die Entscheidung für die drei Tagebaue Garzweiler, Hambach, Inden. ... Die Kritik von uns war: was ihr dort macht, bedeutet Zerstörung der Schöpfung, Verlust von Heimat, Verlust von Wasser, Verpestung der Luft durch CO2 u.a."

So erinnert sich Hans Stenzel. In der Tat fördert im weltweiten Vergleich kein anderes Land so viel Braunkohle wie Deutschland. Die Kohle-Verstromung ist mit einem gigantischen Kohlendioxid-Ausstoß verbunden. Das ist der Klimakiller Nr. 1. Aber das ist es nicht allein. Menschen in der Braunkohle-Region verlieren ihre Heimat, Dorfgemeinschaften werden zerstört. Die berühmte Erkelenzer und Jülicher Börde mit ihren fruchtbaren Böden wird nie mehr das, was sie einmal war. Auf Fragen der Reporter erläutert der Superintendent des Kirchenkreises Jülich, Jens Sannig:

(Sannig:) „Unsere Position als Kirchenkreis Jülich ist klar, dass wir uns eindeutig dafür aussprechen, dass ein Ende des Tagebaus jetzt eingeläutet werden muss. Wir sprechen uns dafür aus, dass ein Masterplan für den Ausstieg entwickelt wird, der sich an den Klimazielen von Paris orientiert und damit festgelegt wird, welche Mengen an Kohle in der Erde bleiben und nicht mehr verstromt werden."

Seit mehr als einem Vierteljahrhundert ringt der Kirchenkreis Jülich um eine Zukunft jenseits der Braunkohle. Man belässt es nicht bei der Kritik. Gutes Beispiel soll Schule machen, soll zeigen, dass es Alternativen gibt. Systematisch wurde deshalb der Energieverbrauch der Gemeinden und Einrichtungen gesenkt. Gebäude wurden ertüchtigt. Herausragend ist die alte Heinsberger Kirche, die heute praktisch energieautark ist. Der beste Strom ist der, der gar nicht verbraucht wird. Jede Gemeinde besitzt eine Photovoltaik-Anlage. Darüber hinaus wird Energie nur aus regenerativen Quellen bezogen. Heute gibt es vielfältige Alternativen zum Kohle- oder Atomstrom. Auch deshalb arbeitet der Kirchenkreis mit den Hochschulen und Forschungseinrichtungen der Region zusammen. Wer hätte das gedacht: Im Zeichen der Schöpfungsverantwortung eine Brücke zwischen Theologie und Naturwissenschaft!

Wenn sich nicht die Kirche bewegt, wer dann? Vielleicht ist der Klimawandel ja nicht aufzuhalten, aber abzumildern ist er auf jeden Fall durch entschlossenes Handeln. Es macht einen großen Unterschied, ob der Temperaturanstieg unter 1,5 Grad oder über 3 Grad liegt. Deshalb hat kürzlich auch das Düsseldorfer Landeskirchenamt, Sitz der Verwaltung und der Kirchenleitung, seine Fahrzeugflotte umgestellt. Verwaltungsdirektor Rüdiger Rentzsch erläutert:

(Rentzsch:) *„Unsere Dienstfahrzeuge sind mittlerweile entweder Hybridfahrzeuge oder rein elektrobetrieben und haben danebendie Zahl unserer Dienstfahrzeuge verringert. Übrigens auch deshalb, weil das Reiseverhalten sich verändert hat. Es wird vermehrt der öffentliche Nahverkehr genutzt, was natürlich der optimale Weg ist."*

Kleine Schritte gegen den Klimawandel. Sie schaffen es nicht in die Tagesthemen oder die Heute-Sendung. Es sind dennoch notwendige Schritte. Nur wenn wir lernen, unsere Freiheit verantwortlich zu gebrauchen, kann die Erde Heimat für alle Menschen sein.

„… Und nun, das Wetter" – so enden in der Regel unsere Nachrichtensendungen. Das Wetter ist keine eine Bagatelle. Nicht für Reverend Tafue Molu Lusama vom kleinen Inselstaat Tuvalu im Pazifischen Ozean – und nicht für uns.

4. Musik: Keith Jarrett: Over the Rainbow, Track 3 von CD K.J.: La Scala

V Predigten
... von der Menschenfreundlichkeit Gottes

An der Grenze (Joh 8,21-30)[91]

Wir hören auf Johannes 8, Verse 21-30

Da sprach Jesus abermals zu ihnen: Ich gehe hinweg, und ihr werdet mich suchen und in eurer Sünde sterben. Wo ich hingehe, da könnt ihr nicht hinkommen. Da sprachen die Juden: Will er sich denn selbst töten, dass er sagt: Wohin ich gehe, da könnt ihr nicht hinkommen? Und er sprach zu ihnen: Ihr seid von unten her, ich bin von oben her; ihr seid von dieser Welt, ich bin nicht von dieser Welt. Darum habe ich euch gesagt, dass ihr sterben werdet in euren Sünden; denn wenn ihr nicht glaubt, dass ich es bin, werdet ihr sterben in euren Sünden. Da fragten sie ihn: Wer bist du denn? Und Jesus sprach zu ihnen: Zuerst das, was ich euch auch sage. Ich habe viel von euch zu reden und zu richten. Aber der mich gesandt hat, ist wahrhaftig, und was ich von ihm gehört habe, das rede ich zu der Welt. Sie verstanden aber nicht, dass er zu ihnen vom Vater sprach. Da sprach Jesus zu ihnen: Wenn ihr den Menschensohn erhöhen werdet, dann werdet ihr erkennen, dass ich es bin und nichts von mir selber tue, sondern, wie mich der Vater gelehrt hat, so rede ich. Und der mich gesandt hat, ist mit mir. Er lässt mich nicht allein; denn ich tue allezeit, was ihm gefällt. Als er das sagte, glaubten viele an ihn.

I. Schlechte Aussichten

Liebe Schwestern und Brüder,
Ihr seid von unten her -
ihr werdet sterben in euren Sünden -
ihr glaubt nicht -
ihr versteht nicht -

das sind schlechte Aussichten, die die Perikopenordnung der neuen Kirchenleitung auf den Weg legt. Dabei wollten wir doch vom offenen Himmel reden, Kirche der Freiheit gestalten, missionarisch Volkskirche sein. In unseren Kalendern ist das Jahr 2030 schon dick angestrichen als Bezugspunkt aller Berechnungen und Prognosen des Pfarrdienstes und der Finanzen.

Und dann dies! Das Gespräch Jesu über seinen Weg ans Kreuz kommt uns ziemlich quer. Es ist gar kein Gespräch. Es lässt jeden Fortschritt, jeden Kompromiss vermissen. Es widerspricht allen Re-

---

[91] Einführung Kirchenleitung 4.3.2007, Johanneskirche Düsseldorf

geln gelungener Kommunikation. Eigentlich redet nur ER - Jesus. Und alle anderen hören. Warum? Warum nur ER? Weil er Auskunft gibt über die beiden Fragen, an denen alle Fragen der Welt hängen: Wer ist ER? Und: Wer sind wir?

II. Eine Grenze zwischen Unten und Oben

Wir sind von unten - ER ist von oben (V 23).
Keine Debatte. Keine Verhandlungsmasse. Keine rheinische Lösung.
So einfach ist das.

Zwischen oben und unten, zwischen Gott und Mensch, zwischen Himmel und Erde ist eine Grenze, die kein Erdenbürger überspringen kann. Gott ist Gott und Mensch bleibt Mensch. Dieser Grenze ist standzuhalten. Träume sollen nicht in den Himmel fliegen, Entscheidungen nicht die Bodenhaftung verlieren. Konzepte sollen menschlich bleiben - wenigsten menschlich.

Deshalb kommt der johanneische Christus fremd in die Quere unserer Gedanken, fremd für seine jüdischen Zuhörer, fremd für die Welt, fremd auch für eine Kirchenleitung, vor der gewaltige Aufgaben liegen. Es geht ihm um das Maß des Menschlichen. Viermal setzt er neu an, um uns das klarzumachen. Viermal stoßen sein Wort und der Unglaube aufeinander.

Erst am Ende löst sich die Erstarrung. Die gekreuzigte Liebe Gottes macht sich verständlich. Am Ende macht sich immer nur die Liebe verständlich. Im Schlussvers heißt es: „Als er das sagte, glaubten viele an ihn." (V 30) Da sehen wir endlich von Ferne Licht in diesem dunklen Text. Wohlgemerkt: nicht wir überspringen den Graben. Gewiss, es wird versucht. Durch Esoterik, durch theologisches Glasperlenspiel, durch Aktionismus, durch Rückzug ins fromme Reservat. Hilflose Versuche, die nur von der Sehnsucht zeugen, die in uns steckt. Der Glaube, der in Jesu Leiden und Tod das Leben entdeckt, entsteht da, wo wir die Grenze aushalten zwischen unten und oben, zwischen Gott und Welt.

Noch ehe wir uns resigniert abfinden mit der Welt, wie sie ist, mir der Kirche und ihren Ecken und Kanten, kommt Gott selbst auf uns (!) zu. Gott kommt. Hier ist der Text klar. Wo Jesus redet, redet der Vater. Der namenlose Gott gibt sich zu erkennen. Der Gott Israels, der auf die Frage Moses, wer er denn sei, mit einer rätselhaften Verheißung antwortete: Ich bin, der ich bin! Ich werde sein, der ich sein werde. Der verbot, sich ein Bild von ihm zu machen. ER bindet sich. ER bindet sich an das Wort, das Fleisch wird. Zwischen dem Vater und dem Sohn ist keine Grenze. Kein Blatt Papier passt dazwischen. Nur ER, der Mann aus Nazareth, kann deshalb sagen, wer wir sind. Wer wir sind als Menschen und Geschöpfe, als Kirche und als Kirchenleitung. Seine Antwort ist ernüchternd und erschreckend: Ihr seid „von unten", seid „Sünder", von Gott Getrennte, vom Ursprung Getrennte, vom Ziel Getrennte, Menschen an der Grenze.

Keine guten Aussichten!

III. Leben im Grenzland

Wer lange am Niederrhein wohnt, kann sich noch erinnern: bevor die Europäische Union die Ländergrenzen öffnete, konnte man sich mit Wagemut und Dreistigkeit bequem im Grenzland einrichten. Manche Schmuggelpfade sind legendär. Was der Zoll verbot, wurde über die grüne Grenze geschafft. Mit Unschuldsmiene wurden die Grenzer betrogen. Später wurden die Schlagbäume abgesägt, um zu zeigen: Eine neue Zeit bricht an, in der alle Grenzen überholt sind.

So schön diese Bilder sind. Sie taugen nicht als Metaphern für den Menschen als Sünder, als von Gott Getrenntem. Das Johannesevangelium fordert nicht unsere Raffinesse heraus, sondern unseren Glauben. Es provoziert keine spektakuläre Zeichenhandlung, sondern das Hören auf Gottes Wort.

Wenden wir uns deshalb noch einmal genauer der Grenze zu, die Jesus mit dem Gegensatz „ihr unten" „ich oben" beschreibt: die Unterscheidung von Gott und Welt. Diese Grenze ist heilsam, sie führt zur Freiheit eines Christenmenschen. Nur zwei Verse nach unserem Text heißt es im Johannesevangelium: Die Wahrheit wird euch frei machen.

Der Mensch, der auf Gottes Wort hört, der seinen Ort in der Welt kennt, seine Rolle als Geschöpf, der weiß: ich bin dem Schöpfer, dem Ursprung aller Dinge verantwortlich; ich bin freier Herr und dienstbarer Knecht zugleich, ich bin der in Freiheit Liebende und in der Liebe Freie.

Eine Grenze zwischen Unten und Oben? Hier tut Unterscheidung not. Nicht alle Grenzen dienen dem Leben - so wie die zwischen Schöpfer und Geschöpf. Manche Grenze ist widerlich. Eine Schande. Muss beseitigt werden. Jesus selbst widersetzt sich der Logik kultureller, sozialer und religiöser Barrieren. Er holt die Kranken in die Gemeinschaft. Er ignoriert religiöses Regelwerk um der Menschen willen. Er wendet sich denen zu, die keinen Namen, keine Stimme, keine Macht haben.

Wie finden wir die nötige Unterscheidung? Durch das Gebet. In Anlehnung an Worte, die Oetinger zugeschrieben werden, können wir bitten:

Gott, gib mir die Gelassenheit, Grenzen anzunehmen, die zu meinem Leben gehören, Gott, gib mir den Mut, Grenzen abzubauen, die unnötig sind, Gott gib mir die Weisheit, die einen von den andern zu unterscheiden.

IV. Grenzen annehmen

Ein Narr, wer die Grenzen, die wir nicht überspringen können, ignoriert. Grenzen der Kraft, der Belastungsfähigkeit, der Hoffnung, der Kompetenz. Das geht in der Regel nicht gut. Da sitzen Kirchenleitung, KSV's und Presbyterien, Parlament und Räte, Familien und Einzelne in einem Boot. Narrheiten hat sich die Welt schon genug erlaubt.

Gewiss, manche Grenze lässt sich um einige Millimeter verschieben. Denn wir sind lernfähig. Zum Glück! Aber wir werden nicht zu einem Baron Münchhausen, dem es gelang, sich am eigenen Schopfe aus dem Sumpf zu ziehen. Die Welt ist zwar voller Menschen, die sich das einreden. Aber das Kunststück gelingt nicht.

Die Popgruppe Rosenstolz spiegelt das Lebensgefühl vieler junger Leute, wenn sie mit erstaunlichem Realismus singt:

...sind nur etwas zerstört / vom ganzen Leben verwirrt / hab'n auf uns nicht gut aufgepasst /
irgendwas lief verkehrt / haben uns nicht mal gewehrt / und es uns viel zu leicht gemacht.

Wir sind hilfsbedürftig, nicht autonom. Wir sind angewiesen auf ein Du, das uns sagt, wer wir sind. Das uns annimmt in unserem Elend. Das uns besser kennt, als wir uns je kennen werden. Wir sind angewiesen auf Hilfe, auf Ergänzung. Niemand kann seinem Dasein aus eigener Kraft Sinn verschaffen kann. Jeder ist auf die Liebe Gottes und auf seine Gnade angewiesen.

Wie gehen wir mit unseren Grenzen um? Meine wichtigsten Lehrer waren dabei Menschen mit Behinderung. Ein körperbehinderter Theologe sagte mir einmal: Behinderung ist keine Panne Gottes, kein himmlischer Betriebsunfall. Gott will, dass dieses Leben mein Leben ist! Ein großer Satz, vor dem ich Respekt habe. Diesen Satz möchte ich nachsprechen können, auch in Situationen, wo es schwer fällt: in Krankheit, Verzweiflung, Ratlosigkeit. Wenn ich an meine Grenze komme.

Gott will, dass dieses Leben mein Leben ist. Ein Satz, um den man wohl immer ringen wird. Denn er tritt ja in Konkurrenz zu anderen Sätzen, Fragesätzen: Warum? Warum gerade ich? Warum gerade jetzt? Ist das gerecht? Fragen, auf die wir in der Regel keine Antwort bekommen.

Eines ist sicher: Mehr als Menschen brauchen wir nicht sein. Begrenzt. Erbärmlich, d.h. auch auf Erbarmen angewiesen. Das bindet alle zusammen, die „im Unten" leben. Menschen müssen nicht perfekt sein. Defizite, Leiden, Krankheiten und Fehler sind Bestandteile unseres Lebens. Entscheidend ist die Frage, wie wir damit umgehen. Mehr als Menschen müssen - und können - wir nicht sein - auch die Frauen und Männer in der Kirchenleitung.

V. Grenzen abbauen

Natürlich sind nicht alle Grenzen einfach als gottgegeben zu akzeptieren. Manche Barriere ist Menschenwerk und Skandal. Dazu gehört die wachsende Kluft zwischen Armen und Reichen in unserem Land. Mit solchen Grenzen dürfen wir uns nicht abfinden. Diese Grenzen hat Jesus nicht gemeint, wenn er von nötigen Unterscheidung zwischen Oben und Unten spricht. Fast jedes siebte Kind ist von Armut betroffen und beinahe jeder fünfte Jugendliche. Das Armutsrisiko steigt, insbesondere für Alleinerziehende, für schlecht Ausgebildete, für Migranten. Besonders beschämend: Immer mehr Menschen sind trotz Arbeit arm. Und das alles in einem reichen Land, in dem insgesamt Einkommen und Vermögen wachsen.

Die Chancengleichheit bei Bildung und Ausbildung hat abgenommen. Immer ausgeprägter ist die soziale Barriere zur Bildungsbarriere geworden. Eine Gesellschaft, die durch die Verweigerung von Anstrengungen in Kindergarten, Schule, Universität, Aus- und Weiterbildung die Kluft zwischen Arm und Reich größer werden lässt, verspielt ihre Zukunft. Das Evangelium jedenfalls rechnet mit der Bildungsfähigkeit: „Wenn ihr den Menschensohn erhöhen werdet, dann werdet ihr erkennen, dass ich es bin."(V 28).

Lernen, wer ER ist. Verstehen, was das Wort Gottes bedeutet. An den Urkunden des Glaubens buchstabieren, was der Grund der Hoffnung und der einzige Trost im Leben und im Sterben ist. Die ersten evangelischen Gemeinden am Niederrhein bauten dementsprechend zuerst Schulen, danach Kirchen. Sie verstanden sich als Sprachschule des Glaubens. Als Orte, wo christliche Freiheit eingeübt und erprobt wird.

VI. Weisheit

Weisheit ist gefragt, um zu unterscheiden. Weisheit ist nötig, um zu klären, welche Grenzen anzunehmen und welche einzureißen sind. Das ist nicht einfach. Gerade der ökumenische Dialog zeigt, dass wir uns nach Einheit sehnen wie sie auch das Johannesevangelium vor Augen hat (Joh 17,21), nach Überwindung der Grenzen, aber immer wieder vor harte Mauern laufen. Manchmal handeln wir uns dabei sogar blutige Nasen ein. Das hat zu der etwas sterilen Formel von der Ökumene der Profile geführt. Die Sehnsucht nach Einheit und realistische Wahrnehmung ihrer Grenzen soll so beieinander gehalten werden.

Aber die Liebe ist klüger als theologische Formeln. Und ohne Leidenschaft bewegt sich nichts. Auch keine Grenze. Vor Jahren habe ich in der Kirchenleitung von einer alten Grabstätte berichtet, die ich auf dem Roermonder Friedhof entdeckt habe, graf met de handjes. Die Ruhestätte des ersten konfessionsverschiedenen Ehepaares in dieser Stadt Mitte des 19. Jahrhunderts. Sie: katholisch, adelig, aus

Roermond - er: Protestant, Bürger, aus Amsterdam. Die Liebe ließ gleich mehrere Barrieren wie den Schnee schmelzen. Konfession und Stand hatten sie keine Bedeutung. Was hat sich dieses Paar zugemutet? Skandal, Spießrutenlaufen, Widrigkeiten ohne Ende, Kopfschütteln. Sogar als die beiden Liebenden starben, war es nicht möglich, sie nebeneinander zu beerdigen. Denn der evangelische und der katholische Teil des Friedhofs sind durch eine hohe Mauer getrennt. Die Kinder aber, in die Schule der Liebe ihrer Eltern gegangen, fanden eine erstaunliche Lösung. Das Ehepaar wurde Kopf an Kopf dies und jenseits der Mauer beerdigt. Er auf dem evangelisch Teil, sie auf dem katholischen. Ihre Grabsteine aber waren höher als die Mauer. Aus den Steinen heraus greifen bis heute Hände, die einander über der Mauer festhalten. Die Liebe überwindet nicht jede, aber manche Grenze.

VII. Wer ist Jesus?

Auch Jesu Selbstzeugnis ist eine Liebeserklärung. Er redet über seinen Fortgang und über seine Erhöhung. Und seine Sprache ist voller atemloser Leidenschaft. Eigentlich meint er das Kreuz, wenn er von Erhöhung spricht. Das Kreuz, das Gott und Welt, Mensch und Mitmensch in einem Brennpunkt verbindet. Dass er dabei immer vom Vater spricht und von seiner Liebe zur Welt, versteht nur der Glaube. Jedes Wort ist ausgerichtet auf das gnädige „Ich bin", das Jesus dem Glaubenden ins Herz schreibt: „Ich bin das Licht der Welt. Wer mir nachfolgt, der wird nicht wandeln in der Finsternis, sondern wird das Licht des Lebens haben." (Joh 8,12).

Das Lichtwort kurz vor unserem Textabschnitt zeigt ja beides: Wir sind ein Teil der Finsternis, des Unten. Wir sind Sünder, Getrennte, begrenzte Menschen. Aber zugleich haben wir im Glauben Anteil an Christus und seinem Heil. Zugleich sind wir Geliebte, Versöhnte, Begnadigte.

Denn im Kreuz ist Gott verbunden mit Mensch und Welt. Wie man einen Balken über einen tiefen Abgrund legt, so liegt das Kreuz über allen Abgründen unseres Daseins. Den selbst verursachten Riss können wir nicht heilen. Wir bleiben unten. Aber ER, der Mann aus Nazareth, kommt uns entgegen. Die Begrenztheit unserer Existenz können wir nicht überspringen, aber ER bewirkt, dass wir mit ihr leben können. Die Rätsel unseres Lebens können wir nicht lösen. Aber ER rüttelt mit uns an ihrem Tor.

Andere Grenzen, die wir selbst konstruiert haben, verlieren ihre Bedeutung. Wie überflüssige Demarkationslinien werden sie irgendwann vom Bagger weggeräumt und sind nur noch eine historische Reminiszenz.

Denn: Vor Jesus, dem einen Worte Gottes, fällt die Grenze zwischen Geretteten und Verlorenen. Sein Heil öffnet sich für die Welt (V 26). Es ist nicht exklusiv, sondern verbindet die kleine Schar, die tapfer versucht zu glauben mit dem weiten Erdkreis.

Auf seine Liebe vertraut die neue Kirchenleitung gemeinsam mit der ökumenischen Christenheit. Vor seiner Leidenschaft machen sich alle Grenzen lächerlich, nur eine nicht: dass wir Menschen sind und Gott Gott ist.

Sind das keine guten Aussichten?

Amen.

Eine Kultur, in der jeder Mensch hat einen Platz hat (2. Kor 4,6)[92]

Epiphanias - das Fest der Erscheinung des Herrn. Gott kommt sucht seinen Platz in der Welt. Für Paulus hat Gottes Kommen tief greifende Wirkungen:

„Gott, der sprach: Licht soll aus der Finsternis hervorleuchten, der hat einen hellen Schein in unsre Herzen gegeben, dass durch uns entstünde die Erleuchtung zur Erkenntnis der Herrlichkeit Gottes in dem Angesicht Jesu Christi. "

Mir klingen andere Sätze im Ohr, in denen es um einen Platz in der Welt geht:
Dich brauchen wir nicht.
Du kannst nichts, weißt nichts, bist nichts.

---

[92] Predigt zur Eröffnung der Landessynode Bad Neuenahr, 6.1.2008

Du bist das 5. Rad am Wagen.
Du bist unnötiger Ballast,
ein Kostenfaktor.
Du wirst entlassen.
Ausländer raus.
Aus dir wird nie was.
Du hast hier keinen Platz.

So finster kann die Perspektive von Menschen sein. Kein Platz. Im Zentrum des Weihnachtszyklus steht die verletzliche Suche der Liebe Gottes nach einem Ort. Da ist die Herbergssuche am Heiligen Abend. Da ist Flucht des Kindes und seiner Familie vor den Schergen des Herodes nach Ägypten. Kein Platz. In der Tat: Das Licht der Epiphanie hat es schwer mit der Finsternis, die sie vorfindet. Und die Finsternis hat viele Namen: Einsamkeit, Armut, Hoffnungslosigkeit, Hunger, Krankheit, mangelnde Geborgenheit und Fürsorge, Bildungsferne.

Das Kind in der Krippe und der Mann am Kreuz haben ihren Platz an der Seite der Ausgegrenzten und Abgeschriebenen, der Freigesetzten und Ausgeschlossenen. Damals wie heute. Denen, die keine Heimat haben, kein Selbstbewusstsein, denen, die keine Wertschätzung erfahren, wird gesagt: Licht ist da - Licht soll in der Finsternis aufleuchten.

Der Scheinwerfer wird angeknipst. Ein heller Schein. Er wird zum Suchscheinwerfer, um einen Platz zu finden. Einen Platz für jeden Menschen. Ohne Ausnahme. Für die Glücklichen und Traurigen, die Starken und Schwachen, die Opfer der Globalisierung und ihre Akteure, die Schulversager und die Überflieger, die Menschen mit und ohne Behinderung, die Jungen und die Alten.

Es geht Paulus um das Sichtbarwerden der Herrlichkeit Gottes in der Welt. Er erinnert an den ersten Schöpfungstag, an dem Gott mit Licht das Tohuwabohu vertreibt. Aber die korinthischen Christen wollen sehen, was Paulus (!) zu bieten hat. Nun, da sind keine staunenswerten Fähigkeiten. Da ist keine Ekstase. Paulus ist in Bedrängnis.

Ein wenig erinnert mich das an die Bedrängnis, in der sich die Evangelische Kirche befindet. Die Kirche der Freiheit läuft nicht strahlend, sondern stolpernd auf ihre selbst gesetzten Zielmarken 2012 oder 2030 zu. Und die Leuchtfeuer sind im Spiel der Metaphern bestenfalls Glühwürmchen, die keine strahlende Zukunft machen.

Paulus in Bedrängnis. Woher nimmt er nur die Dreistigkeit seines apostolischen Anspruchs?, fragen seine Kritiker. Kann ein unscheinbarer, kranker Mann, ein Mensch mit Behinderung sogar, glaubwürdiger Zeuge Gottes sein? Ein Mensch ohne offensichtlichen Leistungsnachweis?

Da rückt Paulus die Perspektiven zurecht: Ihr wollt sehen? Seht die Dunkelheit und Schwachheit! Ihr sucht Herrlichkeit? Herrlichkeit gibt es nur im Angesicht Jesu! Ihr sehnt euch nach Licht? Alles Licht ist Widerschein des Gekreuzigten. Ihr wollt Kirche sein? Kirche ist ein Platz der Erleuchtung, ein Ort, wo das liebe Evangelium gelebt und erlebbar gemacht wird.

Sie ist nichts aus sich selbst heraus. Sie hat kein eigenes Licht, keine Erkenntnis, keine Kraft, derer sie sich rühmen könnte. Das bisschen evangelische Liberalität, das Zutrauen in ihre Werte, das Engagement für Bildung und Diakonie, die Verlässlichkeit einer Körperschaft - sind keine Legitimation. Alles, was sie ist, kommt von ihm, dem Gekreuzigten und Auferweckten. Und der Evangelist Matthäus würde Paulus beiläufig ergänzen: und der ist kein anderer als das Kind aus Bethlehem, zu dem die Magier unterwegs sind. Das ist die Provokation, die uns zugemutet wird: Kirche ist nur ein Platz, an dem sich Menschen dem Licht Christi aussetzen können. Ein Platz, an dem das Wort Gottes weitergesagt wird. Paulus formuliert so: *„dass durch uns entstünde die Erleuchtung zur Erkenntnis der Herrlichkeit Gottes in dem Angesicht Jesu Christi".*

Kirche - wir wollen diesen Platz erproben, ihn auf dieser Synode gestalten. 40 Stühle bieten sich in unserem Gottesdienst zum Probesitzen an. Denn die Mitglieder der Landessynode haben ja Sitz und Stimme. Stühle zum Sitzen und Ausruhen. Zum sich-erleuchten-lassen. Zum Zusammenrücken und Auseinandersetzen.

Ein Stuhl erhebt den Menschen über den Boden. Als Erhöhung ist er Ausdruck der Würde. Ein Stuhl ist Bedeutungsträger. Das merkt man spätesten dann, wenn man Sitzordnungen festlegen muss. In den Kirchenordnungen der Reformationszeit spielte die Behandlung der Kirchenstühle eine gewichtige Rolle. Ein Stuhl kann viel bedeuten: Thron, Notsitz, Lehrstuhl, Chefsessel, Rollstuhl, Sitzung. Wie auch immer. Der Stuhl sagt: Ich gehöre dazu. Ich bin dabei - im Licht, nicht in der Finsternis.

Menschen mit und ohne Behinderung sind in einem integrativen Workshop im PTI zusammengekommen, um diese Holzstühle zu gestalten. Sie haben miteinander gelebt, voneinander gelernt, sich unterstützt, gefeiert, gemeinsam gestaltet. Sie waren Kirche. Sie haben den hellen Schein in ihrem Herzen gespürt, den niemand herbeizwingen kann. Den Gott selbst schenkt in seiner Menschenfreundlichkeit.

Das sieht man den Stühlen an. Jeder Stuhl ist anders. Unterschiedliche Formen und Farben. So verschieden, wie die Menschen. Da ist der Sonnenstuhl, gelb-orange angemalt. Er leuchtet so warm und einladend für einen Sonnenplatz im Leben. Ein Stuhl hat Blumen und einen grünen Sitz. Der Stuhl der Hoffnung. Hoffnung, die sich gründet auf das Kommen Gottes in die Welt. Einige Stühle sind rot und mit Herzen verziert. Sie sind der Liebe gewidmet. Gott ist die Liebe. So viele Stühle - so viele Persönlichkeiten.

Die 40 Stühle stehen für eine lebendige Kultur des Zusammenlebens von Menschen mit sehr unterschiedlichen Bedürfnissen. Jeder und jede soll mit den eigenen Fähigkeiten und Grenzen voll dabei sein. Einen festen Platz in der Gesellschaft haben. Der Arbeitsbereich Integrative Gemeindearbeit im PTI hat die Stühle mit dieser Botschaft auf die Reise geschickt. Zu Gemeinden und Kirchenkreisen, zum Kirchentag nach Köln, zur Landessynode. Für eine Kultur, in der jeder Mensch Platz hat.

Was sehen wir, wenn wir uns auf diese Stühle setzen? Welche Erkenntnis legt sich nahe? Wo sehen wir klarer? Ich möchte auf drei mögliche Wahrnehmungen hinweisen.

Die erste betrifft die Künstlergruppe der Menschen mit und ohne Behinderung. Der Arbeitsbereich Integration ist inzwischen ein fester Bestandteil kirchlicher Bildungsarbeit im PTI. Das ist nicht selbstverständlich. Es ist noch nicht lange her, da dachte man beim Stichwort Behinderung an Hilfehandeln, an Mitleid, an „Aktion Sorgenkind". Die einen geben, die anderen empfangen. Die einen sind stark, die anderen schwach. Die einen sind gesund, die anderen krank und - ziemlich arm dran. Hilfe als Einbahnstraße. Integration als Einfügung in den vorgegebenen Rahmen. An gemeinsame Bildung dachte niemand.

Solche Barrieren im Kopf sind schwerer zu überwinden als hohe Bordsteine und Treppen mit einem Rollstuhl. Bei Paulus lernen wir: Im Lichte des Evangeliums gibt es keine starre Aufteilung der Welt in dunkel und hell. Gottes Licht ist auf alle Menschen ausgerichtet. Integration ist deshalb eine gemeinsame Suchbewegung. Niemand ist - genau betrachtet - unabhängig und souverän. Wir sind eine Ergänzungsgemeinschaft. Wir sind eingebunden in lokale und globale Zusammenhänge, ein Netz, das uns tragen kann, das uns aber auch verwundbar macht. Nicht aus den Fähigkeiten des Menschen resultiert seine Würde, sondern aus der Bejahung, die von Anfang an für jedes Leben gilt.

Das können Menschen mit und ohne Behinderung nur gemeinsam (!) lernen:
die Grenzen unserer Kraft und Fähigkeiten wahrnehmen,
Defizite annehmen,
Schuld bekennen,
der Hoffnung mehr zutrauen als dem Scheitern,
in jedem Menschen den Widerschein der Herrlichkeit Gottes erkennen.

Denn das verbindet uns: Jeder und jede ist auf die Liebe Gottes und auf seine Gnade angewiesen. Eine Gesellschaft, die in diesem Licht lebt, wird in etwas neues integriert, das wir noch nicht kennen. Nämlich in eine Kultur, in der jeder Mensch Platz hat. Das ist der Platz an der Sonne, der versprochen ist.

Ein zweiter Stuhl. Grün. Eine andere Wahrnehmung. Das Schwerpunktthema unserer Synode heißt „Wirtschaften für das Leben". Wir haben uns in die umfangreiche Vorlage eingearbeitet. Die Globalisierung hat die Welt dramatisch gespalten in Gewinner und Verlierer. Angesichts der Verelendung und des Hungers, angesichts himmelschreiender Ungerechtigkeit, rufen die Kirchen des Südens zum Bekenntnis auf. Sie fragen: Wo ist unser Platz in der Welt? Wo ist Gott? Unser Stuhl im Rheinland erscheint dagegen - vordergründig - sicher. Noch können wir uns eine akademische Diskussion leisten, die zwischen „Gestaltung der Globalisierung" und „Überwindung des Liberalismus" pendelt. Wir (!) können sie uns leisten. Noch … Die Opfer nicht. Deshalb ist der grüne Stuhl der Hoffnung mit einer Schlange versehen. Die Zukunft ist bedroht.

Arbeitet man mit Konfirmandinnen und Konfirmanden über dieses Thema, über Haushalterschaft im umfassenden Sinn, tut Elementarisierung not. Eine Konfirmandengruppe. Da ist ein Raum. Er wird zur Weltkarte. Auf dem Boden sind die großen Regionen mit Kreide gemalt. Nordamerika, Europa, Asien, Afrika u.s.w. Es gibt genügend Stühle - für alle. Die Stühle stehen nun aber für die Wirtschaftskraft. Jetzt wird geschätzt und experimentiert. Die Stühle werden verrückt. In der einen Region stapeln sie sich, in anderen ist gähnende Leere. Am Ende kann man die genauen Zahlen in einer Tabelle nachlesen. Erstaunen. So viele Stühle in Amerika und Europa? Nur ein Stuhl in Afrika? Das Spiel geht in seine zweite Runde. Nun fragen wir uns: wie viele Menschen leben eigentlich dort? Wieder Erstaunen, Aufregung, Gedränge. Während man es sich hier auf mehreren Stühlen bequem macht, schlagen sich dort viele um den einen einzigen Stuhl. Wie war es noch am Anfang - genügend Stühle für alle? Ein Platz für jeden Menschen? Diese Unterschiede sind ungerecht, sagen die Konfis. Da muss man doch `was machen! Aber wie?

„Money makes the world go `round", sagen viele. In der globalisierten Welt scheinen sich alle Fragen dem ökonomischen Dogma unterzuordnen. Freie Waren- und Finanzmärkte sollen der gesamten Weltfamilie nutzen. Aber hat am Ende wirklich jeder und jede einen Platz? Das Experiment mit den Stühlen deutet nur das Ausmaß der verzerrten Welt an, in der wir leben.

Der Glaube misstraut der Eigengesetzlichkeit des Geldes. Es schafft ja nicht Licht in der Finsternis. Wirtschaften für das Leben - ja, darum geht es. Wirtschaften, dass jeder seinen Platz hat. Selbst in

Deutschland, dem „Exportweltmeister", trägt die Globalisierung ein Janusgesicht. Wir sind Gewinner und Verlierer, Täter und Opfer zugleich. Die deutsche Volkswirtschaft wächst und Gewinne explodieren, während gleichzeitig Arbeitsplatzabbau und der Verlust von sozialen Sicherungen um sich greifen. Schuld lastet tonnenschwer auf uns. Ob das unser Stuhl aushält?

Da ist noch ein dritter Stuhl. Ein Kirchenstuhl. Ich habe den roten mit den Herzen ausgesucht. Denn in der Kirche soll man doch etwas spüren von der Liebe Gottes, die in die Welt gekommen ist. Die Sehnsucht nach diesem Licht ist groß. Nach Geborgenheit, nach Halt, nach Vergebung, nach Neuanfang. Es wären viele Stühle denkbar.

Welchen Weg schlägt unsere Kirche ein? Auf welchen Stuhl setzt sie sich am Ende? Angesichts von Proponenden, Organisationsuntersuchungen, Rahmenkonzepten für Pfarrstellen, Drucksachen und nochmals Drucksachen könnten Böswillige vermuten: die Welt brennt - und die Kirche beschäftigt sich mit sich selbst. Darum müssen wir zwischen den Papierbergen immer wieder nach dem Licht suchen, das die Finsternis vertreibt. Angesichts schwieriger Fragen ist das nicht leicht:

Was wird aus den jungen Theologinnen und Theologen, denen wir keine Perspektive anbieten können?
Wie können wir wachsen gegen den Trend?
Werden wir die Qualität unserer Schulen verbessern und gleichzeitig Geld einsparen?
Wachsen uns nicht langsam die Reformschübe über den Kopf?
Gelingt die Balance zwischen presbyterialer und synodaler Verantwortung?
So viele ungelöste Fragen. So viele Stühle und Perspektiven.

Eine Frage bleibt mir noch. Wo sitzt eigentlich Gott? Epiphanias. Gott kommt in die Welt. Er nimmt seinen Platz ein. Die Künstlergruppe im PTI hat keinen Thron gemalt. Ich vermute: Gott sitzt zwischen allen Stühlen. Ganz unten auf dem Boden. Er ist gegenüber allen Rollen, die wir ihm zuweisen, souverän. Wichtig ist nur eines: Wer ist das Licht? Christus! Er gibt der Liebe Gottes ein Gesicht.

Gott setzt sich zwischen alle Stühle. In Christus nimmt er Partei für die, die keinen Platz haben. Gott sitzt bei denen, die immer wieder die alte Litanei hören:

Dich brauchen wir nicht.
Du kannst nichts, weißt nichts, bist nichts.
Du bist das 5. Rad am Wagen.
Du bist unnötiger Ballast,
ein Kostenfaktor.
Du wirst entlassen.
Ausländer raus.
Aus dir wird nie was.

Gott sitzt zwischen allen Stühlen, ganz unten auf dem Boden.

Wer Gottes Herrlichkeit im Angesicht Christi sehen will, muss sich tief hinunterbeugen.

Meine Bibel (Am 8,11)[93]

„Siehe, es kommt die Zeit, spricht Gott der HERR, dass ich einen Hunger ins Land schicken werde, nicht einen Hunger nach Brot oder Durst nach Wasser, sondern nach dem Wort des HERRN, es zu hören."

Liebe Gemeinde,

haben Sie heute Ihre Bibel mitgebracht? Ihre ganz persönliche? Zum runden Geburtstag des rheinischen Bibelwerks. Man soll ja seine Beziehungen zur Bibel pflegen wie die zu guten Freunden. Das ist meine Bibel. Meine Bibel begleitet mich seit der Konfirmandenzeit. Sie ist vollgeschrieben mit Bleistift, muss von Zeit zu Zeit neu gebunden werden. Einige Seiten fehlen und werden ersetzt durch Einlegeblätter. Eine Bibel als Weg- und Lebensbegleiter. Ich hätte Ihnen auch gern die Bibel meines Sohnes mitgebracht. Zum ersten Geburtstag bekam er eine Bilderbibel geschenkt zur Geschichte vom verlo-

---

[93] Predigt zum 200jährigen Bestehen des Evangelischen Bibelwerks im Rheinland, Wuppertal, 21.9.2014

renen Sohn. Noch ohne sprechen zu können, verfolgte er voller Spannung jeden Tag neu die Etappen der Geschichte, besorgt, entrüstet, verzeifelt, um am Ende erleichtert festzustellen, dass der Vater den Verlorenen mit offenen Armen erwartet. Dreißig Jahre später existieren nur ein paar Fetzen Papier, die unendlichen Wert haben. Aber solch ein Juwel, die das eigene Leben deuten, gibt man als Erwachsener nicht mehr her. Deshalb konnte ich sie nicht mitbringen.

Wie sieht Ihre Bibel aus? Ein Heft mit einer Textauswahl, das Sie schon vor einer halben Ewigkeit im Krieg begleitet hat? Oder eine Bibel in gerechter Sprache, die Ihre Augen neu für Genderfragen geöffnet hat. Ach, Sie lieben den Luther-Text mit seiner herausragenden Sprachgewalt und Poesie! Manches haben Sie auswendig gelernt. Ein Schatz ins Herz geschrieben. Davon soll nicht abgewichen werden. Oder gehören Sie zu den Neugierigen, die sich mit Volxbibel, dem Großen Boss und der Twitter-Ausgabe „Und Gott chillte" durch die Hintertür in den Raum biblischer Texte begeben?

Gott spricht zu uns durch die Bibel. So wie unsere Bibel aussieht, so ist wohl auch das Gespräch zwischen Gott und uns. Geprägt durch gute und schlechte Erfahrungen, leidenschaftlich, alltäglich, traditionell geformt, neugierig. Das alles ist möglich. Gott hält das aus. Wenn wir unsere Bibel zur Hand nehmen, betreten wir einen ganz persönlichen Chatroom. Da ist ein Spiegel, der mir zeigt, wer ich bin. Da begegnen mir all die, die vor mir waren und mich geprägt haben. Alle sind versammelt. Die Zeugen des Glaubens von Anfang an bis zum Vollender Welt. Da kann ich mich selbst erkennen und meine kleine Welt mit ihren schwierigen Fragen, und meine große Hoffnung, weil ich erkannt bin. Und ich sehe die Welt mit anderen Augen, mit den Augen des Glaubens. Ein Buch für den Dialog mit Gott. Da wird meine Sehnsucht wach gehalten, dass das Leben gut wird – und die Welt gerecht – und dass Friede aufscheint, wo kein Friede ist. Da wird mein Verstand geschärft und mein Vertrauen ins Dasein genährt. Denn die Bibel ist so etwas wie eine Lesehilfe für meine Wirklichkeit. Alles war schon einmal da. Keine Verzweiflung, die nicht schon Gott geklagt wurde; keine Schuld, die nicht mit der Bitte um Vergebung eingestanden wurde; keine Leidenschaft für den Menschen, die sich nicht am Wort Gottes entzündet hätte. Die Bibel liefert die Tiefen-Grammatik für unser Leben. Mit ihren Bildern des

Gelingens. Mit ihren Worten des Zorns. Mit ihrer Sehnsucht nach Gottes Heil. Mit ihrem Hunger – nicht nach Brot. Mit ihrem Durst – nicht nach Wasser. Eine andere Sehnsucht quält den Propheten Amos und mit ihm die Christenheit: Der Hunger nach Gottes Wort. Der Durst nach Gottes Wort. Die Leidenschaft für Gottes Wort.

Leidenschaft! Das ist das Kennzeichen des Propheten Amos. Davon ist das Herz des Propheten voll: Der ungestillte Hunger nach Gerechtigkeit. Es macht ihn schier verrückt und zornig, dass etwas faul ist im Staate – nein: nicht in Dänemark – in Israel; und das heißt für den Glauben: bei uns. Denn seine schonungslose Analyse ist hoch aktuell, ist politisch brisant. Der alte Text, vor 2800 Jahren aufgeschrieben, hört sich an wie ein politischer Kommentar des Jahres 2014. Die Lage ist ernst. Das Land wähnt sich in wirtschaftlicher Blüte. Eine Blüte im Selbstbetrug. Denn die Reichen finanzieren ihren Luxus durch rücksichtslose Ausbeutung der Armen, sichern ihre Macht durch Betrug und Bestechung. Die Barrieren zwischen Oben und Unten, zwischen Arm und Reich, zwischen Drinnen und Draußen überwindet niemand. Wie eine klaffende Wunde im Fleisch ist die Sünde nicht zu übersehen. Das Land ist reif für das Gericht. Das Unrecht schreit zum Himmel. Die Gottlosigkeit ist hemmungslos. Dabei werden noch immer erbauliche Gottesdienste gehalten. Auch Gott wird verehrt, der liebe Gott. Nur die Konsequenzen bleiben aus. Keiner, der dem Rad in die Speichen greift. Keiner, der Verantwortung übernimmt. Keiner, der etwas riskiert für Gottes Wort. Beschwichtigung ist angesagt. Eingelullt dämmert das Volk dahin. Und nun?

„Siehe, es kommt die Zeit, spricht Gott der HERR, dass ich einen Hunger ins Land schicken werde, nicht einen Hunger nach Brot oder Durst nach Wasser, sondern nach dem Wort des HERRN, es zu hören." Nur im Hören auf Gottes Wort und im Suchen und Umsetzen seines Willens gibt es Leben und Zukunft. Das ist Amos Botschaft. Eine unangenehme Botschaft. Und deshalb nimmt er uns an die Hand und führt uns ans Mittelmeer, wo gerade wieder 500 Flüchtlinge ertrunken sind. Und wir möchten am liebsten die Augen schließen und die Tagesthemen abschalten. - Er geht mit uns zu den Krisenherden der Welt, in denen das Gesetz des Krieges herrscht. Und wir verstecken uns. - Er zeigt uns die Viertel unserer Stadt, in die niemand mehr gehen will, weil Armut riecht und abstößt. Auch unser Navi findet nicht den Weg. - Er führt uns zu den Kapitalmärkten der Welt, wo mit den Schicksal der Menschen spekuliert wird. Wir klagen: Das alles ist uns viel zu kompliziert. – Amos kennt das. Amos kennt uns. Und er warnt: Es könnte zu spät sein. Es könnte sein, dass der Hunger nie mehr gestillt wird. Der Hunger Israels, aber auch euer Hunger!

Wie macht er das, der Prophet Amos? Wie zeigt er uns die Welt, in der wir leben? Wie macht er uns sensibel für die Opfer, für das Unrecht? Letztlich für Gott? Er macht das mit der Bibel! Mit seinem Prophetenwort, das in der Wolke der Zeugen von einem zum anderen weitererzählt wurde, aufgeschrieben wurde, in den Kanon gelangte, übersetzt wurde, gedruckt, verbreitet. Bis es zu uns gelangte als das Buch schlechthin. Als Buch des Lebens, als Deutetext unserer Wirklichkeit. Das Wort Gottes, das der Prophet im Herzen hat, kommt zu uns durch die Schrift. Nicht automatisch, gewiss. Verschlungene Wege legt das Wort zurück. Der Schriftbezug macht noch kein lebendiges Gotteswort. Da mögen wir unsere Bibel noch so lieb haben und fleißig darin lesen. Zu sprechen beginnt das alte Wort der Schrift erst durch das Wunder des Heiligen Geistes. Dann, wenn Gott selbst das Wort nimmt im Worte irrtumsfähiger Menschen. Wenn er sich einmischt in menschliches, allzu menschliches Geplapper. Das ist immer ein Wunder, nicht durch alle Theologie und Reflexion herbeizuzwingen. Gott ist frei. Sein Wort ist frei gegenüber unseren Worten. Aber Gott spricht zu uns – heute und jetzt und hier.. Und die Schrift brauchen wir als Norm, um zu unterscheiden, was feine Lüge oder klare Wahrheit ist. Wir brauchen sie als Maßstab, um die Geister zu scheiden. Das war eine der entscheidenden Erkenntnisse der Reformation! Die Heilige Schrift als Norm. Weil Gott sich - wie an das Kreuz Christi - für immer ans Wort der Propheten, Evangelisten und Apostel gebunden hat. Deshalb. Und deshalb ist die Bibel Richtschnur für unser Leben.

Es ist das Wort, das ich mir nicht selbst sagen kann. Niemand kann sich nicht wie Münchhausen am eigenen Schopfe aus dem Sumpf herausziehen. Es ist das Wort das tröstet und befreit, aufwühlt und versöhnt. Unser Horizont ist eingeschränkt. Deshalb der Hunger. Deshalb der Durst. Nach Gottes Wort.

Nein, Amos hat nicht recht! Es ist nicht zu spät! Es ist nie zu spät. Sein Zorn ist gerecht, aber er rechnet nicht mit dem gnädigen Gott. Hunger und Durst sollen gestillt werden. Das Suchen läuft nicht ins Leere. Noch ist Umkehr möglich. Dafür steht der ein, den Amos nicht kennt: Jesus Christus. Jesus Christus, wie er uns in der Heiligen Schrift bezeugt wird, ist das eine Wort Gottes, das wir zu hören, dem wir im Leben und im Sterben zu vertrauen und zu gehorchen haben. So sagt es die Barmer Theologische Erklärung. Er ist der ganze Inhalt der Bibel. Von der ersten bis zur letzten Seite.

Sanft kommt sein Wort daher. Erstes Morgenlicht nach nächtlichem Schwarz. Nimmt weg Kummer und Gram, Bitterkeit und Verzagen. Berechtigt, sich selbst zu bejahen trotz Schuld. Er spricht durch das Wort der Bibel, leiht sich fremden Mund.

Ich schlage meine Bibel auf.
Ich lese. Ich höre. Gott spricht – noch immer.
Er leitet mich auf der Suche nach dem Leben, wie es recht ist.
Gott - fragend wird das Wort geformt.
Vier Buchstaben – wegerprobt;
ein Leben lang
stolpern
leiden
weinen
schreien
atmen
hören
trösten
denken
spüren
aushalten
lieben
hoffen
vergeben
schweigen.
Alles ist da.
Das ganze Leben im Buch Gottes.
So viele Worte im Mund.
So viele Namen auf den Lippen.

Am Ende meiner Tage,
wenn ich längst heimgekehrt bin zu Gott
und mein Mund und meine Lippen
für immer verschlossen bleiben,
Am Ende redet nur noch Gott selbst.
Erst dann brauche ich keine Bibel mehr.
Amen

Top Ten (Ex 20)[94]

Was kommt eigentlich zuerst?
Erst Adenauer
dann Luther
3. Marx
4. Scholl
5. Brandt
6. Bach
7. Goethe
8. Gutenberg
9. Bismarck
10. Einstein
So die Liste der 10 beliebtesten Deutschen.
Müsste für uns nicht Luther der Erste sein?

Zahlen sind das Leitmotiv der diesjährigen Sommerkirche. Im Zeitalter der Hitparaden, Rankings und Evaluationen bestimmen Zahlen unseren Alltag und das Denken. Wer ist oben, wer unten? Wer gewinnt, wer verliert? Werden Ziele erreicht oder verfehlt? Die zehn besten Songs, die zehn schnellsten Läufer, die zehn beliebtesten Politiker, die zehn erfolgreichsten Unternehmen... Top Ten – alles andere ist uninteressant.

Den Jüngeren unter uns dürfte allerdings die Musik-Hitparade geläufiger sein.
1. Onerepublic: Marchin' On

---

[94] Predigt im Rahmen der Sommerkirche zu Zahlen, Wegberg, 23.7.2010

2. Edward Maya & Vika Jigulina: Stereo Love
3. Velile & Safri Duo: Helele
4. Lady Gaga: Alejandro
5. Katy Perry: California Gurls
6. Rihanna: Te Amo
7. Ginuwine: Get Involved
8. Sportfreunde Stiller: 54, 74, 90, 2010
9. Hurts: Wonderful Life
10. Shakira: Waka Waka

Was kommt zuerst? Hanns Dieter Hüsch bearbeitet satirisch unsere
Sucht, durch Ranglisten Ordnung in die Welt zu bringen:
Ich bin im Moment –
Da ja in unseren Breiten
Alles drunter und drüber geht –
Etwas durcheinander
Und habe seit einigen Tagen den Überblick verloren
Sagen sie mir doch bitte
Was kommt eigentlich zuerst
Die Kunst oder der Mensch
Oder
Der Mensch und dann die Kunst
Zuerst kommt doch das Fressen
Und dann die Moral
Also
Zuerst kommt das Fressen
Dann die Moral
Und dann die Kunst
Und dann ...
die Kunst, das Auto, das Geld, die Gesundheit, der Welthandel ...
Und was kommt zuletzt?
Dumme Frage
Der Mensch natürlich.

Ranglisten, Rankings, wie es neumodisch heißt, wollen Ordnung in
eine unübersichtliche Welt bringen. Ich suche eine passende Musik –
die Hitparade gibt Antwort. Das mag noch angehen. Schwieriger
wird es, wenn der Mensch in seiner Vielfältigkeit dabei zu kurz
kommt. Wenn das Gelingen des Studiums nur nach Credit-Points

bewertet wird, die Bildungsqualität nach Zahlen bei Pisa, der Sinn des Wirtschaftens nur nach shareholder value.

Der Wert dieser Ranglisten ist sehr begrenzt. Ob die Musik mir (!) gefällt, weiß die Hitparade nicht. Ob in der Schule Verantwortung gelernt wird, kann Pisa nicht sagen. Ob ein Unternehmen zufriedene Mitarbeiter hat oder hohe ökologische Standards erfüllt, bildet die Bilanz nicht ab. Wir sehen es gerade bei BP im Golf von Mexiko. Und wie geht es denen, die immer nur Durchschnitt sind und trotzdem ihre Aufgaben ordentlich erledigen. Müssen die nicht auch gewürdigt werden? Oder jene, die unter schlechten Ausgangsbedingungen zu leiden haben. Ist ihre Leistung belanglos?

Wie kam es eigentlich, dass wir immer auf die Zahlen schauen? Sind uns die Erzählungen vom Leben, das gelingen kann, ausgegangen? Haben wir unseren Mangel an Orientierung dadurch ausgleichen wollen, dass wir uns an Zahlen festklammern? So wie ein untalentierter Maler nach Zahlen malt. Wohl wissend, dass dabei nicht große Kunst herauskommen kann. Das alles wäre ja nicht schlimm, wenn dabei nicht Menschen verloren gingen. Aber sie gehen verloren.

„Zehn kleine Negerlein" ist ein Zählreim in Liedform. Was harmlos klingt, ist recht brutal. Es wird geschildert, wie sich die kleinen Negerlein, eines nach dem anderen, durch eigenes Ungeschick und eigene Unvernunft ums Leben bringen. Je nach Fassung ist das Lied mal mehr, mal weniger rassistisch. In einer abgemilderten Fassung heißt es: „Zehn kleine Negerlein die krochen mal auf die Scheun' da ist das eine runtergefall'n, da waren's nur noch neun." Und am Ende: „Ein kleines Negerlein, das fuhr mal in der Kutsch, da ist es unten durchgerutscht, da war'n sie alle futsch." Hanns Dieter Hüsch hat Recht! Was kommt zuletzt: der Mensch!

Beim starren Blick auf die Zahlen darf nicht der Sinn für den Sinn verloren gehen. Deshalb deutet die Bibel Zahlen anders. Wenn wir z.B. von Zahlen im Alten Testament sprechen, dann ist es wichtig, sich vor Augen zu halten, dass der Hebräer gar keine eigenen Zahlzeichen kennt. Unsere Ziffern sind ja erst durch die Araber verbreitet worden. Man half sich, indem man den Buchstaben des Alphabets Zahlenwerte zuwies. Dadurch hatte man es ziemlich schwer, mit Zahlen umzugehen. Verständlich, dass Zahlen dadurch nicht nur

Zahlen waren. Sie waren auch Symbole, hatten Bedeutung. Die Zahl zehn ist zuallererst die Anzahl der Finger. Als Abzählhilfe konnte man sich auswendig gelernte Sätze merken: Zehn Gebote z.B. Und die Zehn ist im Rahmen biblischer Symbolik als Zahl der Verantwortlichkeit des Menschen vor Gott zu verstehen. Die 10 Gebote entfalten, was Gott jedem Menschen zutraut. Ist uns solche Zahlensymbolik fremd? Natürlich nicht! Die Rückennummer 10 gilt im Fußball als Nummer des Spielmachers. Günter Netzer hat die 10 getragen. Und Overath – na ja, auch Podolski.

Zurück zu den 10 Geboten. Sie sind Leitplanken der Menschlichkeit. Auch sie an den Fingern der beiden Hände abzählbar:
Ich bin der Herr, dein Gott, der dich aus Ägyptenland, aus der Knechtschaft, geführt hat. Du sollst nicht andere Götter haben neben mir.
Du sollst den Namen des Herrn, deines Gottes, nicht unnütz gebrauchen.
Du sollst den Feiertag heiligen.
Du sollst deinen Vater und deine Mutter ehren.
Du sollst nicht töten.
Du sollst nicht ehebrechen.
Du sollst nicht stehlen.
Du sollst nicht falsch Zeugnis reden wider deinen Nächsten.
Du sollst nicht begehren deines Nächsten Haus.
Du sollst nicht begehren deines Nächsten Weib, Knecht, Magd, Vieh noch alles, was sein ist.

Die Reformierten zählen etwas anders. Das tut hier nichts zur Sache. Auch sie kommen auf zehn Gebote.

Schauen wir auf das erste Gebot, von dem alles abhängt. Ich bin. So spricht Gott. Ich bin für dich da. Das ist das Angebot des Glaubens. Gott für dich, für mich, für uns. Und obwohl wir die Gebote mit einer Zahl, der 10, verbinden, sind sie kein kaltes Zahlenwerk, sondern eine Geschichte. Sogar eine Liebesgeschichte. Sie erzählen von der Liebe Gottes zur Welt. Sie erzählen von der Befreiung des Volkes Israel aus der ägyptischen Sklaverei. Sie erzählen, was diese Liebe Gottes bewirkt: dass Menschen verantwortungsvoll leben können. Das ist die Antwort auf die große Liebe Gottes.

Die zehn Gebote sind ein Teil der Befreiungsgeschichte, ein Teil der Liebe Gottes zur Welt. Hier geht es also nicht um zehnfache Moral. Um ein kaltes, lebloses Regelwerk. In das Pflichtenheft, das uns die ganze Woche über drückt und belastet, sollen nicht noch zusätzlich göttliche Handlungsanweisungen und Ansprüche geschrieben werden. Viele Menschen haben ohnehin ein schlechtes Gewissen, das sie lähmt statt zu ermutigen. Gründe, ein schlechtes Gewissen zu haben, gibt es ja genug. Ein evangelischer Umgang mit den Geboten sucht nach Erleichterung, nach Befreiung. Evangelisch ist, dass die in Jesus Christus erschienene Menschenfreundlichkeit Gottes schon durch die Tafeln des Mose hindurchscheint.

Gott ist kein kleinkarierter Herrscher, sondern Befreier. Er befreite sein Volk Israel aus der Knechtschaft in Ägypten. Dann führte er es zum Berg Sinai. Und vom Sinai aus machte er ihm klar, wie groß die Spielräume sind, die man im Glauben hat. Er machte ihnen das klar in zehn Sätzen. Nun hat die hebräische Sprache nicht nur keine Zahlen, wie wir sie kennen, sie unterscheidet auch nicht zwischen Imperativ und Futur, zwischen „Du sollst" und „Du wirst". Wie anders klingen die 10 Sätze, wenn wir sie als Versprechen, als Verheißung Gottes lesen!

Zehn Sätze, die beschreiben, was Gott trotz allem Versagen den Menschen zutraut:

Du wirst keine anderen Götter haben, Du wirst Gottes Namen Ehre machen. Du wirst dich nicht zu Tode hetzen, Du wirst in deiner Familie ein menschliches Leben finden... Du wirst nicht töten, nicht ehebrechen... Und so weiter.

Die Zehn Gebote sind die zehn Artikel der großen Freiheit, die Gott schenkt. In der Sprache der Bibel wird aus dem Gebot ein Vertrauensvorschuss. Probiert es aus! Spürt, wie es Euch verändert, wenn jemand zu Euch sagt: Ich trau dir was zu! Du wirst das schon machen! Das trifft mitten ins Herz. Da entwickeln wir ungeahnte Kräfte. So will der Glaube das Wort Gottes hören. Als Kraftquelle. Als Verstärker. Keine Rangliste also. Kein Leistungsbericht, bei dem die Bilanz ohnehin schlecht aussehen würde.

Zehn Sätze, die mit „Du wirst" beginnen. Du kannst das! Du hast die Wahl! Zehn Sätze, die beschreiben, was Gott uns zutraut. 10 – die Zahl der Verantwortlichkeit des Menschen vor Gott. Keine nackte Zahl. Denn Zahlen können kein Vertrauen hervorlocken. Kein Zwang. Denn unter Zwang wächst kein Glaube. Eine Zahl, hinter der eine Geschichte steht. Eine Liebesgeschichte. Die Liebe Gottes zur Welt. Zehn Sätze, die die Folgen christlicher Freiheit beschreiben. Zehn Sätze, die wir weitersagen, damit das Leben gelingt. Uns selbst immer wieder, den Freunden, den Kindern. Vielleicht klingt das dann so:

Weißt Du, die Geschichte vom Sinai ist uralt. Zehn Sätze, gemeißelt in Stein. Besser: in unser Herz. Zehn Sätze, die sagen wie die Welt gemeint ist. Trotz allem Auf und Ab. Das Wichtigste: Gott spricht: Ich bin der Herr, dein Gott. Eine Stimme, die dich sucht. Nicht zu hoch, nicht zu weit. Nicht irgendwo fern im Himmel. Ganz nahe bei dir, für dich da. Dann folgt das andere wie von selbst. Gott breitet aus das Spielfeld der Freiheit. Führt heraus aus falschen Wegen, aus Eigensucht und Gier, aus Lieblosigkeit und Streit. Gott ist es,

der die Welt leben und atmen lässt. - Du fragst, was die Welt mit diesem Angebot gemacht hat? Warum die Menschen immer mehr wollen, mehr Geld, mehr Macht? Warum es andere gibt, die verhungern? Warum jemand mit seiner Schuld nicht leben kann? Du fragst, warum die Erde verwüstet und Leben zerstört wird? So viel warum! Niemand kann vor diesen Fragen bestehen! Wir versagen. Ein Riss geht durch unser Leben. Wir können es nicht selbst zusammenflicken. Aber Gott schenkt gnädig neue Anfänge. Mach dich mit anderen auf die Suche, Gottes Angebot neu zu buchstabieren. Misch dich ein. Nimm Verantwortung wahr. Gott traut es dir zu. Zehn Gebote als Tor für die Zukunft. Geh hindurch. Vielleicht ist das Ende offen...

Amen.

Ach, das Paradies (Gen 3)[95]

Aber die Schlange war listiger als alle Tiere auf dem Felde, die Gott der HERR gemacht hatte, und sprach zu der Frau: Ja, sollte Gott gesagt haben: ihr sollt nicht essen von allen Bäumen im Garten? Da sprach die Frau zu der Schlange: Wir essen von den Früchten der Bäume im Garten; aber von den Früchten des Baumes mitten im Garten hat Gott gesagt: Esset nicht davon, rühret sie auch nicht an, daß ihr nicht sterbet! Da sprach die Schlange zur Frau: Ihr werdet keineswegs des Todes sterben, sondern Gott weiß: an dem Tage, da ihr davon esset, werden eure Augen aufgetan, und ihr werdet sein wie Gott und wissen, was gut und böse ist. Und die Frau sah, daß von dem Baum gut zu essen wäre und daß er eine Lust für die Augen wäre und verlockend, weil er klug machte. Und sie nahm von der Frucht und aß und gab ihrem Mann, der bei ihr war, auch davon, und er aß. Da wurden ihnen beiden die Augen aufgetan, und sie wurden gewahr, daß sie nackt waren, und flochten Feigenblätter zusammen und machten sich Schurze. Und sie hörten Gott den HERRN, wie er im Garten ging, als der Tag kühl geworden war. Und Adam versteckte sich mit seiner Frau vor dem Angesicht Gottes des HERRN unter den Bäumen im Garten. Und Gott der HERR rief Adam und sprach zu ihm: Wo bist du? Und er sprach: Ich hörte dich im Garten und fürchtete mich; denn ich bin nackt, darum versteckte ich mich. Und er sprach: Wer hat dir gesagt, daß du nackt bist? Hast du nicht gegessen von dem Baum, von dem ich dir gebot, du solltest nicht davon essen? Da sprach Adam: Die Frau, die du mir zugesellt hast, gab mir von dem Baum, und ich aß. Da sprach Gott der HERR zur Frau: Warum hast du das getan? Die Frau sprach: Die Schlange betrog mich, so daß ich aß. Da sprach Gott der HERR zu der Schlange: Weil du das getan hast, seist du verflucht, verstoßen aus allem Vieh und allen Tieren auf dem Felde. Auf deinem Bauche sollst du kriechen und Erde fressen dein Leben lang. Und ich will Feindschaft setzen zwischen dir und der Frau und zwischen deinem Nachkommen und ihrem Nachkommen; der soll dir den Kopf zertreten, und du wirst ihn in die Ferse stechen. Und zur Frau sprach er: Ich will dir viel Mühsal schaffen, wenn du schwanger wirst; unter Mühen sollst du Kinder gebären. Und dein Verlangen soll nach deinem Manne sein, aber er soll dein Herr sein. Und zum Mann sprach er: Weil du gehorcht hast der Stimme deiner Frau und gegessen von dem Baum, von dem ich dir gebot und sprach: Du sollst nicht davon essen -, verflucht sei der Acker um deinetwillen! Mit Mühsal sollst du dich von ihm nähren dein Leben lang. Dornen und Disteln soll er dir tragen, und du sollst das Kraut auf dem Felde essen. Im Schweiße deines Angesichts sollst du dein Brot essen,

---

[95] Predigt zur Einführung der Kirchenleitung, Johanneskirche Düsseldorf 5.3.2017.

bis du wieder zu Erde werdest, davon du genommen bist. Denn du bist Erde und sollst zu Erde werden. Und Adam nannte seine Frau Eva; denn sie wurde die Mutter aller, die da leben. Und Gott der HERR machte Adam und seiner Frau Röcke von Fellen und zog sie ihnen an. Und Gott der HERR sprach: Siehe, der Mensch ist geworden wie unsereiner und weiß, was gut und böse ist. Nun aber, daß er nur nicht ausstrecke seine Hand und breche auch von dem Baum des Lebens und esse und lebe ewiglich! Da wies ihn Gott der HERR aus dem Garten Eden, daß er die Erde bebaute, von der er genommen war. Und er trieb den Menschen hinaus und ließ lagern vor dem Garten Eden die Cherubim mit dem flammenden, blitzenden Schwert, zu bewachen den Weg zu dem Baum des Lebens.

Was für ein gewaltiger Text! Vielleicht will die Perikopenordnung mit uns Possen treiben, indem sie zur Einführung der Kirchenleitung den „Sündenfall", die „Vertreibung aus dem Paradies", vorschlägt.

Nur ein Schelm könnte listig fragen, ob die zu verabschiedenden Mitglieder der KL aus dem Paradies des Kirchenleitung vertrieben werden – oder ob für die Neuen nun der Spaß vorbei sei?

Ach, das Paradies!
Der Ort der Sehnsucht, des Gelingens, der Gerechtigkeit, des Friedens.
Ist unsere Evangelische Kirche auch ein Ort der Sehnsucht?

In manchen Beiträgen zum Reformationsjubiläum schwingen solche Hoffnungen mit, wenn auf die wichtige Rolle der Kirche für die Zivilisierung Europas, für den Kitt der Gesellschaft und die Kultur der Vielfalt hingewiesen wird. Wenn die Schönheit ihrer Musik gepriesen und über ihre presbyterial-synodale Diskursfähigkeit gestaunt wird. Da kann die Freiheit eines Christenmenschen vergnügt, erlöst und befreit gedeihen. Erst recht im Jubiläumsjahr.

Und tatsächlich: all das kann man finden in der Kirche der Reformation – manchmal.
Es gehört zur geglaubten Kirche, die in uns paradiesische Bilder der Hoffnung malt.
Aber die Wirklichkeit sieht anders aus.
Die wirkliche Kirche reibt sich an der geglaubten Kirche.
Das Prinzip Hoffnung ringt mit Haushaltskonsolidierung, Krisenmanagement, Sitzungsmarathon und verlorenen Illusionen.

Anspruch und Wirklichkeit klaffen auseinander wie eine schmerzhafte Wunde, die nicht heilt.

Aber: Warum geht das Paradies perdue?
Warum geht eigentlich immer alles schief? Trotz Mühe, Schweiß und Arbeit? Dem Sisiphus rollt der Stein immer wieder herunter.

Dieser Frage geht die biblische Urgeschichte in schonungslosem Realismus nach.
Der Mensch vor Gott ist ihr Thema.
Der Mensch zwischen Anspruch und Wirklichkeit.
Und damit zugleich die Kirche - zwischen geglaubter und wirklicher Kirche.

Wir stellen am Text erste Erkundungen an.
In meiner Lutherbibel – auch in der neuen Revision - steht über dem 3. Kapitel der Titel: Sündenfall.
Sind wir das? Die Leute nach dem Fall? Und was heißt das?
Heißt das: Von nun an geht's bergab? Will sagen: vom Sündenfall an...
Komisch, weder von Sünde noch von Fall ist hier die Rede.
Dem bequemen Versuch, anderen die Schuld dafür in die Schuhe zu schieben, dass immer alles verkehrt läuft,
dass die Welt nicht dazulernt,
dass die Kirche nicht die Speerspitze einer friedlichen Welt ist, sondern Gemeinschaft begnadigter Sünder,
geht die Bibel nicht auf den Leim.
So ist es ja immer:
Eva beschuldigt die Schlange,
Adam beschuldigt Eva ...
Es sind immer die anderen schuld.
Liebe zerbricht,
Gerechtigkeit wird vermisst,
der Friede verdient das Wort nicht,
Nationen betreiben Nabelschau und ziehen Mauern hoch.
Selbst der Protestantismus schafft es nicht, mit einer Stimme zu sprechen und das Wort der Wahrheit zu sagen, mit dem den Menschen Herz und Verstand aufgeht - ganz zu schweigen in der Ökumene.

Es geht eben immer alles schief.

Und das alles wegen des Sündenfalls?
Nein, so naiv ist das dritte Kapitel der Bibel nicht.
Eine sprechende Schlange,
ein Gott, der im Garten spazieren geht und seinen Geschöpfen Kleider strickt,
eine Überschreitung, die alle weitere Schuld verursacht …
Die biblische Urgeschichte zeichnet kein paradiesisches Idyll, das in grauer Vorzeit verloren ging, sondern die Zwiespältigkeit des Lebens,
die Zerrissenheit zwischen Anspruch und Wirklichkeit,
die kümmerlichen Versuche, ein Leben, wie es recht ist, zu wagen -
und immer wieder dabei zu scheitern.
Und immer wieder neu anzufangen.
Das (!) sind wir - jenseits von Eden!
Das ist die Konstante!
Den biblischen Erzähler bewegt das Rätsel menschlicher Existenz vor Gott.

Deshalb wendet sich die Kirche immer denen zu, die in dieser Zerrissenheit leben und nach eigenen Wegen suchen.
Sie weiß um die eigene Zerrissenheit.
Das Profil unserer Kirche muss sich daran messen:
Zuwendung zu den Schwachen
und das Vertrauen, dass auch der Gescheiterte neu anfangen darf.
Jedem steht in der Perspektive Gottes mehr Anerkennung und Hoffnung zu,
als er nach dem Maß unserer Gesellschaft verdient.
Praktisch heißt das wohl: Ressourcenorientierung.
Es ist eine bleibende Anstrengung, die Zukunft zu erringen.
Für jeden, für jede.
Die Kirche ist dabei nur Steigbügelhalter der von Gott geschenkten Freiheit.
Nicht mehr, nicht weniger.
Dabei wird ihr oft die Erfahrung des Sisiphos zugemutet.
Mühsam wird ein Stein den Berg hinauf gebracht.
Aber kurz bevor es geschafft ist, kurz bevor das Werk vollendet ist, rollt der Stein wieder herunter.

Trotzalledem: Nichts ist dem biblischen Erzähler ferner, als ins Lamentieren zu geraten.

Er konfrontiert uns mit einer Erinnerung, wie das Leben sein könnte:
„Sie waren nackt - und schämten sich nicht." heißt es von Adam und Eva.

So wird der Mensch im Paradies geschildert.

Offenbar hat Gott uns so gewollt:
Unverstellt, ohne Scham, ohne Angst, heiter, offen, ohne Vorurteil und Gier.

Sie waren nackt.

Eine Erinnerung, die gleichzeitig unsere Zukunft ist:
die Rüstungen werden abgelegt, die Fassaden eingerissen.

Nackt wird man ins Leben geworfen.

Wir tragen nicht von Anfang an Hemd, Kragen und Krawatte –
erst recht keinen Talar.

Keiner muss eine Rolle spielen.

Diese Erinnerung ans Paradies ist noch nicht ganz aus unserem Kopf verschwunden.

Sie bleibt eine Möglichkeit.

Sie bleibt ein Versprechen.

Denn die heitere, gerechte, friedvolle Welt Gottes
findet ihre Entsprechung am Ende der Bibel:

Die Hütte Gottes bei den Menschen. Die neue Schöpfung.

Gott ruft uns zu: Ich bin das A und O, der Erste und der letzte, der Anfang und das Ende!

Dem alten Adam wird ein neuer Adam gegenübergestellt, der keine Äpfel klaut.

Ich bin das A und O!

Hinter dem „Ich" steht Gott selbst,

Gott mit Hand und Fuß,

mit einem Gesicht und einem Namen und einer Geschichte:

Jesus, der Mensch aus Nazareth -
der Mensch, wie der Schöpfer ihn gewollt hat.

Dafür, dass die Tür zur Zukunft offen bleibt,
ist er ins Leiden gegangen und ans Kreuz.

Seine Passion für das Leben ändert alle Perspektiven.

Am Kreuz ist sein Werk vollendet.

Von dieser Erinnerung lebt und redet die Kirche.

Nun könnte - theoretisch - alles gut sein - oder zumindest gut werden.
Der Sündenfall und die Vertreibung abgesagt.
Das Paradies reloaded.
Das wär' aber wirklich zu einfach!

Nein, die Kirche hütet nicht nur die Erinnerung ans Paradies.
Sie schärft auch den Blick für die Wirklichkeit mit ihren Abgründen.
Schonungslos wird in der Geschichte, in der der Garten verspielt wird,
die Welt beschrieben.
Da regiert das Böse auf rätselhafte Weise.
Immer kommt uns irgendeine Schlange in den Weg, schleichend, gefährlich.
Die Schöpfung spiegelt nicht den Zustand friedlicher Harmonie.
Immer brechen die Dämme, die uns vor der Selbstzerstörung schützen sollen.
Wir nehmen uns zuviel vor. Wir wollen sein wie Gott.
Wir tun so, als hätten wir alles in der Hand.
Welch eine Verlockung, vom Baum zu essen.
Nicht mehr abhängig sein.
Auf niemanden hören müssen.
Wissen, was gut und böse ist. –
Auch die Kirche steht in dieser Versuchung.
Auch die Kirche ist zerrissen zwischen Anspruch und Wirklichkeit.

Wenn man so genau hinschaut,
- und das erwarten wir von der neuen Kirchenleitung -
ist von der Menschenfreundlichkeit Gottes vielleicht am Ende gar nicht viel zu sehen?
In der Paradiesgeschichte und bei uns.
Eva jedenfalls kann der Versuchung nicht widerstehen.
Adam genauso wenig wie wir.
Aber der Apfel, der gepflückt wird, schmeckt nicht süß.
Die neue Freiheit ist teuer erkauft mit dem Preis der Entfremdung.
Die Schlange überredet den Menschen, Gott los zu werden
und den Mitmenschen gleichzeitig.
Auf Leuten, die alles zu wissen glauben, lastet die Verantwortung schwer.
Gott nimmt sie beim Wort, indem er fragt:

Wo bist du, Adam? Wo bist du, Kirche? Wo bist du, Welt?
Gott nimmt uns ernst.
Nehmen wir uns selbst ernst?
Der Mensch versteckt sich.
Er steht sich und der Zukunft im Weg.
Die Lebenswirklichkeit steht unter einem vielfachen Fluch:
Verflucht der Acker,
verflucht die Schinderei der Arbeit,
die Endlichkeit des Lebens.
Am Ende pocht immer der Tod auf sein Recht.
Der Fluch gilt, so sagt die Paradies-Erzählung, dem Menschen,
der die verbotene Frucht aß,
der nach der Vertreibung aus dem Paradies,
dem Reich der Freiheit, dem Schweiß und den Tränen ausgeliefert ist.
Aber der Strafspruch ist zugleich ein Freispruch.
Niemand muss mehr aus sich machen, als er ist.
Auch eine Kirchenleitung nicht.
Unter den Bedingungen unserer Welt reicht es aus,
den Mühseligen und Beladenen ein wenig Last abzunehmen
und weiterzusagen, was der einzige Trost im Leben und Sterben ist.
Für's Reich Gottes reicht die Puste nicht.
Vor erträumte Paradiese ist Stacheldraht gezogen.
Bis auf die Zähne bewaffnete Engel verhindern Grenzüberschreitungen.
Und dennoch gehört es zur Würde des Menschen,
nicht aufzuhören, danach zu fragen,
ob da Hoffnung sei.

Hoffnung?
Dennoch?
Ja, denn nach der paradiesischen Erinnerung und dem ernüchternden
Blick in die Wirklichkeit ist als Drittes von der Begnadigung zu reden.
In der Tat ist dies die für mich faszinierendste Entdeckung an der
Erzählung von der Vertreibung aus dem Paradies.
Gott ist inkonsequent.
Er hält seinen eigenen Zorn nicht aus.
Lieber nimmt er in Kauf, dass die Schlange recht behält,
als dass er seine Androhung wahr macht

und den Menschen mit dem Tode bestraft.
Jeder braucht eine zweite Chance - vielleicht auch eine dritte oder
vierte.
Neu anfangen dürfen,
vergnügt, erlöst, befreit
neu anfangen dürfen,
das ist eine Übersetzung der Rechtfertigung des Sünders aus Gnade.
Ich bin am Ende,
bin gescheitert,
hab mich in Schuld verstrickt –
und siehe, ich fange neu an.
Ich bin so frei, weil Gott mich so frei macht.
Auch die neue Kirchenleitung wird auf nichts anderes bauen können.
Die Reformatoren haben es kurz und knapp in zwei Worten ausgedrückt:
sola gratia. Allein aus Gnade.

Manchmal glaube ich,
die Engel, die so ernst das Paradies bewachen,
haben heimlich alles nötige über die Mauer geworfen,
damit wir jenseits von Eden leben können.
Der alte Adam und die alte Eva sind geliebt.
Sie haben es nicht verdient.
Aber Gott lässt sie nicht los.
Sie machen fast alles falsch.
Aber Gott weiß einen Weg - auch jenseits von Eden.
Das ist die Situation der Kirche - und jedes Einzelnen.
Alle notwendigen Diskussionen um Ziele und Strategien,
um Zeiten für das Wesentliche, Weggemeinschaft und Zeugnis,
Bildungskonzepte und Finanzfragen
haben dieses Vorzeichen: Wir sind geliebt.
Nur so ist die Zerrissenheit, in der wir leben, auszuhalten.
Der Garten Eden ist unerreichbar fern, aber die Güte Gottes nahe.

Diese Güte zu leben und erlebbar zu machen,
 ist die erste und letzte Aufgabe jedes Christenmenschen –
und der neuen Kirchenleitung.

VI Aufsätze, Vorträge, Texte
... ein weites Feld

Familien stärken – Zusammenleben gestalten[96]

Rückkehr der Familie

Von der Rückkehr der Familie ist die Rede. Den meisten Menschen ist die Familie wichtiger als Arbeit und Erfolg. Eine repräsentative Befragung zum Familienleben und zur Familienpolitik[97] hat ermittelt, dass 76 % der Bundesbürger die Familie „sehr wichtig" sei. Ähnliche Ergebnisse ermittelt regelmäßig die Shell-Studie, die Hoffnungen und Erwartungen Jugendlicher erforscht. Dass die Familien- und Mehrgenerationenarbeit ein wesentliches Handlungsfeld der Kirche darstellt, ist inzwischen selbstverständlich. Welches Familienbild prägt in diesem Zusammenhang die Arbeit und welche theologischen Impulse und Begründungen können das kirchliche Engagement voranbringen?

„Urahne, Großmutter, Mutter und Kind, in dumpfer Stube beisammen sind ..."[98] dichtete vor fast 200 Jahren der schwäbische Pfarrer und Schriftsteller Gustav Schwab. Was wie ein glückliches Idyll einer Großfamilie aus drei oder vier Generationen klingt, erweist sich auch im Poem als brüchige Harmonie mit unterschiedlichen Erwartungen und Ängsten. Die Familie soll Dauer, Stabilität und Schutz garantieren. Nicht ohne Grund befindet sie sich im Fokus der Sehnsucht vieler Menschen. Aber ist sie durch immer neue „Gewitter" bedroht, die das Zusammenleben erschweren oder gar unmöglich machen. Auch Schwabs Gedicht endet tragisch. Umso wichtiger ist es, Familien zu stärken.

Stabil und im Wandel

Trotz aller Gefährdungen erweist sich das System Familie als erstaunlich stabil. Wenn im Laufe des 20. und 21. Jahrhunderts Klein- oder Kernfamilien zur Norm geworden sind, bedeutet das nicht, dass dadurch der Generationenzusammenhang früherer Zeiten aufgelöst

---

[96] Vortrag im Rahmen eines Symposiums an der Evangelischen Hochschule Bochum, 2008.

[97] Bundesministerium für Familie, Senioren, Frauen und Jugend: Familienmonitor 2008. Repräsentative Befragung zum Familienleben und zur Familienpolitik. Institut für Demoskopie Allensbach, 2008

[98] *Gustav Schwab*: Das Gewitter, in: Gedichte. Leipzig 1880, S. 247f

wäre. Kinder, Eltern und Großeltern pflegen oft regelmäßigen Kontakt und helfen sich gegenseitig, auch wenn sie nicht unter einem Dach leben. Die Brücken der Familie sind heute durch die hohe Mobilität und die neuen Kommunikationsinstrumente sehr viel weiter gespannt als es früher denkbar gewesen wäre.

Immer schon waren Familien ausgesprochen komplexe Systeme. Das hat sich nicht verändert. Die typische Familie gibt es nicht. Menschen werden durch ihre Familie getragen - aber auch belastet. Grundlegend ist eine Generationenbeziehung, in der Menschen für einander Verantwortung übernehmen.

Familie wird heute sehr unterschiedlich erfahren. Kinder und Jugendliche leben mit zwei Elternteilen zusammen oder in Einelternfamilien, in Patchworkfamilien, in Wahlverwandtschaften, mit Großeltern, mit wenigen, mit vielen Geschwistern. Im Laufe des Lebens verändern sich Rollen und Bedürfnisse. Bei allem Wandel bleibt die Suche nach Geborgenheit, Vertrauen, gegenseitiger Verantwortung und Liebe konstant. Familie ist die Plattform, auf der Menschen unterschiedlichen Alters die „Freiheit eines Christenmenschen" (Luther) erproben. Die Familie bietet nämlich Ressourcen und Unterstützung, die Zukunft zu meistern und die Gegenwart zu verstehen.

Familiengerechtigkeit

Die Landessynode 2007 hat sich dem Thema „Familiengerechtigkeit" gewidmet, um Familie als Lebens- und Segensraum zu würdigen. Die Kirche sieht sich in der Mitverantwortung für Familien und will dazu beitragen, dass Familie ein erstrebenswertes Lebenskonzept bleibt. Aber Konzepte dürfen nicht an der Lebenswirklichkeit scheitern. Deshalb hat sich die Evangelische Kirche im Rheinland verpflichtet, mit ihren vielfältigen Diensten Familien nachhaltig zu unterstützen. Gleichzeitig hat sie Gesellschaft, Staat und Wirtschaft aufgefordert, ihrer sozialen Verantwortung für Familien gerecht zu werden.

Schon jetzt leistet die Evangelische Kirche mit Gottesdienst und Seelsorge sowie mit ihren Bildungs- und Beratungseinrichtungen dazu einen wichtigen Beitrag: Familiengottesdienste machen den Glauben erfahrbar und erlebbar und überspringen kreativ unterschiedliche Kulturen der Generationen. Kindergärten weiten ihre Ganztagsangebote aus, zum großen Teil öffnen sie sich für Kleinkinder. Schulen unterstützen mit einem Bildungsprofil auf der Basis des christlichen Menschen- und Weltbildes die Suche nach Identität und Werteorientierung. Familienbildung und Erziehungsberatung stärken Eltern in ihrer ihren Kompetenzen. Diakoniestationen und Hospizvereine stehen zur Seite, wenn pflegebedürftige Menschen zu Hause von Angehörigen betreut werden. Dies alles geschieht schon in Gemeinden und Kirchenkreisen, in der Landeskirche und den Werken, und es verdient, weiter ausgebaut zu werden. Zugleich sind Gesellschaft, Staat und Wirtschaft in der Verantwortung, Rahmenbedingungen zu schaffen, in denen Familien ihrer Gestaltungsaufgabe nachkommen können. Ein besonderes Augenmerk gilt der sozialen Verpflichtung. Kinder dürfen kein Armutsrisiko sein! Und eine Gesellschaft, in der Bildungschancen vom sozialen Status abhängen, verspielt leichtfertig ihre Zukunft.

Die „Rückkehr der Familie" hat also guten Grund. Es ist das(!) Zukunftsthema. Wenn die Kirche das Thema aufgreift, geschieht das auch in dem Bewusstsein: Familien gehören durch den Glauben zur großen „Familie Gottes". Daraus erwächst die Aufgabe, Familien zu stärken und vor Ort das Zusammenleben zu gestalten.

Kinder und Eltern

Eigentlich hat jeder Familie. Wir bleiben Kinder, ob wir es wollen oder nicht. Bisweilen sind wir Eltern, Großeltern. Oder sind eingebunden in Wahlverwandtschaften, in tragfähige Netzwerke. Familie hat Konjunktur, weil wir verlässliche Bindungen brauchen. Krisen lassen sich dann besser meistern und Lebensentwürfe aus der Geborgenheit heraus erproben.

Immer ist die Erfahrung der eigenen Familie dominant. Wertesysteme, Rituale, religiöse Beheimatung - hier werden sie geprägt. Glückliche Kindertage. Gewiss, der Blick zurück verklärt Vieles. Aber manches bleibt ein Leben lang im Gedächtnis. Der Duft des Essens auf dem Küchentisch. Das Abendgebet. Die sorgenvollen Gesichter der Eltern, wenn jemand krank ist oder das Geld nicht reicht. Spiele auf der Straße. Zwischendrin Tränen abwischen, Pflaster auf blutende Knie kleben. Gegenseitige Hilfe ist selbstverständlich. - Die

Kindheit ist die erste Lektion in Sachen Familie. Was gelernt wird, können Worte nicht sagen. Es ist ins Herz geschrieben. Die Etymologie hilft der Erinnerung auf die Sprünge: Das Wort Familie ist von famulus, Diener, abgeleitet. Ein Ort, wo einer für den anderen da ist, ohne wenn und aber.

Früher schienen die Rollen im System Familie klar zu sein. Eltern haben gesagt, wo es lang geht. Disziplin und Gehorsam waren Leitbegriffe der Erziehung. Solche Klarheit ist verloren gegangen. Nicht nur, dass der Gehorsam selbst in Misskredit geriet,[99] in der mobilen, medienorientierten Gesellschaft fällt es Eltern zunehmend schwer, Wege aufzuzeigen, Gewissheiten zu vermitteln, Grenzen zu setzen und Freiheit zuzumuten. Gleichzeitig wird von Kindern erwartet, sich frühzeitig selbst zu orientieren. Neil Postman spricht vom Verschwinden der Kindheit[100], vom Verlust der Schonräume, die die Möglichkeit bieten, sich zu erproben, Fehler zuzulassen. Umso wichtiger ist es, tragfähige Muster zu finden, an denen wir entdecken können, was Familien brauchen und wie sie gestärkt werden können.

Biblische Leitbilder

Der Begriff Familie kommt in der Bibel nicht vor. Ein weiteres Indiz, dass Formen familiären Lebens ständig im Wandel sind. Der Sache nach ist häufig vom „Haus" (hebr. *bajit,* gr. *oikos*) die Rede, dem geschützten Raum, der das menschliche Zusammenleben ordnet und ermöglicht. Der Bedeutungsübergang von der festen Wohnstätte zur dynamischen Lebensgemeinschaft ist ebenso charakteristisch wie die Weiterentwicklung des „Hauses" zur Gemeinde, zur „familia dei". Auch wenn ein klares biblisches Gegenüber zum modernen Familienbegriff fehlt, ist die Generationenbeziehung vielfältig beschrieben.

In der Partnerschaft (Gen 2 u. 3), in der Geschwisterrelation (Gen 4), in der Eltern-Kind-Beziehung (Ex 20,12), in der Verwandtschaft (Ruth 1,16f) und im geschichtlichen Erbe der Generationen (Jer 31,29) wird ebenso auf die Verheißung der Familie verwiesen wie auf ihr tragisches Scheitern und die Hoffnung auf gnädige Neuan-

---

[99] Vgl. Dorothee Sölle: Phantasie und Gehorsam, Stuttgart 1968
[100] Neil Postman: Das Verschwinden der Kindheit, Frankfurt/M. [16]2006

fänge. Offenbar gibt es keine Patentrezepte für das Zusammenleben. Die Bibel reiht sich nicht in die Ratgeberliteratur ein, die Bestsellerlisten füllt. Denn in evangelischer Perspektive bleibt jeder Mensch auf die Liebe Gottes und seine Gnade angewiesen. Es geht nicht um herausragende Leistungen, nicht um vorzeigbare familiäre Harmonie, sondern um das Vertrauen, dass Gott das Stückwerk gebliebene eigene Leben und die Familienbezüge in Christus gnädig annimmt und erneuert.

Eine der bewegendsten Familiengeschichten der Bibel ist das Gleichnis vom Vater und den beiden Söhnen (Lk 15). Der jüngere Sohn lässt sich sein Erbe auszahlen und zieht in ein fernes Land, um das Glück zu finden - oder das Fürchten zu lernen. Wer das Leben lernen will, muss das schützende Nest verlassen. Nicht die Emanzipation von den Eltern führt ins Elend, sondern der verantwortungslose Umgang mit dem anvertrauten Gut. Der Sohn, der aufbricht, um seine Freiheit zu erproben, muss im Scheitern nicht zu Kreuze kriechen. Sein Vater wartet mit offenen Armen. Ein Gleichnis der Menschenfreundlichkeit Gottes. Zugleich aber steht es für den Anspruch der Generationenbeziehung, nicht Leistung und Gegenleistung aufzurechnen. Auch der, der nicht weiter kann, der gescheitert ist, der sich selbst und andere schuldhaft ruiniert hat, darf neu anfangen. So können Familien in unserer Gesellschaft eine vergessene Dimension des Lebens offen halten: Jedem steht mehr Anerkennung, mehr Zukunft zu, als er nach den Regeln der Welt verdient.

Das biblische Gleichnis verlangt nach einem starken Gegenbild, um Familien nicht hoffnungslos zu überfordern. Markus 3,20-21.31-35 erzählt von der Familie Jesu. Der Text ist provozierend, denn er dokumentiert eine gescheiterte Familienbeziehung. Als Jesus in Galiläa unterwegs ist, wollen ihn seine Verwandten heimholen, denn er sei „von Sinnen". Jesus reagiert schroff und weist die Seinen ab: „Wer ist meine Mutter? Wer sind meine Geschwister?" An die Stelle der Familie tritt in dieser Perikope eine Wahlverwandtschaft, die Gemeinde. „Wer Gottes Willen tut, der ist mein Bruder und meine Schwester und meine Mutter." Offenbar wird hier das Familienbegriff erweitert zur „familia dei". So wichtig es ist, die Familie zu stärken, so wichtig bleibt ihre Relativierung für die, die sich lebenslang nach einer Familie sehnen, über eine verlorene Familie trauern oder auch an ihr leiden, weil sie Familie als Gefängnis erleben. Familie ist nicht die einzige Möglichkeit, Gemeinschaft zu erleben, wenn auch vielleicht eine besonders schöne - freilich auch eine besonders schwierige.

Familien als Lernorte des Glaubens

Eltern sind oft ziemlich ratlos, wenn es um die religiöse Erziehung ihrer Kinder geht. Das Wort vom religiösen Analphabetismus macht die Runde. Gleichzeitig werden aber viele Familien durch die Kinder mit den zentralen Fragen des Lebens konfrontiert: Wer bin ich? Woher komme ich? Wohin gehe ich? Welchen Sinn hat das Leben? Sie erfahren ihren Glauben als Hilfe, darüber in einen Dialog zu treten. Und - wenn es gut geht - werden sie dabei von ihrer Kirchengemeinde unterstützt. „Wenn dein Kind dich morgen fragt, ...“ lautete 2005 die Kirchentagslosung. Die Familie ist ein Lernort des Glaubens. Schon immer, wie die Geschichte Israels als Familien- und Sippengeschichte zeigt. Religiöse Erziehung beschränkt sich aber nicht auf die Weitergabe von Glaubensinhalten, sondern will eine vom Glauben geprägte Grundhaltung zum Leben ermöglichen. Es geht darum, Perspektiven zu entwickeln, die geprägt sind von Hoffnung, Vertrauen, Solidarität und von der Dimension des Heiligen, die unverfügbar bleibt. Implizit geschieht religiöse Erziehung, wo die Erfahrung gemacht wird: ich bin gewollt und geliebt. Ich darf mir etwas zutrauen, auch Fehler und Scheitern. Diese Haltung ist Voraussetzung dafür, dass Gott explizit zur Sprache kommen kann, in Geschichten, Gebeten und Handlungen - Gott als Grund der Hoffnung, als Halt inmitten des Leids, als Garant der Individualität und als Versprechen einer Gemeinschaft, die nicht zerbricht.

Johannes Rau hat auf dem Kirchentag in Hannover sehr persönlich formuliert, woran Menschen der älteren Generation ihre Kinder und Enkelkindern erinnern sollen:

„Sagt euren Kindern, dass euer Leben verdankt ist dem Lebenswillen Gottes.
Sagt ihnen, dass euer Mut geliehen war von der Zuversicht Gottes.
Sagt ihnen, dass eure Verzweiflung geborgen war in der Gegenwart des Schöpfers.

Sagt ihnen, dass wir auf den Schultern unserer Mütter und Väter stehen.

Sagt Ihnen, dass ohne Kenntnis unserer Geschichte und unserer Tradition eine menschliche Zukunft nicht gebaut werden kann.

Sagt Ihnen, dass wir ohne innere Heimat keine Reisen unternehmen können. Denn wer nirgendwo zuhause ist, der kann auch keine Nachbarn haben.

Und sagt Ihnen zu guter Letzt, dass die stete Bereitschaft zum Aufbruch die einzige Form ist, die unsere Existenz zwischen Leben hier und dem Leben dort wirklich ernst nimmt."[101]

Dass mit der Erziehung in Familie, Kindergarten, Schule, Konfirmanden- und Jugendarbeit sowie mit der Mehrgenerationenarbeit stets die Aufgabe verbunden ist, Identität zu stiften und Verständigung mit anderen zu ermöglichen, sich der eigenen Wurzeln zu vergewissern und zugleich die Neugier auf Unentdecktes zu bewahren, muss jeden Tag neu geübt und gelebt werden. Damit sind die Grenzen zwischen religiöser Erziehung und allgemeiner Persönlichkeitsentwicklung fließend.

Der Einzelne, die Familie und das Ganze

Nicht immer galten Familien primär als Ort einer emotionalen Eltern-Kind-Beziehung. Zunächst war die Familie vor allem für die Existenzsicherung zuständig. Kinder sorgten für die Altersversorgung der Eltern und wurden häufig als billige Arbeitskräfte missbraucht. Erst nachdem die Kindheit als eigenständige Lebensphase entdeckt wurde, entwickelte sich die Familie zum Ort der Erziehung und Bildung mit klar festgelegten Geschlechterrollen der Eltern. In der zweiten Hälfte des 20. Jahrhunderts veränderte sich durch die Möglichkeit effektiver Empfängnisverhütung das Leitbild der Familie abermals. „Moderne Elternschaft hatte nicht nur der Erziehungsverantwortung gegenüber den geborenen Kindern nachzukommen, sondern begann als verantwortete Elternschaft bereits im Vorfeld mit der Klärung der Frage, ob man überhaupt Kinder zur Welt bringen

---

[101] Johannes Rau: Bibelarbeit DEKT 2005, in:
www.kirchentag2005.de/presse/dokumente/dateien/BAB_86_167.pdf, S. 11

wolle und dieser Verantwortung auch gerecht werden könne."[102] Lebensläufe gewannen nun vielfältige Optionen. Die Quote berufstätiger Frauen stieg an. Insgesamt verloren Berufsbiographien, Wohnorte und Partnerschaften ihre traditionelle Konstanz. Und Entscheidungsmuster wurden nicht mehr kritiklos von einer Generation zur anderen weitergegeben.

Familien hinterfragen heute ihre Rolle in der Gesellschaft. Sie gestalten ihr soziales System relativ autonom, sind aber eingebettet in übergreifende Strukturen. In vielerlei Hinsicht sind sie abhängig von einem Kontext, der sie schützt und stärkt. Wir erleben den Umbau unserer Gesellschaft in einem rasanten Tempo. Soziale Errungenschaften werden durch die Reformen zum Arbeitsmarkt und zum Renten- und Gesundheitssystem in Frage gestellt. Bedrohlich klingen für viele Familien die damit einhergehenden Beschwörungen von „der Stärkung der Eigenverantwortlichkeit". Die neuen Mechanismen des Arbeitsmarktes mit extremen Flexibilitäts- und Mobilitätsanforderungen sind auf den Einzelnen bezogen, nicht auf die Bedürfnisse von Familien. Wie soll man Berufstätigkeit, Kindererziehung, Esskultur, gemeinsame Zeiten und Unternehmungen, Pflege der älteren Angehörigen, Bildungsanforderungen und vieles mehr unter einen Hut bekommen? Und am Ende auch noch die religiösen Fragen nicht aus dem Blick verlieren?

Das Balance-Modell der Sozialen Marktwirtschaft weicht zunehmend neoliberalen Konzepten. Noch nie seit dem Ende des 2. Weltkrieges ist der Anteil der Menschen, die von Armut bedroht sind, so schnell gestiegen wie in den letzten sieben Jahren: Er liegt nun bei 15,3 Prozent der Bevölkerung in NRW. Kinder und Jugendliche sind davon besonders betroffen. Fast jedes vierte Kind unter 18 Jahren (24,5%) lebt in einem einkommensarmen Haushalt. Die Kluft zwischen Reichen und Armen wird größer. Die Chancen zur gerechten Teilhabe sinken drastisch. Dadurch wird ökonomische Armut und zugleich Bildungsarmut faktisch an die nächste Generation „vererbt". Zumal die Ungleichheit wächst. Mittlerweile gibt es vermehrt Löhne unterhalb des Existenzminimums, während Gehälter von Spitzenver-

---

[102] Christian Alt: Kindheit und Familie, in: Handbuch Arbeit mit Kindern - Evangelische Perspektiven, Münster 2007, S. 55

dienern explodieren. Diese Entwicklung entwertet die Lebensleistung von vielen Familien. Der 5. Familienbericht der Bundesregierung spricht von einer „strukturellen Rücksichtslosigkeit" gegenüber Familien.

Armut ist in unserer Gesellschaft weitgehend unsichtbar. Sie ist nicht spektakulär, sondern wirkt eher subtil. In Deutschland verhungern Kinder nicht. Den Betroffenen sieht man die Armut auch nicht auf den ersten Blick an. Sie haben vielleicht sogar ein tolles Handy, ernähren sich aber ungesund, werden im Bildungsbereich benachteiligt und sind häufiger krank als Kinder aus wohlhabenden Familien. Sie haben kein eigenes Zimmer und können deshalb ihre Spiel- oder Klassenkameraden nicht so gut wie andere Kinder einladen.

Kinderarmut und Familienarmut erhöhen den Druck auf Väter und Mütter. Gleichzeitig werden völlig neue Rollenerwartungen gestellt. Leitbilder „gelingender Erziehung" sind noch nicht etabliert. Oft pendelt man zwischen Ohnmachtserfahrung und Selbstüberschätzung hilflos hin und her. Für Familien mit Migrationshintergrund kommen zusätzliche Integrationsanforderungen hinzu. Dabei sind Familien unterstützende Systeme noch immer rar. Wir kennen die Wartezeiten bei Schuldnerberatungsstellen und Erziehungsberatung. Die Versorgung mit so genannten U3-Angeboten ist insbesondere in den westlichen Bundesländern noch skandalös klein.

Kirche im Bündnis

Die Kirche als Trägerin von Familien- und Mehrgenerationenarbeit macht Erfahrungen, die denen der Familien durchaus ähnlich sind. Neue Rollen werden erprobt, der Spagat zwischen den unterschiedlichen Anforderungsprofilen, zwischen Tradition und Innovation, ist Herausforderung und Wagnis. Einerseits ist der Relevanzverlust in der öffentlichen Wahrnehmung der Kirche deutlich spürbar, andererseits erleben viele Familien die Kirche neu als Bündnispartner, wenn es darum geht, generationenübergreifende Netzwerke zu schaffen.

Kindertagesstätten z.b. verbinden sich zunehmend mit anderen Einrichtungen und Diensten, um den Bedürfnissen von Kindern und Familien besser gerecht zu werden, um ihnen Vertrauen und Sicherheit zu geben und sie bei der Lösung der Alltagsaufgaben zu unterstützen. Neben den monetären Transferleistungen geht es in unserer Gesellschaft ja zunehmend um eine familiengerechte soziale Infrastruktur. Die kann eine einzelne Einrichtung kaum bereitstellen. In einem tragfähigen Netzwerk vermischen sich Bildungsangebote und professionelle diakonische Dienstleistungen mit Initiativen der Selbst- und Nachbarschaftshilfe, mit lokalen Bündnissen u.a.m. Familien sind nicht nur Nutzer, sondern auch Mitgestalter dieser Netzwerke, die sich durch niedrigschwellige Zugänge auszeichnen. Die notwendige Implementierung der Außenperspektive führt ganz nebenbei zu einem deutlichen Schub in der Qualitäts- und Konzeptentwicklung.

Vergleichbare Strukturen entwickeln sich in der Betreuung älterer Menschen, ein Sektor, der durch den demographischen Wandel weiter an Bedeutung gewinnt. Familien greifen auf ambulante Pflegedienste zurück, um unter der Last der Anforderungen nicht zu zerbrechen oder lassen sich z.B. durch ehrenamtliche Hospizvereine in der letzten Lebensphase ihrer Angehörigen unterstützen.

Oft sind Kirchengemeinden der Rahmen für zeitlich begrenzte Initiativen. Zuweilen schlüpfen Jugendliche in die Lehrerrolle, wenn es darum geht, Senioren in den Umgang mit Computer und Internet einzuführen. Die neuen Medien stellen für diese Zielgruppe einen Zugewinn an Lebensqualität dar und helfen, eine eingeschränkte Mobilität zu kompensieren. Gleichzeitig melden sich z.B. ältere Menschen in Kindertageseinrichtungen, um Erzähl- oder Vorleseangebote zu machen oder im Sozialraum für Babysitterdienste zur Verfügung zu stehen.

Bildet eine Kirchengemeinde die Plattform für derartige Projekte und geht sie Bündnisse mit nichtkirchlichen Partnern ein, so bleibt sie dennoch sich und ihrem Profil treu. Denn die Kirche ist gewissermaßen Erfinderin der Vernetzung. Was ist Gemeindearbeit anderes als der Versuch, Gaben zu erkennen, Gemeinschaft zu stiften, Kompetenz zu stärken, für andere da zu sein - und das alles aus dem Bewusstsein heraus, dass das Evangelium ganz automatisch grenzüberschreitende Wirkungen hat. Der Blick über den Tellerrand gelingt ja nicht nur in Familien, wenn die Balance von Einzel- und Gemeinschaftsinteressen gewagt wird, er ist auch in jeder Kirchengemeinde nötig. Denn Theologie ist eine kommunikative Kunst.

Viele Eltern suchen nicht einfach nach „Rezepten" für ihre Erziehungsaufgabe, sondern stellen sich der umfassenden Aufgabe, Orientierung zu finden. Dabei spielen Fragen des Glaubens, der Wertebindung, des Grundvertrauens ins Dasein eine zentrale Rolle. Kinder erwarten zu Recht, dass ihre Eltern mit ihnen darüber ins Gespräch kommen. Und aller Erfahrung nach wollen Eltern mit ihren Kindern diesen Dialog führen. Sie suchen auch nach spiritueller Beheimatung, ohne schon Erfahrungen mit bestimmten Formen zu haben. In Kindertagesstätten und Familienzentren, in Kooperationsprojekten von Jugend- und Seniorenarbeit, in Modellen Generationen verbindender Wohnformen können Kinder, Eltern und alte Menschen einander ergänzen und gemeinsam auf die Suche nach Antworten gehen. Familiengerechtigkeit hat sich als Lebensperspektive im Alltag zu bewähren. Gemeindliche und übergemeindliche Angebote bieten dafür einen vorzüglichen Erfahrungs- und Entdeckungsraum.

Vor vierhundert Jahren hat der englische Dichter und Prediger John Donne den einprägsamen Satz formuliert: „No man is an island", kein Mensch ist eine Insel. Menschsein heißt „In-Beziehung-Sein". Wir sind weder autark noch autonom. Wir sind eingebunden in lokale und globale Zusammenhänge, ein Netz, das uns tragen kann, das uns aber auch verwundbar macht. Nicht aus den Fähigkeiten des Menschen resultiert seine Würde, die ihm mit der Gottebenbildlichkeit zugesprochen wird, sondern aus der Bejahung, die von Anfang an für jedes Leben gilt. An dieses Versprechen erinnert die evangelische Familienarbeit.

Die Liebe[103]

Liebe ist vielfältig

Christen setzen auf die Liebe. Kein Wunder, dass die Liebe bei der Formulierung der Kernwerte von Hephata eine zentrale Rolle spielt.

---

[103] erschienen im Hephata-Magazin Nr. 44, 2017, S.10f.

Strategische Entscheidungen des diakonischen Unternehmens, die Haltung und das Verhalten der Mitarbeitenden sollen dadurch Profil bekommen.

Dabei ist Liebe ein schillernder Begriff. Liebe ist nicht gleich Liebe. Liebe kann Eros sein -sinnlich, emotional, leidenschaftlich. Oder Sexus – körperliche, partnerschaftliche Liebe. Oder Agape – Nächstenliebe, eine Liebe, die für andere da ist.

Liebe ist Gottes Geschenk

Christen setzen auf die Liebe, weil Gott die Liebe ist (1Joh4,14). Sie ist die Verbindung zwischen Gott und Mensch, zwischen den Menschen, Leitmotiv im Leben Jesu. Eine Liebe, die am Kreuz nicht aufhört. Sie ist quicklebendig, zumal sie Hand in Hand mit Glaube und Hoffnung durchs Leben geht (1Kor13,13). Jeder Mensch ist Teil der Liebesgeschichte Gottes mit der Welt. Nächstenliebe, Feindesliebe, Verantwortungsübernahme, diakonisches Handeln, Ringen um soziale Gerechtigkeit, aber auch die Liebe zu sich selbst gründen im Vertrauen auf Gottes Liebe. Diese Liebe ist ein unverfügbares Geschenk, das Menschen befreit von der Lebensangst, von der Sorge, etwas schaffen, erreichen und leisten zu müssen, um wertgeschätzt zu werden. Jeder Mensch ist wunderbar, weil er von Gott geliebt ist.

Liebe ist gnädig

Im Blick auf den gekreuzigten Christus weiß die Liebe um die Brüchigkeit und Begrenztheit allen Lebens und kann deshalb sowohl die Grenzen anderer als auch die eigenen Grenzen annehmen. Menschliche Liebe zerbricht, aber Gottes Liebe hört niemals auf.

Kirchengemeinden und diakonische Unternehmen wie Hephata setzen sich für Arme, Benachteiligte oder Menschen mit Behinderung ein. Denn jedem steht in der Perspektive der Liebe Gottes mehr Anerkennung und Hoffnung zu, als er nach dem Maß der Welt verdient. Oft stehen im Ringen um Sozialgesetze und Refinanzierungen die ökonomischen Notwendigkeiten und die Perspektive der Liebe in Konkurrenz zueinnder. Aber Gott traut uns zu: Ihr seid das Salz der Erde. Ihr seid das Licht der Welt. (Mt 5,13f)

Auch Mitarbeitende, ja jeder Christenmensch läuft in seinem Alltag hoffnungslos den eigenen Ansprüchen und Zumutungen Gottes hinterher. Die Liebe weiß um die Zwiespältigkeit des Lebens, um die Zerrissenheit zwischen Anspruch und Wirklichkeit, die kümmerlichen Versuche, ein Leben, wie es recht ist, zu wagen - und immer wieder dabei zu scheitern. Und immer wieder neu anzufangen. Das ist das Rätsel menschlicher Existenz vor Gott. Trotzalledem hört Gottes Liebe niemals auf (1Kor13,8) - wie ein starkes Schloss, das man an in der Sehnsucht nach Gelingen an einem Brückengeländer befestigt.

Liebe macht frei

Vieles tun Menschen, um geliebt zu werden, Großes - manchmal auch Schreckliches. Dabei ist die Liebe schon da. Vor aller Zeit. Das entlastet. Im Glauben können wir es spüren.

Christenmenschen sind so frei, weil Gottes Liebe sie frei macht. Alle notwendigen Diskussionen um Ziele und Strategien, um Leitbilder, Teilhabegesetze und Finanzfragen haben dieses Vorzeichen: Wir sind geliebt. Nur so ist die Zerrissenheit, in der wir leben, auszuhalten. Die Liebe Gottes zu leben und erlebbar zu machen, ist die erste und letzte Aufgabe jedes Christenmenschen. Dabei ist Liebe größer als Moral. Wer Gutes tut, weil es gefordert ist, verfehlt die Liebe, die niemand befehlen kann. Liebe ist da, weil der Glaube zur Liebe begeistert. Sie ist mehr als ein romantisches Gefühl und mehr als Erfüllung einer Pflicht. Sie ist Folge der Freiheit, die Gott jedem Menschen zutraut.

Martin Luther schreibt, ein Christenmensch sei zugleich „freier Herr" und „dienstbarer Knecht". Durch die Liebe Gottes befreit der christliche Glaube von der Notwendigkeit, fremde Normen und Erwartungen erfüllen zu müssen; er befreit auch von der Selbstverabsolutierung. Zugleich entwickelt er eine Vision solidarischer Gemeinschaft, in der gegenseitig und auf Augenhöhe Verantwortung füreinander wahrgenommen wird.

Liebe hat Folgen

Liebe gibt anderen Bedeutung, teilt Friede und Freude mit ihnen und trägt durch das Leiden. Unter ihrer Achtsamkeit können neue Kräfte wachsen. Mitleid, Sanftmut und Geduld sind Facetten der Nächstenliebe. Im täglichen Umgang miteinander ermöglicht die Liebe Begegnung auf Augenhöhe. Christen feiern das im Abendmahl und praktizieren es in ihrer Diakonie, die Hilfe mit Respekt und Wertschätzung verbindet.

Dabei nimmt die Liebe kein Blatt vor den Mund. Sie spricht Klartext und schafft Zusammenhalt, wo Solidarität gefordert ist. Solidarität aus Liebe heißt, dass Menschen bereit sind, einander beizustehen und füreinander einzustehen. Christliche Solidarität, die aus der Liebe Gottes erwächst, überwindet Grenzen: zwischen Geflüchteten und Einheimischen, Jungen und Alten, Menschen mit und ohne Behinderung. Mehr noch: Die ganze Welt ist darauf angewiesen, zu einer großen, solidarischen Gemeinschaft zu werden. In Summa: Die Liebe Gottes hat noch viel zu tun ...

Ehrenamt[104]

Die EKD-Synode hat sich vor einigen Jahren intensiv mit dem Thema Ehrenamt beschäftigt und fünf Thesen formuliert:
* Ehrenamt macht selbstbewusst
* Ehrenamt bildet
* Ehrenamt gestaltet Kirche
* Ehrenamt stärkt Gemeinschaft
* Ehrenamt ist die Bedingung der Demokratie

Ehrenamt macht selbstbewusst

Viele Menschen engagieren sich in Kirchengemeinden, in unserer Gesellschaft, um dem Leben und auch sich selbst auf die Spur zu kommen. Sie fragen: Wer bin ich eigentlich, was sind meine Ziele, was ist der Grund meiner Hoffnung. Habe ich einen Traum, den ich verwirklichen möchte und für den ich mich engagiere? Diese Suche ist für viele Menschen mit ihrem Glauben verbunden, ja Menschen engagieren sich aus ihrem Glauben heraus, aus dem Zuspruch und Anspruch des Evangeliums. Sie wissen: Was ich mitbringe, was in

---

[104] Tonbandnachschrift eines Impulses für die Dritte ökumenische Tagung zum ehrenamtlichen Engagement in Kirche und Gesellschaft, 20./21. September 2013 in Köln

mir steckt, sind Gaben, die mir geschenkt sind, die Gott mir zugesprochen hat. Daraus folgt der Anspruch, sich für andere zu engagieren, sich für andere einzusetzen. Allerdings ist die Figur des „für" manchmal ein bisschen problematisch, denn eigentlich sollte man das Wort „für" übersetzen mit dem Wort „mit". Denn wenn wir für andere da sind, heißt das nicht, dass ein Gefälle entstehen muss zwischen denen, die das Nötige wissen und können und denen, die auf Hilfe angewiesen sind. Nein, was wir entwickeln, geschieht immer in Gemeinschaft mit anderen. Dass wir inzwischen vom „neuen Ehrenamt" sprechen, ist Ausdruck dieses wachsenden Selbstbewusstseins. In der Telefonseelsorge, die an vielen Stellen ökumenisch organisiert ist, machen wir die Erfahrung, dass es sehr viele Menschen gibt, die sich einbringen möchten, denen es aber auch wichtig ist, qualifiziert zu werden. In vielen Bereichen der Telefonseelsorge haben wir sehr viel mehr Anmeldungen von Menschen, die sich engagieren wollen, als wir überhaupt aufnehmen können. Die Qualifikation der Ehrenamtlichen erfordert viel Zeit und Sorgfalt, um zu überprüfen, ob jemand wirklich geeignet ist für diesen anspruchsvollen Dienst.

Kompetenz und Qualifikation haben im Ehrenamt an Bedeutung gewonnen. Menschen wollen etwas „davon haben", dass sie sich engagieren im Hinblick auf ihre Persönlichkeitsentwicklung. Oft suchen sie auch neue Orientierung. Nicht das Monetäre steht im Vordergrund, sondern die Möglichkeit, Netzwerke zu schaffen. Das Ehrenamt ist nicht Ersatz für eine berufliche Tätigkeit, sondern es hat eine eigene, andere Qualität. Als langjähriger Gemeindepfarrer weiß ich, dass Ehrenamt nicht gut funktioniert, wenn Menschen sich nur dort einbringen können, wo die hauptamtlich Tätigen einer Kirchengemeinde die Aufgaben nicht mehr bewältigen können oder wo die Finanzlage schwierig geworden ist. Diejenigen, die sich engagieren, wollen ernst genommen werden, mitentscheiden und verantwortlich gestalten. Das ist die Dialektik, die die Reformation mit der Freiheit eines Christenmenschen beschrieben hat: „Ein Christenmensch ist ein freier Herr über alle Dinge und niemand untertan. Ein Christenmensch ist ein dienstbarer Knecht aller Dinge und jedermann untertan.", sagt Martin Luther. In dieser Dialektik von Hingabe zu anderen und einer großen Freiheit des eigenen Selbstbewusstseins gestaltet sich Ehrenamt.

Ehrenamt bildet

Beruflich leite ich die Bildungsabteilung der Evangelischen Kirche im Rheinland, dazu gehören auch die Jugendarbeit und die Freiwilligendienste. Wir wissen heute, dass Menschen in der sogenannten „non-formalen" Bildung sehr viele intensivere Lernerfahrungen machen als zum Beispiel in der Schule oder in anderen sehr durchstrukturierten Bildungsgängen. Sie machen deshalb besondere Lernerfahrungen, weil sie dort überraschende Entdeckungen machen können. Junge Leute, die im Auslandsfreiwilligendienst waren, berichten auch Jahre und Jahrzehnte später noch davon, wie sehr diese begrenzte Zeit sie für ihr ganzes Leben geprägt hat - und das nicht nur im Blick auf die Berufswahl sondern auch auf Kompetenzen, die sie dort erworben haben. Ehrenamt bildet – deswegen ist es wichtig, dass alle diejenigen, die sich institutionell mit Freiwilligenengagement beschäftigen, genau diese Qualifizierungsangebote stärken. Auch die Begleitung der Menschen, die sich engagieren, muss verstärkt werden - und das nicht nur während des Einsatzes selbst, sondern, wenn möglich, auch darüber hinaus. Freundeskreise und Netzwerke haben dabei eine besondere Bedeutung. Menschen, die sich im Auslandsfreiwilligendienst engagiert haben, treffen sich oft noch Jahre danach immer wieder, um neue Erfahrungen aus ganz anderen Lebenszusammenhängen auf dem Hintergrund ihres Engagements miteinander austauschen.

Ehrenamt gestaltet Kirche

Ohne das große ehrenamtliche Engagement würden Kirchengemeinden heute nicht arbeiten können. Das ist zum Teil im Dienst der Kirche selbst angelegt, wenn beispielsweise Leitungsstrukturen so geordnet sind, dass ehrenamtliches Engagement konstitutiv ist. In der evangelischen Kirche entspricht das dem besonderen Verhältnis von Laien und Theologen, die immer gemeinsam Leitungsverantwortung übernehmen. Es zeigt sich aber auch in der Regel, Ehrenamtliche als Experten des Alltags in die Willensbildung der Kirche einzubinden. Ich bin überzeugt, dass Pfarrerinnen und Pfarrer in Zukunft im Wesentlichen dazu da sein werden, Ehrenamtliche zu motivieren, zu begleiten, zu fördern und zu unterstützen. Dadurch wird sich auch das Bild der Kirche in den nächsten Jahren sehr deutlich verändern.

Ehrenamt stärkt Gemeinschaft

Im Stadtteil, im Kiez und an anderen Orten entstehen neue Netzwerke - das gilt für die Nachbarschaftshilfe genauso wie für die Quartierspflege oder die Jugendarbeit. Ehrenamtliche sind diejenigen, die die Verbindungslinien im Quartier herstellen - das gilt auch für das aktuelle Thema Inklusion; ich denke da beispielsweise an das Projekt „Menschenstadt" in Essen, wo Ehrenamtliche mit und ohne Behinderungen zusammenarbeiten, um die Lebensbedingungen von Menschen mit Behinderungen zu verbessern. Bündnisse im Stadtteil sind die große Stärke des ehrenamtlichen Engagements. Der Zukunftsforscher Opaschowski hat einmal gesagt, nicht die Technisierung wird die Zukunft bestimmen, sondern genau solche Netzwerke, die für eine bessere Lebensqualität der Menschen einstehen. Dazu ist das Ehrenamt der wesentliche Motor.

Ehrenamt ist Bedingung der Demokratie

Das Ehrenamt ist eine spezifische Teilhabeform. Teilhabe an gesellschaftlichen Prozessen, Teilhabe an der Entwicklung einer Stadt, eines Dorfes, eines Stadtteils – das alles geschieht eben auch durch das Ehrenamt. Deshalb darf das Ehrenamt keine Domäne derjenigen sein, die es sich finanziell leisten können. Ehrenamt sollte so ausgestaltet werden, dass jeder diese Teilhabemöglichkeit hat. Dazu gehört natürlich auch die Sichtbarkeit von Ehrenamt, die Würdigung von Ehrenamt, denn nur dann, kommt zur Geltung, was den Kern des Engagements ausmacht. Der Staatsrechtler Böckenförde hat gesagt: Der (freiheitliche, säkularisierte) Staat lebt von Voraussetzungen, die er selbst nicht garantieren kann. Dazu gehört auch das Ehrenamt und ein bestimmter Wertezusammenhang; dazu gehört, dass es Menschen gibt, die sich einbinden lassen, die sich engagieren, ihre Gaben wahrnehmen und daraus die Aufgaben entwickeln. Deshalb freue mich sehr, dass hier so viele Menschen zusammengekommen sind, die mit ihrem Erfahrungshorizont das Ehrenamt voranbringen. Dass das Ehrenamt in unserer Gesellschaft gestärkt wird, ist gut für die Kirche, ist gut für unser Land, ist gut für jeden einzelnen, der sich so engagiert.

Russische Notizen (2016)

Die Reise

1941 - 1991 - 2016. Drei Jahreszahlen, die Einschnitte in den deutsch-russischen Beziehungen markieren. Wer Versöhnung buchstabieren will, muss gedenken. Wer Zukunft gestalten möchte, darf die Vergangenheit nicht vergessen.

1941 - Am 22. Juni 1941 hat Nazi-Deutschland die damalige Sowjetunion überfallen. Ziel war die vollständige Vernichtung des russischen Volkes. Mein Vater war als 17-jähriger beim Russlandfeldzug dabei. Es dauerte nicht lange, bis er die Widerwärtigkeit dieses Angriffskrieges begreifen musste. Er hat den Krieg gehasst. Nie hat er diese traumatischen Erlebnisse vergessen. Als ich später Pskow besuchte, erinnerte ich mich daran, dass er stets voller Hochachtung von den Menschen in Russland gesprochen hatte. Pskow, die schöne Stadt an der Welikaja, war das deutsche Hauptquartier im Aufmarschgebiet zu Leningrad. Die Stadt sollte ausgehungert werden. 900.000 Menschen starben während der Belagerung. Als die Rote Armee die Deutsche Wehrmacht zurückdrängen konnte, hinterließen die Deutschen Pskow als zerstörte Stadt.

1991 - 50 Jahre nach dem Überfall besuchte eine große Delegation der rheinischen Kirche die Stadt Pskow. Die Landessynode hatte einen Beschluss zur "Versöhnung mit der Sowjetunion" gefasst. Bemühungen der Evangelischen Akademie und ihres Direktors Dieter Bach fanden in der Synode große Zustimmung. So fuhren wir im Juni unter Leitung von Präses Peter Beier nach Pskow, um um Versöhnung zu bitten. Der Präses zitierte in seiner Ansprache die beklemmenden Worte Paul Celans "Der Tod ist ein Meister aus Deutschland". Die Delegation war sich der deutschen Schuld mehr als bewusst. Die russischen Gastgeber machten es uns allerdings leicht. Sie empfingen uns mit offenen Armen. Schnell wurde klar: Es kann jetzt nicht bei Worten bleiben. Nach einer Begegnung mit Eltern schwerstbehinderter Kinder entstand der Plan, in Trägerschaft der Wassenberger Kirchengemeinde ein Heilpädagogisches Zentrum zu gründen. Eine wagemutige Idee. Dass dies der Beginn einer langjährigen Partnerschaft und ein Wendepunkt in der russischen Behindertenarbeit sein würde, konnte niemand ahnen. Es war des Anfang des "Wunders von Pskow" wie einmal die Rheinische Post titelte.

2016 - Ich sitze im Flugzeug. Mehr als hundert Mal bin ich nach Pskow gereist. Mit dem Auto, der Eisenbahn, dem Flugzeug - einmal sogar mit dem Fahrrad, fast 3.000 Kilometer. Jetzt fahre ich zum Gedenken des deutschen Überfalls vor 75 Jahren und zur Feier unserer Partnerschaft. Es ist eine Reise zu Freunden. Dabei schweben dunkle Wolken über den deutsch-russischen Beziehungen. Die Krim-Annexion, das militärische Engagement Russlands in der Ostukraine einerseits, die Aufrüstung der NATO mit ihren Militärmanövern und die Sanktionen andererseits belasten die Beziehungen. Umso wichtiger ist es, dass wir weiterhin die zivilgesellschaftlichen Kontakte pflegen. Versöhnung ist ein schwieriges Wort. Und Vertrauen wächst langsam.

Misstrauische Nachbarn?

Sind wir noch immer oder schon wieder "Misstrauische Nachbarn"? Mit dieser Frage beschäftigt sich die Studienreise, die eine Gruppe der Initiative Pskow nach Riga und Russland führt. Morgen, am Gedenktag, treffen wir uns in Pskow. Deutschland und Russland haben es offensichtlich schwerer miteinander als noch vor einigen Jahren.

Selbst das Schenken ist komplizierter geworden. Wir bringen als Jubiläumsgeschenk einen Bus zum Transport der Schüler des HPZ mit. Erst tagte die Kommission für Humanitäre Hilfe in Moskau nicht, dann ergaben sich in Deutschland erhebliche bürokratische Hürden, die nur mit den jüngsten Sanktionen zu erklären sind. Schließlich stellte sich heraus, dass der Fordbus in der Türkei gebaut worden ist. Und da wird der russische Zoll misstrauisch ... Stefan Drubel ist mit dem Bus unterwegs. Wir hoffen, dass er trotz allem die Grenze passieren kann und wir morgen unser Geschenk übergeben können.

Morgen, am 22. Juni, gedenkt Russland des Überfalls der deutschen Wehrmacht. Peter Beiers Worte von 1991 klingen noch in meinen Ohren nach:

"Gedenkt!
Erinnert nicht nur!

Erinnerung atmet flach.
Gedächtnis atmet tief.
Erinnerung spielt sentimental.
Gedenken arbeitet schwer
Und ist ein Werk des Glaubens,
der weiß:
Vergangenheit ist nie vergangen,
Tote sind nicht nur tot,
Im Haus wohnt das Gestern,
Und die Zukunft hat ein langes Gedächtnis."[105]

Morgen, am Mittwoch ist unser Tag des Gedenkens in Pskow. Wir begehen ihn mit einem ökumenischen Gottesdienst, einer Kranzniederlegung am Grab des unbekannten Soldaten und einem Kirchenkonzert im Pskower Kreml.

Tag der Trauer, Tag der Versöhnung, Tag der Hoffnung

Der 22. Juni ist ein Tag der Trauer. Im Jahre 1941 hat am 22. Juni Hitler-Deutschland die Sowjetunion mit einem brutalen Angriffskrieg überzogen. Die Vernichtung des russischen Volkes war das Ziel. Als sich die Kräfteverhältnisse wendeten, war die Revanche der Roten Armee im Osten Deutschlands nicht minder grausam. Auf Gewalt folgte immer neue Gewalt. Millionenfache Trauer, Flucht und Vertreibung, Gefangenschaft und Arbeitslager zog der 22. Juni 1941 im Schlepptau. Soldaten starben in den Schlachten, vor der Zivilbevölkerung wurde nicht Halt gemacht. In Krasucha, einem Dorf bei Pskow, sperrte die deutsche Wehrmacht die Bevölkerung in Holzhäuser, um sie dann anzuzünden. Fast jede Familie in Pskow hat Angehörige verloren. Ihre Namen sind nicht vergessen.

Der 22. Juni ist ein Tag der Versöhnung. 50 Jahre nach dem Überfall der Deutschen Wehrmacht reisten wir unter Leitung von Präses Peter Beier nach Pskow. Die Evangelische Akademie hatte an einem Versöhnungsbeschluss gearbeitet, der von der Synode verabschiedet wurde. Wir kamen mit bangem Herzen nach Russland, um Vergebung zu erbitten. Der Kalte Krieg hatte seine Spuren hinterlassen.

---

[105] Peter Beier: Übergänge, Düsseldorf 1999, S. 140.

Wir erwarteten Misstrauen. Aber wir wurden mit offenen Armen empfangen.

Ich erinnere mich an einen ökumenischen Gottesdienst in Wassenberg kurz nach dieser ersten Begegnung – evangelisch, katholisch, russisch-orthodox. Nach meiner Predigt kam ein älterer Herr zum Mikrophon, zog unsicher ein Foto aus der Jacke und bekannte: „Ich war deutscher Soldat in Pskow. Ich habe mein Leben lang auf eine Gelegenheit gewartet, Vergebung zu erbitten." Es wurde ganz still in der Kirche. Da ging der Pskower Priester Pawel Adelheim auf den Mann zu und segnete ihn.

Christen glauben, dass Versöhnung das Werk Gottes ist. Gott selbst schafft den neuen Anfang, den wir Menschen nicht schaffen. Im Alten Testament lesen wir über die ungleichen Brüder Jakob und Esau:

"Jakob hob seine Augen auf und sah seinen Bruder Esau kommen mit vierhundert Mann. Und er verteilte seine Kinder auf Lea und auf Rahel und auf die beiden Leibmägde und stellte die Mägde mit ihren Kindern vornean und Lea mit ihren Kindern dahinter und Rahel mit Josef zuletzt. Und er ging vor ihnen her und neigte sich siebenmal zur Erde, bis er zu seinem Bruder kam. Esau aber lief ihm entgegen und herzte ihn und fiel ihm um den Hals und küßte ihn und sie weinten." (Genesis 33,1-4)

Jakob und Esau. Zwei Brüder. Entzweit durch Lug und Trug von Anfang an. Verbittert durch eine blutige Spur der Gewalt. Angst steckt in ihren Gliedern. Misstrauen haben sie erlernt in sinnlosen Kämpfen um den Vorrang. Weggelaufen sind sie vor der Vergangen¬heit. Doch die Schuld ist schneller als die Beine. Da tritt Gott auf den Plan. Durchkreuzt die Wege. Er macht Versöhnung möglich. Er befreit vom Würgegriff unheilvoller Geschichte.

Jakob und Esau. Zwei Brüder. Hinkend und stolpernd erreichen sie die Zukunft. Sie steht noch auf schwankender Erde. Aber sie ist Gottes Versprechen. Sie küssen sich. Sie weinen miteinander. So wird Versöhnung wahr.

Auch uns ist widerfahren, dass mit der Partnerschaft zwischen rheinischen Christen und der Stadt und dem Oblast Pskow eine neue, hoffnungsvolle Perspektive entstanden ist.

Deshalb ist der 22. Juni auch ein Tag der Hoffnung. 25 Jahre lang währt die Partnerschaft zwischen der Evangelischen Kirche im Rheinland und Pskow. Viele Projekte sind in dieser Zeit entstanden, die das Leben von behinderten oder sozial benachteiligen Menschen verbessert haben. Das haben wir gemeinsam geschafft. Eine Zeitung hat das einmal das „Wunder von Pskow" genannt. Es ist in der Tat ein Wunder. Aus Feinden sind Freunde geworden, aus entzweiten Geschwistern sind Partner geworden.

Symbol dieser Hoffnung ist der „Pskower Engel" geworden, der in unserer Werkstatt für behinderte Menschen hergestellt wird. Ein kleiner Engel aus Holz. Passt genau in die Handfläche. Er ist unregelmäßig. Ein Flügel größer als der andere. Irgendwie ist er auch einem Kreuz ähnlich. Das Holz ist schön geschmirgelt. Der Künstler Jochen Leyendecker hat den Engel für diese Initiative Pskow bewusst mit einer besonderen Note gestaltet: Mit seinen ungleichen Flügeln ist er selbst behindert. Jochen Leyendecker will damit sagen: Wir sind gehalten. Gott gibt uns Halt. Aber auch Engel brauchen Unterstützung.

Wir wollen das Vertrauen, das unter uns gewachsen ist, weiterentwickeln. Wir wollen Gott vertrauen und uns in Nachfolge Christi rufen lassen. Und gedenken des heutigen Tages in Trauer, in Versöhnung und Hoffnung.

Das Wunder von Pskow

Nach Kriegsdenken und Rückblicken auf die Anfänge der Partnerschaftsarbeit in Pskow kommt die Gegenwart in den Blick. Wir besuchen das Waisenhaus, das Hospiz und die Frühförderstelle Limpopo. Die "Initiative Pskow In der Evangelischen Kirche im Rheinland" ist das Dach für viele Projekte, die in den vergangenen 25 Jahren in deutsch-russischer Zusammenarbeit entstanden sind, gefördert z.B. durch Freundeskreise in Wuppertal, Lennep, Koblenz oder an der Rurtalschule Heinsberg-Oberbruch.

Es folgt ein Empfang durch den Gouverneur des Oblast. Auch die Generalkonsulin der Bundesrepublik Deutschland kommt zu Besuch, um unsere besondere Partnerschaft zu würdigen.

Beim Gespräch am Runden Tisch in der Universität kommen grundsätzliche Aspekte der Entwicklung sozialer Arbeit in den Blick. Ich betone drei Aspekte, die in Zukunft der Weiterentwicklung bedürfen:

- der Weg von der Mildtätigkeit gegenüber bedürftigen Menschen hin zur Wahrnehmung sozialer Rechte. Die Menschenrechtsorientierung der Behindertenrechtskonvention der UN ist ein gutes Beispiel dafür.
- die Stärkung der Zivilgesellschaft. Bürgerschaftliche Organisationen müssen in Zukunft gewichtige Träger sozialer Dienstleitungen in Russland sein.
- die Bedeutung der zivilgesellschaftlichen Kontakte zwischen Deutschland und Russland angesichts der schwierigen politischen Großwetterlage.

Am Abend wird gefeiert. Langjährige Partner bekommen einen kleinen "Pskower Engel" in Silber geschenkt, der von der Werkstatt für behinderte Menschen der Kreuznacher Diakonie hergestellt wurde. Geschichten werden erzählt. Manche Reden und Trinksprüche berühren die Herzen. Dann und wann fließen auch ein paar Tränen. Das Vertrauen und der Wagemut der deutschen und russischen Freunde war stets groß genug, um weiter am "Wunder von Pskow" zu arbeiten. Das soll sich nicht ändern.

Perspektiven

Heute ist Tag der Offenen Tür im Heilpädagogischen Zentrum und der Werkstatt. Unsere Schülerinnen und Schüler sind da mit ihren Familien, auch die behinderten Mitarbeitenden der Werkstatt. Und natürlich das Team der beiden Einrichtungen, Offizielle von Stadt und Oblast und die deutsche Generalgouverneurin aus St. Petersburg. Die Initiative Pskow übergibt der Werkstatt als Jubiläumsgeschenk ein weiteres Gewächshaus, die Wassenberger Gemeinde den Schlüssel des neuen Busses, der leider noch Prozeduren der Zollabfertigung über sich ergehen lassen muss.

Das Heilpädagogische Zentrum ist Ausgangspunkt einer tiefgreifenden Umgestaltung der Behindertenhilfe und der Förderpädagogik in Russland. Dem Versöhnungsbeschluss der rheinischen Landessynode von 1991 sollten Taten folgen, Hoffnungszeichen für Menschen am Rande der russischen Gesellschaft. Schon lange waren die traurigen und unwürdigen Lebensbedingungen von Menschen mit Behinderungen im russischen Anstaltssystem bekannt: keine Bildung, keine Förderung, keine Lebensperspektive.

Die Evangelische Kirchengemeinde Wassenberg machte sich zur Aufgabe, in Pskow ein Heilpädagogisches Zentrum als Förderschule für Kinder mit schweren und mehrfachen Behinderungen zu gründen. Mit Hilfe der NRW-Landesregierung und fachlich begleitet durch die Rurtal-Schule Oberbruch realisierte die Kirchengemeinde 1993 das Projekt und fand in der Stadt und später im Oblast Pskow verlässliche Partner.

Heute ist das Heilpädagogische Zentrum Pskow im ganzen Land bekannt als sichtbares Zeichen eines Systemwechsels. Niemand soll zurückgelassen werden. Kinder mit schweren Behinderungen sind bildungsfähig und sollen auf dem Weg zu mehr Selbstständigkeit alle nötige Förderung, Therapie und Wertschätzung erfahren.

Die Lehrpläne und Konzepte, die im Heilpädagogischen Zentrum entwickelt wurden, ziehen mittlerweile in vielen Städten und Hochschulen Russlands ihre Kreise. Dazu tragen regelmäßige Fachtagungen und Kongresse in Pskow bei, außerdem Vortragsreisen der Direktoren Dr. Andrej Zarjow und Swetlana Andreewa.

Was kommt nach der Schule? Die Werkstatt! Mit Hilfe der Werner-Peter-Schmitz-Stiftung konnte die Initiative Pskow Ende der 90er Jahre eine Werkstatt für behinderte Menschen bauen, die in Russland ohne Gleichen ist. Gearbeitet wird in verschiedenen Abteilungen: Kartonagen, Schlosserei, Schreinerei und Landwirtschaft.

Hinzu kommt der Förderbereich, in dem Menschen mit schweren und mehrfachen Behinderungen betreut werden. Verbunden mit dem Frühförderzentrum Limpopo und dem integrativen Kindergarten, die altersmäßig vor der Schule angesiedelt sind, sowie der Werkstatt und den betreuten Wohngemeinschaften auf der anderen Seite, besteht nun in Pskow ein in Russland einzigartiges System der Förderung behinderter Menschen im Lebenslauf.

Im Festakt betone ich den Slogan der Kindernothilfe, der auch die Arbeit der Initiative Pskow gut zum Ausdruck bringt: Bildung ändert alles!

Kultur und Freiwillige

Am letzten Tag unserer Reise steht Kultur auf dem Programm. Die Pskower sind sehr stolz darauf, dass Alexander Puschkin (1799-1837) auf ihrem Gebiet zum russischen Nationaldichter reifte. Als Staatsfeind wird er vom Zaren auf das elterliche Gut Michailowskoje verbannt.

In der romantischen Landschaft, durch die wir mit der rheinischen Delegation wandern, verbringt der literarische Freigeist seine fruchtbarsten Schaffensjahre. Von dort aus hält er auch Kontakt zu den aufständischen Dekrabisten. Spottgedichte über Persönlichkeiten des öffentlichen Lebens bringen ihn immer wieder in Konflikt mit der allgegenwärtigen Zensur. Zugleich preist er das Leben der kleinen Leute in den Dörfern. Die Verehrung Puschkins ist in Russland ungebrochen.

Zu seinem Geburtstag am 6. Juni pilgerten früher 200.000 Menschen nach Michailowskoje, heute sind es immerhin noch 30.000, die dann seine Gedichte unter offenem Himmel hören. Wir erahnen das besondere russische Lebensgefühl, das in dieser großen Kulturnation stets von einer gewissen Melancholie begleitet ist.

An unserem Ausflug auf das Land nehmen auch die beiden Freiwilligen Wiebke und Viktoria teil. Ihr Dienst im Heilpädagogischen Zentrum und der Werkstatt geht jetzt zu Ende. Der Auslandsfreiwilligendienst ist ein wichtiger Baustein der Versöhnungsarbeit der Evangelischen Kirche.

Und die beiden jungen Frauen sind wie ihre vielen Vorgängerinnen und Vorgänger großartige Botschafterinnen des Friedens zwischen den Völkern. Eine Botschaft, die 75 Jahre nach dem deutschen Überfall auf die damalige Sowjetunion und 25 Jahre nach Beginn der Partnerschaft mit Pskow hoch aktuell ist.